CIO学
IT経営戦略の未来

須藤 修・小尾敏夫・工藤裕子・後藤玲子［編］

東京大学出版会

CIO Theory
Future of IT Management Strategy

Osamu SUDOH, Toshio OBI, Hiroko KUDO and Reiko GOTOH, Editors

University of Tokyo Press, 2007
ISBN978-4-13-040236-1

はじめに

　経営とICTとを切り離して考えることができた時代は，すでに過去のものとなっている．それゆえ本書は，「CIO」を主題に据えた．CIOとは，経営戦略とICT戦略との間を橋渡しし，企業のICT戦略を統括する「最高情報統括責任者」のことである．そのポジションには，経営能力と専門的なICT技能の双方を併せもつ人材が就くことが期待されている．

　本書で明らかにされるように，企業や行政におけるCIOは，ICTを用いた経営刷新のリーダーとして，すでにきわめて重要な存在となっている．近年では，大学や病院などの組織においても，CIOに大きな役割が与えられようとしている．ICTのさらなる高度化と浸透に伴って，CIOの重要性は，今後いっそう増すものと予想される．

　本書は，このような中で増大しているCIO研究のニーズに答え，CIOに関する包括的で体系的な知見を示すことを目的としている．専門家の要求に耐える水準を保ちながら，初学者でもCIO学を体系的に習得できる書物にすることを目指した．この無謀ともいえる目標に挑戦するため，本書全体を俯瞰できる章を始めと終わりに配置し，さらに総論と各論に分けて理解が容易になるように工夫を講じた．各章はそれぞれの分野の専門家が分担して執筆しているが，顔を合わせて何度も議論することによって全体の統一を図り，体系的なCIO学を示すことができるよう，注意を払った．また，日米比較を重視し，彼我の異同が浮き彫りになるようにした．CIOに関する取組みではアメリカが先行しているが，アメリカにおけるCIO像をそのまま日本に当てはめることはできない．日本発のCIO学に対するアジア諸国からの期待も高い．本書が日本発のCIO学の確立に貢献できれば幸いである．

　各章は，1章「CIO学の目指すもの」から順を追って読み進めることにより，序々に専門的な知識が身につき，終章である11章「CIO学の課題と今後の展望」で改めて全体を鳥瞰することによって，CIO学に関する体系的な知識を習得できるように配置している．ただし各章はそれぞれ独立しているため，読者は，好きな章からランダムに読み進めてもよい．

　本書の構成と各章の概要を簡単に紹介しておく．1章から3章は，本書冒

頭の総論部分に当たる．1章「CIO学の目指すもの」（小尾敏夫）では，CIOの定義，先行研究，CIO誕生の経緯，さらにはCIO人材の育成やCIO学確立の必要性などの今後の課題が，包括的に論じられている．2章「CIO誕生の経緯と背景」（工藤裕子）の主題は，企業および行政におけるCIO誕生の経緯とその背景である．ガバナンスと制度変化にとくに焦点が当てられ，日米比較を豊富に盛り込んだ議論が展開されている．3章「CIOの役割と機能」（岩崎尚子）では，日米におけるCIOコア・コンピタンスに関する考察を通じて，CIOに期待される役割と機能の質的変化に関する分析がなされている．

4章から9章は，各論を構成する章である．そのうち4章と5章は，行政ないし企業におけるイノベーションとCIOの関係を主題的に論じている．すなわち，4章「ICTを用いた行政革新とCIO」（須藤修）では，電子政府および電子自治体の取組みがオープン・イノベーション基盤の核と位置づけられ，電子政府・電子自治体を基盤にした地域情報化に関する展望と，行政CIOの職務に関する議論が展開されている．5章「ICTを用いた経営革新とCIO」（神岡太郎）では，ICTの役割の重心が所与の事業目的を達成するためのEnablerから，事業目的自体を動的につくり変えてイノベーションを引き起こすDriverへとシフトしていることが指摘され，「Chief Innovation Officer」としてのCIOという新しい企業CIO像が示されている．

6章から9章は，内部統制，IT投資戦略，無形資産管理，そして情報セキュリティという，CIOが知っておかなければならない重要課題に焦点が当てられている．6章「CIOと内部統制・CSR」（後藤玲子）では，企業の内部統制と社会的責任（CSR）について日米の関連法規や内部統制論議の背景が論じられた後，内部統制・IT統制におけるCIOの役割が具体的に述べられている．7章「IT投資戦略とCIO」（飯島淳一）では，データを使った実証分析に基づいてIT投資と経営成果の関係が論じられ，有形・無形のIT投資の効果とCIOとの関係が明確に示されている．8章「CIOと無形資産管理」（坂田淳一）では，ICTを用いた無形資産管理，すなわち，IT技術者のスキル，ITを活用したナレッジマネジメント，知的財産管理などの重要性と，CIOとの関係に焦点が当てられている．9章「情報セキュリティ」（辻井重男）では，情報セキュリティ概念に関して，哲学的と称すべきほど

広い視座からの考察が加えられた後，CIO にとって重要な情報セキュリティ問題とその対策について，具体的な技術的・組織的処方箋を含む，密度の濃い議論が展開されている．

10 章と 11 章は，本書末尾の総論ないし総括部分を構成している．10 章「CIO のバリエーション」（沢本吏永・上田啓史・古坂正人・武田みゆき）では，企業，行政（中央省庁と地方自治体），さらには医療や教育研究機関を含む新分野における CIO の任命状況や業務内容などが概観され，CIO の経営形態による異同の比較が試みられている．11 章「CIO 学の課題と今後の展望」（池上徹彦）では，各章の論点が執筆者の視点から要約されており，本書全体を総括し，鳥瞰図を与える役割を果たしている．後半部分では，企業・行政，学術，さらには社会全体の視点からみた CIO または CIO 学の課題と将来展望が述べられており，これから進むべき道を考える上で有益な示唆を得ることができる．

どのような読書目的を有する読者でも，まずは 1 章「CIO 学の目指すもの」と 11 章「CIO 学の課題と今後の展望」を読むことを薦める．そうすることによって読者は，CIO を学問的に研究する必要性や意義を理解した上で，本書の概要と今後の課題を俯瞰することができるだろう．

すでに専門的な知識と実務経験を有している CIO ないし CIO 候補者は，その後，自らの興味関心に沿って読み進めていくことにより，抱えている課題に対する学問的裏付けや，中長期的なキャリア形成に必要な知識などを得ることができるだろう．ICT と経済・経営について新たに学ぼうとしている学生やビジネスパーソンには，1 章と 11 章を読んだ後で，2 章「CIO の誕生の経緯と背景」，3 章「CIO の役割と機能」，そして 10 章「CIO のバリエーション」という総論的な章を読むことによって，CIO 学の全体像を十分に理解することを薦める．それから，各論に当たる 4 章「ICT を用いた行政革新と CIO」から 9 章「情報セキュリティ」までを順に読み進め，再び最終章である 11 章を読むことによって，CIO 学を体系的に習得することができるだろう．

高度 IT 人材不足という経営課題を抱える企業・行政関係者や，これから CIO を任命しようとしている医療機関や教育研究機関関係者にとっては，行政と企業における IT イノベーションを主題とする 4 章および 5 章を比較

しながら読んだり，CIO のバリエーションを主題とする 10 章において，CIO の任命状況や位置づけ，業務内容などを組織形態ごとに比較し，自らの組織の立ち位置を確認することが有用であろう．

IT ガバナンスや IT マネジメントに関心がある読者は，2 章，6 章，9 章を読むことによって，IT 内部統制や企業統治，さらには情報セキュリティ・ガバナンスに関する知識を得ることができる．7 章と 8 章を読めば，IT に関する有形・無形の資産マネジメントに関する知的関心を充たすことができるであろう．

本書には，現場の生きた情報に基づくコラムが散りばめられている．これらコラムは，必ずや読者にとって興味深いものであると確信している．コラムは，CIO として実際に活躍している方々をはじめとする，各界を代表する方々に執筆していただいた．執筆者名を掲載順に挙げると，元総務省自治行政局自治政策課情報政策企画官の田中敦仁氏，東京証券取引所 CIO の鈴木義伯氏，トヨタ自動車株式会社常勤監査役（元 CIO）の天野吉和氏，グーグル・ジャパン代表取締役社長の村上憲郎氏，佐賀県最高情報統括監（CIO）の川島宏一氏，東京大学大学院情報学環准教授の山本隆一博士，米国ジョージメースン大学（CIO 大学）CIO のジョイ・ヒューズ博士である．激務の中で快く執筆してくださった方々に，記してお礼を申し上げたい．

最後に，本書の刊行に当たっては，東京大学出版会編集部の白崎孝造氏に大変お世話になった．同氏には，度重なる議論に根気強くお付き合いいただいた上，多くの貴重なコメントやご提案をいただいた．心から感謝申し上げる．

2007 年 11 月
編者一同

目 次

はじめに i
主要略語一覧 viii

1章 CIO学の目指すもの────────────小尾敏夫 1
 1 はじめに 1
 2 CIOの普及 1
 3 CIOとは 4
 4 CIO学 10
 5 国際CIO学会の役割 12
 6 CIOの効用 15
 コラム（田中敦仁）20

2章 CIO誕生の経緯と背景────────────工藤裕子 21
 1 はじめに 21
 2 CIO誕生の経緯，背景，展開 21
 3 CIOを取り巻く環境の変化 27

3章 CIOの役割と機能────────────岩崎尚子 35
 1 はじめに 35
 2 CIOの役割と機能 35
 3 米国IT管理改革法（クリンガー・コーエン法）とコア・コンピタンス 39
 4 日本版CIOコア・コンピタンス 45
 5 CIOに期待される役割 47
 6 まとめ 51
 コラム（鈴木義伯）54

4章 ICTを用いた行政革新とCIO────────────須藤 修 55
 1 日本における電子行政の取り組み 55

2　行政組織と CIO　61
　　3　電子自治体と地域情報プラットフォーム　67
　　4　CIO に求められる創造性　71

5章　ICT を用いた経営革新と CIO ――――――――神岡太郎　75
　　1　序　75
　　2　背景　75
　　3　ビジネスイノベーション　77
　　4　ICT とイノベーション　80
　　5　CIO とイノベーション　83
　　コラム（天野吉和）　94

6章　CIO と内部統制・CSR ――――――――――後藤玲子　95
　　1　はじめに　95
　　2　内部統制関連法制の概要と制定の背景　95
　　3　内部統制と IT 統制　103
　　4　内部統制・IT 統制を整備・強化するための方策　109
　　5　内部統制の限界と CIO の責務　113
　　コラム（村上憲郎）　116

7章　IT 投資戦略と CIO ――――――――――――飯島淳一　117
　　1　はじめに　117
　　2　IT 投資対効果についての考え方　117
　　3　ビジネス，組織，情報システムの整合性　121
　　4　わが国の製造業における IT 投資ポートフォリオ　124
　　5　平成 16 年情報処理実態調査に見る IT 投資と経営成果　128
　　6　結論　133
　　コラム（川島宏一）　136

8章　CIO と無形資産管理 ―――――――――――坂田淳一　137
　　1　はじめに　137
　　2　情報技術の特性　137

3　情報技術者の技術水準と情報技術者の管理活用　140
　　4　情報技術を活用したナレッジマネジメント　143
　　5　CIOと知的財産マネジメント　147
　　コラム（山本隆一）　154

9章　情報セキュリティ ——————————————— 辻井重男　155
　　1　まえがき　155
　　2　デジタル化・ネットワーク化による社会構造・機能の変化　156
　　3　情報セキュリティの理念　158
　　4　経営的視点から見た情報セキュリティの諸問題　167
　　5　情報セキュリティの今後の課題　171

10章　CIOのバリエーション ————————— 沢本吏永・上田啓史・　177
　　　　　　　　　　　　　　　　　　　　　　　古坂正人・武田みゆき
　　1　はじめに　177
　　2　企業CIO　178
　　3　行政CIO　183
　　4　新分野CIO　190

11章　CIO学の課題と今後の展望 ——————————— 池上徹彦　199
　　1　はじめに　199
　　2　1章—10章からのメッセージ　201
　　3　日本におけるCIOの課題と期待　208
　　4　「CIO学」と「CIO学会」の将来展望　212
　　5　CIOの資格化への考察　214
　　コラム（Joy Hughes）　216

索　引　217

主要略語一覧

ASP（Application Service Provider，アプリケーションサービスプロバイダ）
BCP（Business Continuity Plan，事業継続計画）
CEO（Chief Executive Officer，最高経営責任者）
CFO（Chief Financial Officer，最高財務責任者）
CHRO（Chief Human Resource Officer，最高人事責任者）
CINO（Chief Innovation Officer，最高イノベーション責任者）
CIO（Chief Information Officer，最高情報統括責任者）
CKO（Chief Knowledge Officer，最高知識責任者）
CLO（Chief Logistics Officer，最高ロジスティック責任者）
CMO（Chief Marketing Officer，最高市場調査責任者）
COBIT（Control Objectives for Information and related Technology，IT分野の統制目標）
COO（Chief Operating Officer，最高執行責任者）
CRM（Customer Relationship Management，顧客関係管理）
CRO（Chief Risk Officer，最高リスク責任者）
CSR（Corporate Social Responsibility，企業の社会的責任）
CSO（Chief Security Officer，最高セキュリティ責任者）
CTO（Chief Technology Officer，最高技術責任者）
EA（Enterprise Architecture，エンタープライズ・アーキテクチャー）
ERP（Enterprise Resource Planning，企業資源計画）
ICT（Information and Communication Technology，情報通信技術）
IS（Information System，情報システム）
IT（Information Technology，情報技術）
ITIL（Information Technology Infrastructure Library，ITインフラストラクチャー・ライブラリー）
PMO（Project Management Office or Program Management Office）
SaaS（Software as a Service，ソフトウェア・アズ・ア・サービス）
SCM（Supply Chain Management，サプライチェーンマネジメント）
SIS（Strategic Information System，戦略的情報システム）
SNS（Social Networking Service，ソーシャルネットワーキングサービス）
SOA（Service-Oriented Architecture，サービス指向アーキテクチャー）
SOX法（Sarbanes-Oxley Act，企業改革法）

1章　CIO 学の目指すもの

小尾敏夫

1　はじめに

　本章は序論であるので，本書の目的，狙い，意義そして各章の概要などの紹介を中心に論じている．次に本論の CIO（Chief Information Officer, 最高情報統括責任者）分野の現行に先立ち，CIO 学に関する解説を行い，「CIO」の定義，先行研究，台頭の背景，国際 CIO 学会の活動などを論述して CIO 学の必要性，社会的意義を明示している．

　後半は，CIO の行政並びにビジネスにおける重要性の指摘などを加味する構成内容になっている．

2　CIO の普及

2.1　CIO の世界

　今日，日本の企業・行政経営において，CIO の重要性が著しく増大している．グローバル化，情報化，そして内部統制などの制度変化に伴い，経営戦略と情報戦略を整合させ，情報資源をはじめとする無形資本を最大限に活かして IT マネジメントを確立することが，経営の至上命題となっているからである．

　本書は，企業，行政，病院や大学において増大している CIO 研究のニーズに応えて，社会に広く共有可能な CIO 像を確立し，CIO に関する体系的な知見を示すことを目的としている．具体的にいえば，CIO 誕生の背景，CIO の役割と機能，ICT（Information and Communication Technology, 情報通信技術）を用いた行政革新・経営革新と CIO との関係等を学術的見地から体系的かつ具体的に示し，もって情報社会の望ましい発展と推進を担

う人材モデルを標準化することにより,「CIO学」の確立を試みようとするものである.

本書は,高度IT人材の不足という経営課題を抱える企業・行政関係者や,実務に理論的な裏づけを必要とするCIO,中長期的なキャリア形成を望むCIO候補者に対して,既存のCIO関連書籍にはない体系的なCIO像に基づいてITガバナンスを確立し,IT戦略を最適化するフレームワークを提供する.加えて,CIOという存在を軸に,新たにICTと経済・経営・行政について包括的かつ体系的に学ぼうとする学生にとっても有用であろう.

2.2 本書の目的

CIOとは,CEO (Chief Executive Officer, 最高経営責任者) やCOO (Chief Operating Officer, 最高執行責任者),CFO (Chief Financial Officer, 最高財務責任者, 財務担当役員) などの,いわゆるCxOとともに組織のマネジメントを行うという経営幹部の立場と,組織全体のコンダクターとしてICT関連業務を統括する部門の責任者としての2つの立場を併せ持っている,「最高情報統括責任者」のことである.

CIOは,デジタル革命以降,「情報」の価値が多面的に変化する中で,急速に普及し始めた.今日,日本における経営環境は,情報化およびグローバル化による境界の希薄化,内部統制関連の制度改革などにより,大きく変化している.そのような中で,企業経営・行政経営においてICTを戦略的に利用する必要性が高まり,全体最適化の立場からIT戦略を立てて経営トップに適切な報告や助言を行い,ICT部門の長としてIT戦略を実行するCIOの存在の重要性が,著しく増大しているのである.すでに,企業および行政におけるCIOは,ICTを用いた経営改革のリーダーとして,きわめて重要な存在となっている.近年は,大学や病院などの公共組織,非営利組織などにおいても,CIOの重要性が高まりつつある.ICTのさらなる高度化と普及に伴って,経営能力と専門的ICT能力を併せ持つCIOの重要性がさらに増してゆくことは明らかである.

しかしながら,社会的・技術的ニーズに適合するCIO像を確立し,ICTがもたらす経営,経済,行政そして社会への波及効果を体系化するような試みは,端緒についたばかりである.本書は,ICTを用いた変革のリーダー

であるCIOを学術的な視点から論考し，包括的かつ体系的に解説することを通じて，情報社会の本質と意義を見つめなおし，情報社会の持続的発展に寄与することを企図している．

2.3 本書の意義

本書の意義は，情報社会における付加価値向上に寄与する最適なCIOのあり方を分析し，国家，企業，行政など異なる組織間におけるCIOの質的相違とその歴史的進化を明示することによって，CIO活動の普遍性，国際標準（グローバル・スタンダード）の可能性を客観的に検証したことにある．IT新改革戦略に策定されるCIOの人材育成とその拡大を目指すためには，先ずこれらの諸点を明らかにすることが前提条件である．なぜなら，他の先進事例や国際社会，特に米国との比較検証を抜きにして，国際競争力強化の礎となるCIOの効用や客観性を捉えることはできないからである．

本書はCIO有効論を前提に，組織の枠組みを超えた新しいフレームワークに基づく企業戦略，電子政府の促進，新規ビジネスモデルの創出を牽引する．したがって，日本だけでなく先進国が抱えるICT分野の諸問題を解決する糸口となり，ICT化を推進中の途上国にとっても格好の先進事例になるといえよう．また，社会的，かつ技術的なニーズに見合ったCIOの本質を見直すことでCIOの存在意義を明らかにすることができる．

このように，情報社会のICT経営の中核的役割を果たすCIOの進化を学術的に考察することの重要性は高い．また，これまで主要国の国際CIO学会で調査した結果として，CIOに関わる研究は，以上述べたように，日本において先駆的な研究であり，社会的意義と貢献が大きい．結果的に，CIOの重要性を理解することができれば，組織におけるCIOの専任化がさらに加速し，情報社会のイノベーションにも大きく寄与するだろう．

本書では，各分野の第一人者によるCIO学を論じている．国際比較の視点では，イノベーションに積極的な米国と，協調性を慮る日本との間には，当然，ICT革命以降の歴史観や人材育成に対して異なる認識を抱いてきた．そのため，進化のプロセスも異なり，積極的なCIOの専任化によって効率性を追求する米国との間にはCIOの効用にも差が生じている．本書では，こうした要因，プロセス分析の視点からCIOの進化内容を明示している．

本書の成果が新しいビジネスモデルを創出し，業績効果や電子政府を飛躍的に促進することで，望ましい情報社会を構築することを期待したい．

3　CIO とは

3.1　CIO の定義

　情報化社会の中で CIO は行政，民間，NPO などあらゆる組織でその存在が必要とされている．CIO が誕生したのは 1981 年の "Information Resource Management" という書籍で紹介されたのが初めてと言われている．CIO の命名者はシノット（W. R. Synnott）[1]で，彼は「CIO とは CEO の直轄下にあって，全社的な立場から情報資源を活用する戦略を開発し，実行する最高責任者である」と定義した．

　研究者や，民間シンクタンク，コンサルタントによって言及されてきた，いわゆる CIO の定義は時代の変化や組織形態の変革によって少しずつ進化している．時代の変遷に伴う定義の変化を見ると，1980 年代は，"戦略" や "競争力" というキーワードは出ていたものの，"情報技術" と "マネジメント" が ICT 経営環境での中心的役割であった．そして，パソコンの普及やネットワークの環境が整備され，グローバル化が進展すると企業の競争力志向が重視されてきた．

　1990 年代になると，"IT 戦略"，"革新"，"開発" が新しい CIO の任務として浮上した．「組織内の情報システムや情報の流通を統括する担当役員であり，最高情報責任者や情報統括役員などと訳される．つまり，組織の情報戦略のトップ」[2]，であり，情報システムの構築や運営に関する技術的な能力だけでなく，得られた情報を基に CEO ら経営陣に対して適切な報告・助言を行うことも求められ，経営戦略に関する深い理解と能力も必要とされている．

　さらに，「経営戦略の一部として情報化戦略を立案・実行し，逆に情報技術に基づいた形で業務プロセスを改革して情報システムに適合させ，そして情報部門を含めて全社の情報資産（人材・ハードウェア・ソフトウェアなど）の保持や調達を最適化することで，マネジメントレベルの役職で ICT を活用し経営を変革するミッションを持つ者」等とも定義された．

2000年代に入ると，これらの定義は基本条件となり，"コミュニケーション"や"リーダーシップ"など目に見えない知識や経験則が重要であると認識され，またその線に沿って定義し始めている．したがって，CIOとは，「組織において，情報管理・情報システムの管理・統括を含む戦略の立案と執行を主たる任務とする役員であり変革の指導者」と定義できるだろう．この定義はCIO活動の後発の行政と先発の民間では多少異なるが，CIO活動の本質そのものは類似している，と判断したい．

3.2 先行研究

CIOの役割に関する研究はこれまでも論じられている．しかし，主としてCIOの役割の質的変化に主眼が置かれていた．さらに，CIOの役割の変遷については，近年，技術よりも経営を重視する傾向にあることが多くの学者や専門家，あるいは調査において共通認識となっている．CIOが誕生してから，その役割の優先順位は技術から経営へ大きな変貌を遂げている（ヴァージニア工科大学　スコット・ベルナルド，2001）．

また，CIOは次第にICT経営の範疇を超えた戦略的な役割を担うようになった．例えば，1980年代の終わりから1990年代のはじめにかけてはCIOの役割は戦略的というよりむしろ戦術的であり，明らかに純粋な技術的スキルが重視されていた．しかし，今日ではICT経営の領域を超えた戦略，いわばビジネス戦略が重視される傾向にある．「CIOは多くの組織においてビジネス変革（business innovation）のキーパーソン」（ボストン大学経営学部　ステファニー・ワッツ）となりつつある．同氏は，36人のCIOへのインタビューをもとにCIOのあり方を分析し，変革的なICT潮流の概念と2つの変革的なICT潮流の重要性——現実的な抑制（Reality-checking）と信頼性の推進（Promoting credibility）——について論じている（Watts and Henderson, 2006）．2002年頃にはCIOはいずれ戦略的（strategic）タイプと，戦術的（tactical）タイプに二極化されると予見された．現在は，戦術的な役割は薄れつつあり，その職責は，先進的な企業では職務内容が重なるCTOに取って代わられ，戦略性CIOは"攻め"の経営としてCIOに必須と評価されている．

さらに，CIOは戦略的思考やICT活用によって可能となる競争力のある

差別化，情報技術の変革的，あるいは創造的利用を促進するための組織を構築することへの関心の高さ，が重視されるようになっている（フロリダ州立大学　デトルブ・スマルツ）．

米国のみならず欧州でもこの兆候が見られ，1999年の時点でCIOの役割の戦略性について専門家から言及されている（ノルウェー経営管理大学　ピーター・ガスチョーク），(Gottschalk, 1999)．また，ICTインフラの拡大や電子商取引などが普及・発達し，ビジネス戦略とIT戦略を一致させて推進する役割も重視されている．

米Gartner社によるCIO調査結果（2006年）では，「世界的にCIOが"顧客"や"市場ニーズ"という外部からの要求圧力に立ち向かうことはCIOと社内IT部門がテクノロジーからビジネスそのものにフォーカスを転換させていることと同義」とみなしている．CIO誕生当初は明らかに技術ベースであった役割も次第にビジネスへと力点を移してきていることを証明している．「コスト削減には"戦略性"が必要であり，この傾向はCIOに芽生え始めている，理由としては，今後の経済成長の見通しがやや楽観的になり，企業の優先課題がコスト全般の削減から長期的な効率性の追求に変わったものによる」（マッキンゼー・アンド・カンパニー　パートナーのジェームズ・カプラン）

このように，欧米におけるCIOの先行研究に関しては，CIOの役割や，その質的な変化に論及していた．しかし，CIOの国際比較に関しては，米国と台湾のCIOの役割と責任に関する比較研究など一部に限定されており，日米比較に関する学術的考察は驚くことにほとんど見られない．また次の諸点に関する研究内容，すなわち，ICTと経営革新や，内部統制，CSR (Corporate Social Responsibility, 企業の社会的責任)，IT経営戦略，IT投資戦略，情報セキュリティとCIO，その相関関係において，学術的な既存研究はほとんどなく，本書はこうした諸点を全て網羅し，初めて学問体系を構築している意味において非常に意義がある．

3.3　台頭の背景

社会学者のダニエル・ベルが「先進世界は肉体的労働力やエネルギーではなく情報が価値を持つ脱工業化段階に入りつつある」と指摘[3]してから30

余年,今もその進化は続いている.こうした目まぐるしい情報化社会の中で,組織全体のコンダクターとして情報を統括する重要な役割を果たすCIOの社会的認知が行政や民間において急速な勢いで高まっている.

CIOは電子政府や自治体,企業,病院などのNPO,国際機関などあらゆる組織における情報リーダーである.行政の場合,特に中央政府では概ね官房長がその任務を負い,都道府県では副知事の下に,市町村では助役の下に設置され,若しくは組織の長がその任務を負っている.

日本は欧米諸国,並びにアジア諸国との国際競争の中で,世界をリードするICT立国を構築するために,「e-Japan戦略」に続く「IT新改革戦略」に謳われる国策的課題に取り組んでいる.IT新改革戦略ではICT化を妨げる社会的制約を排除し,改革を支えるツールとしてのICTの位置づけを明確にしている.また,ICTの「新たな価値を生み出す力」や「課題解決力」で構造改革の推進を図り,ユニバーサル・デザイン化されたICT社会を構築し,課題解決量を通じた国際貢献,国際競争力強化を目指している.特に,電子政府・電子自治体の促進や,グローバルなICTビジネスの拡大,デジタル・デバイド,インターネットやWeb 2.0の普及に伴うセキュリティやクォリティの追求,インターネット・ガバナンス,そして,高度IT人材育成への取り組みなどは,程度の差こそあれ,世界が注目し始めている.

図1に示した「IT新改革戦略」に策定されたICT施策の重点計画は次の通りである.

| ITの構造改革力の追求 |
- ITによる医療の構造改革
- ITを駆使した環境配慮型社会
- 世界に誇れる安全で安心な社会
- 世界一安全な道路交通社会
- 世界一便利で効率的な電子行政
- IT経営の確立による企業の競争力強化
- 生涯を通じた豊かな生活

| IT基盤の整備 |
- ユニバーサルデザイン化されたIT社会

図1 IT新改革戦略

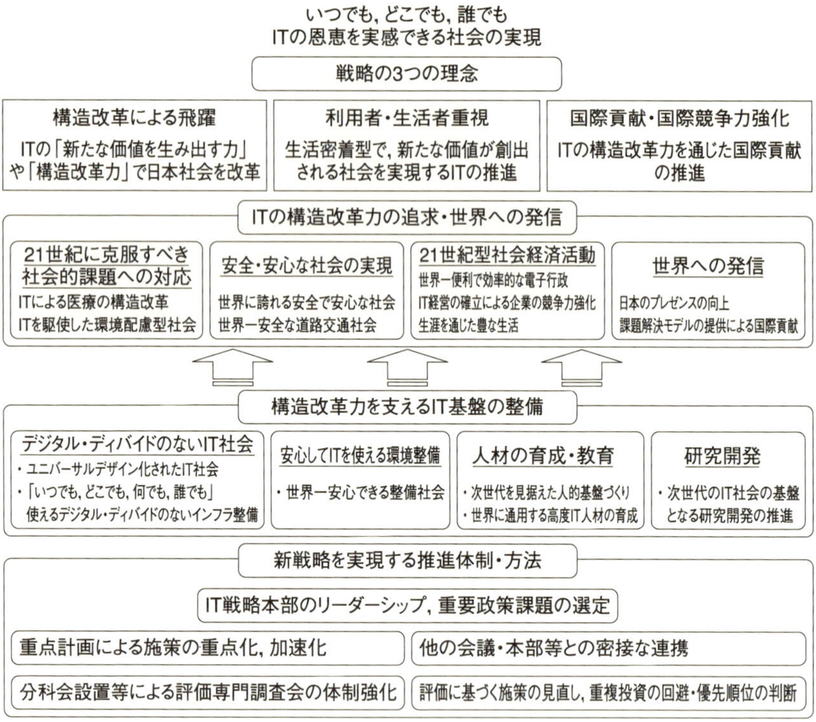

いつでも、どこでも、誰でも
ITの恩恵を実感できる社会の実現

戦略の3つの理念

構造改革による飛躍	利用者・生活者重視	国際貢献・国際競争力強化
ITの「新たな価値を生み出す力」や「構造改革力」で日本社会を改革	生活密着型で、新たな価値が創出される社会を実現するITの推進	ITの構造改革力を通じた国際貢献の推進

ITの構造改革力の追求・世界への発信

21世紀に克服すべき社会的課題への対応	安全・安心な実現	21世紀型社会経済活動	世界への発信
ITによる医療の構造改革 ITを駆使した環境配慮型社会	世界に誇れる安全で安心な社会 世界一安全な道路交通社会	世界一便利で効率的な電子行政 IT経営の確立による企業の競争力強化 生涯を通じた豊かな生活	日本のプレゼンスの向上 課題解決モデルの提供による国際貢献

構造改革力を支えるIT基盤の整備

デジタル・ディバイドのないIT社会	安心してITを使える環境整備	人材の育成・教育	研究開発
・ユニバーサルデザイン化されたIT社会 ・「いつでも、どこでも、何でも、誰でも」使えるデジタル・ディバイドのないインフラ整備	・世界一安心できる整備社会	・次世代を見据えた人的基盤づくり ・世界に通用する高度IT人材の育成	・次世代のIT社会の基盤となる研究開発の推進

新戦略を実現する推進体制・方法

IT戦略本部のリーダーシップ, 重要政策課題の選定

重点計画による施策の重点化, 加速化	他の会議・本部等との密接な連携
分科会設置等による評価専門調査会の体制強化	評価に基づく施策の見直し, 重複投資の回避・優先順位の判断

出典：総務省平成18年1月19日 IT戦略本部発表資料.
http://www.kantei.go.jp/jp/singi/it2/kettei/060119honbun.pdf

- デジタル・ディバイドのないインフラ整備
- 世界一安心できる整備社会
- 次世代を見据えた人的基盤づくり
- 世界に通用する高度IT人材の育成
- 次世代のIT社会の基盤となる研究開発の推進

世界への発信
- 国際競争社会における日本のプレゼンス向上
- 課題解決モデルの提供による国際貢献

　上記の重点計画の下で, IT基盤の整備に挙げられる"世界に通用する高

度 IT 人材の育成"が CIO の人材育成の礎になっている．本戦略において，CIO は企業，行政，その他教育機関などでの設置が求められている．例えば，行政では，2001 年に「e-Japan 戦略」が施行されて以来，CIO 並びに CIO 補佐官の存在が徐々にではあるがクローズアップされてきた．2006 年度早期に，各府省においては，各府省情報化統括責任者（CIO）の下で，CIO 補佐官の支援・助言などを得て，府省内の情報システム企画，開発，運用，評価などの業務について責任を持って統括する体制 PMO（Program Management Office，プログラム・マネジメント・オフィス）を整備し，弾力的な執行が可能となる予算計上，戦略的な情報システム調達を行うことを目指している．一方企業では，2010 年度までに大企業及び公開企業を中心に，CIO の設置を促進することが謳われている．さらに，行政や企業のみならず，小中高等学校等において情報システム担当外部専門家（学校 CIO）の設置を推進し，2008 年度までに各学校において ICT 環境整備計画を作成するなど，ICT 化のサポートを強化する，としている．

CIO とは，基本的には ICT と経営の融合を目指して誕生した役職であるが，1980 年代に ICT 革命が幕を開け，情報社会システムの変容とともにその存在価値は少しずつ変化してきた．ICT 分野の成長の一翼を担う人材として，経営管理やビジネス戦略，EA（Enterprise Architecture，エンタープライズ・アーキテクチャー），内部統制など，経営レベルの業務に従事する CIO が増えつつある．飛躍的な情報システムの向上が，情報の"量"だけでなく，"質"の変化をもたらしている．CIO には，意思決定におけるスピードや縦割り組織に横串を刺す調整能力といった，技術領域を超えたところでの戦略的，変革的能力が要求され始めた．現在の CIO は，情報社会の進展に伴う環境の変化によって形成されたものであり，日々進化している．そのため，時代に適応するためのイノベーションこそ，CIO にとってのキーファクターとなる．この傾向は，先行する米国のみならず，世界的潮流になり始めている．今後，産業の活性化や国際競争力の向上を目指す上で CIO は，国際ビジネス展開に向けたグローバルな視点がますます重要になるだろう．もちろん，情報システムの視点ではグローバル化に伴う組織内外の異なる部署間の相互接続や国際標準が求められる．

4 CIO 学

4.1 高度 IT 人材の不足

　行政と民間の CIO には，職責等の面で差がある．しかし，行政において CIO は電子調達や電子政府の統括，情報戦略，戦略調達，情報セキュリティ，業務革新，ソリューションなど多角的な能力と専門知識が要求されていることを考えると，行政・民間の区別なく組織の重要ポストとして早急な設置が望まれるべきものである．CIO は CFO などの他の役職と比較しても専門性を持つ人材が不足している．総務省が 2004 年に発表した資料によれば，産業界全体でみると，専門的な IT 人材は上級・中級併せて 42 万人の不足と見られており，42 万人中，特にセキュリティに関する人材は約 12 万人，高度な上級人材は約 26 万人不足しているという結果となっている．ICT の専門知識を持つ中級以上の人材を育成するには，研修プログラムの開発と養成機関が必要である．CIO の人材育成となるとさらに難しい．現場で ICT に関する技術的知識の修得はもちろんのこと，情報経営や ICT 戦略など学問的素養を積まなければならないためである．

　高度 IT 人材不足を解決し，組織における CIO の専任比率を高めるための最善の解決策は何か．CIO の人材育成が先行する米国では，企業と行政における CIO の人事交流は盛んに行われている．民間から行政へ CIO が任命され，行政の CIO が民間にスカウトされるケースもある．CIO 職がプロフェッショナルな職業として高い地位と権限を有していることがわかる．一方，後発する日本では，官庁の CIO 補佐官制度は確立したものの，あくまでも CIO を補佐する立場となっている．

　こうした米国事例から，日本において民間と行政の間で CIO の人事交流が可能になれば，人材不足の解消と，コストの削減や電子政府の促進などに効果が望めるのではないか．米国モデルが果たして日本に根づくかどうかを検証することは大事といえる．

4.2 解決策への CIO 学

　米国の CIO 事例をケーススタディとして，日本における高度 ICT 人材不足を解決し，組織における CIO の重要性を認識させ，専任比率を高めるた

めの最善の解決策は，民間と行政間の CIO の人事交流を可能にするための CIO のスタンダードモデルを構築することであると考える．その為には，CIO を学問的見地から捉えることが望ましい．

　CIO 学とは情報化時代における現象・原因・影響などの一連の過程ならびに，社会的かつ技術的な関係，制度を研究対象とし，最適な解決策を見出す学問である．そして，CIO が果たすべき役割を明確にし，情報戦略を中心に組織全体の立場から文系・理系の区別なく幅広い知識・能力を活かす，すなわち総合的な価値判断ができる人材を育成する為の戦略的思考や手法を学ぶ学問である．まさに広範な周辺分野に影響を与える学際分野の一形態である．CIO 学は包括的に組織体や社会環境，現象を捉えることを基礎とするが，本論ですでに定義した CIO とは，「組織において，情報管理，情報システムの管理・統括を含む戦略の立案と執行を主たる任務とする役員であり変革の指導者」に集約できることから，"高度 IT 人材"，特に"情報リーダー"を対象とした学問となる．

　もちろん CIO 学を探求する上での問題点もある．CIO 学は，経済学や経営学のように細分化されていないため，主として ICT と企業経営，公共経営両分野の境界線上，あるいは融合領域に生まれた学問である．ICT の専門的知識や技術力などだけでなく，政治・政策学や経済学，商学，経営学などを含めた多領域にわたる学際研究である．また，時代とともに CIO の責任や役割が進化する学問である．これまで CIO が学問として確立しなかった背景には，こうした理論よりも実践，つまり，戦略・調達・予算・IT 投資・広報・業務革新など多岐にわたる分野で実務的な能力が要求されてきたからではないだろうか．

4.3　CIO の人材育成と普及

　早稲田大学大学院に CIO コースを開設するまで日本で学位を出し体系的に CIO の人材育成を行うための専門教育機関やプログラムが存在しなかった．また，CIO の役割が多岐にわたることから，ややもすると責任範囲が不明瞭であり，組織における CIO の位置づけが曖昧となってきた．このことから情報部門のみならず，管理・経営部門の統括者として CIO 的な業務を行っている組織もある．近年，CIO には戦略的かつ変革能力が要求され

始めているが，CIOが現在に至るまで，時代や組織の期待やニーズに合わせて存在意義を変えてきたことに基づく．

しかし，われわれが提唱するCIO学の構築によって，次のような国家的といえる効用が望める．まず，CIOが管理する「情報・知識」そのものが無形財産であり，これまでCIOの導入効果や，IT投資の費用対効果が数値化しにくい問題があった．しかし，CIO学を確立することで，CIOの説明責任や組織の位置づけをさらに明確なものとし，こうした効果を学問的に数値化することが可能となる．次に，CIOの普遍的な役割を見出すことによって日本だけでなく，グローバルスタンダード・モデルを構築することができる．すなわち，情報化が生み出す現象や原因，影響や歴史的事実などを理論的に考察することによって，社会的かつ技術的な関係を普遍的に解明することができ，将来的に望ましい社会を構築するための手段の考察やその効果を評価することができる．つまり，理論的見地からCIOを検証することは行政，企業組織においても非常に有益となるだろう．本書は国際CIO学会の最初の研究成果であり，CIO学の確立は行政CIO，企業CIOの拡充の面で非常に有意義であると考える．

5 国際CIO学会の役割

5.1 国際CIO学会の設立と特徴

本書の主要執筆者が所属する国際CIO学会は日米欧アジアのグローバルなCIOに関する研究の推進と議論の場として2006年1月9日に設立された．国際CIO学会の目的は以下の通りである．

CIOに関する諸問題の研究，および普遍性の追求と応用の促進化を目的としている．そして，情報化時代におけるICTにかかる社会の現象や原因，影響などの一連の過程や，社会的かつ技術的な関係，制度を研究対象とする学問を確立する．また，会員及び，有識者と専門家との相互の意見交換をはかることによって，学問的リソースと実証的ケーススタディを融合させたグローバルスタンダードCIOモデルを確立し，今後の情報化社会における国家並びに産業の国際競争力の一層の強化と促進を目指す．

国際CIO学会の8つの特徴は次の様に整理できる：

【理論体系の確立】

世界的な技術革新や，社会環境の動向，歴史的変化に基づく分析によって，時代と組織に適合する最適な CIO と CIO 学の理論体系を探求する．社会に貢献し，CIO の実態の明確化及び必要な知見の体系化を主たる目標とする．

【産官学連携】

世界的な ICT 社会に適応できる理論と実践を兼ね備えた優秀な人材を育成するために，産官学連携による開かれた国際学会を目指す．

【望ましい ICT 社会環境の創出】

企業 CIO と行政 CIO の融合という新しいビジネスモデルの創出に伴う ICT 投資効果の向上，電子政府の促進を目指し，望ましい ICT ビジネス環境を構築することを目標とする．また，システムに対する知見や MOT などの工学的アプローチ並びに社会環境系アプローチの双方に重点を置く．

【新規ビジネスモデルの創出】

学問における真理の追求のみならず，世界的 CIO 研究ネットワークの中で，日米を中心に情報化や CIO 人材育成を先行する諸国との共同研究を推進し，世界共通の新しいビジネスモデルの創出や政策提言を行う．

【CIO の資格化】

CIO 資格検定の基準や必要知識の設定につながる研究の場とする．

【政策提言の機会】

現実の CIO の知識，システム構成など実社会活動に対し，学問的な理想との乖離という二重構造を解決する学会活動を目指す．

【高度 ICT 人材育成不足の解消】

CIO の人材育成の促進に伴い，高度 ICT 人材不足の問題を解消すべく CIO という職責の普及とその寄与を目指す．

【グローバル化への対応】

組織の多国籍化，グローバル化の変化に適宜呼応できる世界標準の CIO を育成する教育体系の構築を目指す．

図 2 は CIO の機能の拡大を 4 領域——CFO，CTO (Chief Technology Officer，最高技術責任者)，CKO (Chief Knowledge Officer，最高知識責任者)，CRO (Chief Risk Officer，最高リスク責任者)——並びに具体的コア・コンピタンスの相関図として示している．

図 2　CIO 必要知見の体系化モデル

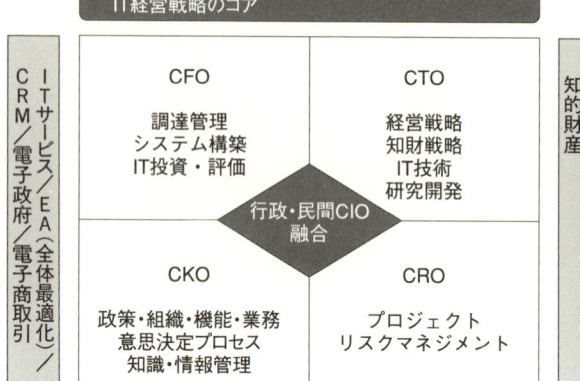

5.2　国際 CIO 学会の目的

　情報通信産業の発展に伴い，社会システムも急速な変容を遂げている．台頭する欧米，追随するアジア諸国との国際競争の中で，世界の ICT 立国を目指すための最善策を構築することが望まれる．

　今，世界が注目し始めた電子政府の促進，地域・国家間に跨るデジタル・デバイド，インターネット普及に伴うセキュリティ問題，インターネットガバナンス，そして，次世代の情報時代の興隆を担う高度 ICT 人材育成等，さまざまな課題への取り組みが急務である．

　第三次産業革命に匹敵するとも言われる情報革命において，ICT が社会や経済に与える影響は計り知れない．いまや世界の全ての人々にインターネットを，という動きが起こる中で，我々は急速な変貌を遂げつつある社会システムにおける ICT の効果的な活用と意義が問われているのである．

　こうした世界の ICT 潮流の中で，産業の活性化と国際競争力の向上を目指すために，行政，民間において ICT 時代の重要な役割を担うキーファクターとして CIO が脚光を浴びている．CIO は 1980 年代のデジタル革命以降，その存在価値を少しずつ変容させながら ICT 分野の成長に一翼を担ってき

た．CIOを学術的視点に基づいて調査研究を行うことは，世界のICT先進国が抱える情報化に係る諸問題を解決するためにも，また現在ICT化を促進しつつある途上国にとっても重要である．

国際CIO学会の設立によって，情報時代における現象・原因・影響などの一連の過程ならびに，社会的かつ技術的な関係，制度を研究対象とし，最適解を見出し，情報戦略を中心に組織全体の立場から幅広い知見を活かすことが可能になる．そして，産官学連携に基づく総合的な価値判断ができる人材を育成する為の戦略的思考や手法を学ぶ学際的な学問ともいえる．産官学連携のもとにCIOの学問的探求と標準化が望まれる．

国際CIO学会の設立によって価値ある無形財産である「情報」を有形価値化し，経済，経営，社会に及ぼす影響を形あるものとすることによって，CIOの普遍的な価値・役割を見出せる．

すなわち，情報化が生み出す現象や原因，影響や歴史的事実などを理論的に考察することによって，社会的かつ技術的な関係を普遍的に解明することができ，将来的に望ましい社会を構築するための手段の考察やその効果を評価することができる．つまり，理論的見地からCIOを検証することは行政および民間組織においても非常に有益となるだろう．

国際競争の激化する中，行政並びに企業などの取り組むべき経営課題は一層広範囲かつ複雑になってきている．内部統制や生産性向上など，業務革新の最も重要なツールとして，いまやICTは経営戦略と不可分である．ICTを活用して行政や企業がやるべきこと，新たに可能になったことがますます増えている．業務全体の可視化・最適化など，ICT活用によるイノベーションをリードするCIOの重要性は，近年ますます高まってきている．

6 CIOの効用

6.1 CIOの進化

企業CIOの最近の動向を見ると，大変興味深い変化が見られる．日本では，CIOを設置している企業の4割近くが，平均的米国企業並みに専任CIOを置くようになった．CIOの前職は，まだ圧倒的に情報システム部門が中心だが，経営企画および財務経験者も合計3割を占めるに至る．特に，

金融・保険業界では，CIO の設置率が 7 割と高く，IT 経営戦略の重要性が伺える．さらに，企業規模別では，従業員数 500 人以上の大企業で 6 割，人材不足の中小企業でも 3 割が CIO を設置するようになっている．2 大都市圏の東京と関西とを比較すると，大企業が多い東京での設置率は高く，CIO の重要性が浸透している．

　企業 CIO の場合業務報告先は 3 分の 2 が社長になっており，以前に比べて組織内での地位の向上が著しい．また日本版 SOX 法（J-SOX 法）[4]対策で，CIO を支える ICT スタッフを増員する企業が急増していることも特徴である．同法の 2008 年度からの施行によって，上場企業，連結子会社など数万社が検査対象となり，その数だけの CIO 人材が必要になろう．地方自治体での行政 CIO も急増中である．

6.2　情報活用の鍵をにぎる

　CIO は，第 3 世代を迎えている．すなわちインターネット革命による業務革新の第 1 世代，電子政府の国策的な拡充による第 2 世代に続き，金融商品取引法の IT 統制強化への対応による第 3 世代が誕生している．今後は企業価値最大化へ向けた「攻めの ICT 経営」で CIO の重要性が増していく．組織内の異なる部署間の相互接続や標準化がさらに進み，世界各国へのグローバルスタンダードの展開へと拡大している．国際ビジネス展開と国際競争の激化により，CIO の国際的視点はますます重要になっていくだろう．

　例えば，企業や官公庁で分散する情報システムを統合・連携する際の考え方である「EA」[5]と呼ばれるモデルが普及している．業務および情報システムの全体像を「見える化」することによって全体最適を追求する国際標準手法だ．同様に，内部統制を確実に機能させるための COBIT やシステム運用革新の最適事例集「ITIL（IT インフラストラクチャー・ライブラリー）」などに準拠した，新しいビジネスモデルの構築が期待される．また，事業継続計画（BCP）などリスクマネジメントも，企業の急務課題となっている．もちろん，こうした新手法は行政の情報化，電子政府でも取り入れられている．

　経営と ICT の橋渡しとしての CIO の役割は，IT 投資の最適配分であり，ビジネスニーズとの連携を実現するために情報管理から情報共有，情報活用

へと進化していく．一方，米国では，行政の情報化に年間7兆円が支出されており，政府の専任CIOの役割広範化は，予算規模の拡大と比例する．民間では，業務報告先は経営者が大半を占め，また，経営委員会メンバーのCIOが8割を占める．経営が分かるICT専門家あるいは経営者がICTを熟知していく両パターンが戦略的なICT経営モデルとして推進されている．

米国のCIOはセキュリティやプロジェクト管理などを含めたビジネス戦略を重視する．欧州では，透明なe-ガバナンスの進化，イノベーションの牽引もCIOの役割と見なされている．財務報告に関連してICT投資の効果に対する目も厳しくなってくる．

6.3　幅広い視野で4「I」変革主導

次世代CIOは「インフォメーション（情報）」「インテリジェンス（情報分析）」「イノベーション（革新）」「インベストメント（投資）」の4つの「I」の各領域で，複合的組織を横断的に統合する変革力と指導力を発揮できる人材であるべきと主張したい．統合力は「インテグレーション」であり，今後4つの「I」の統合モデル「5I」が重要となるのではないか．

米国では投資最適化の視点で従来のITマネジメント手法にイノベーション志向のビジネスモデルを駆使し，標準化した大学教育研修が盛んだ．欧州

図3　CIOの4つの「I」の統合モデル *New CIO for Innovation*

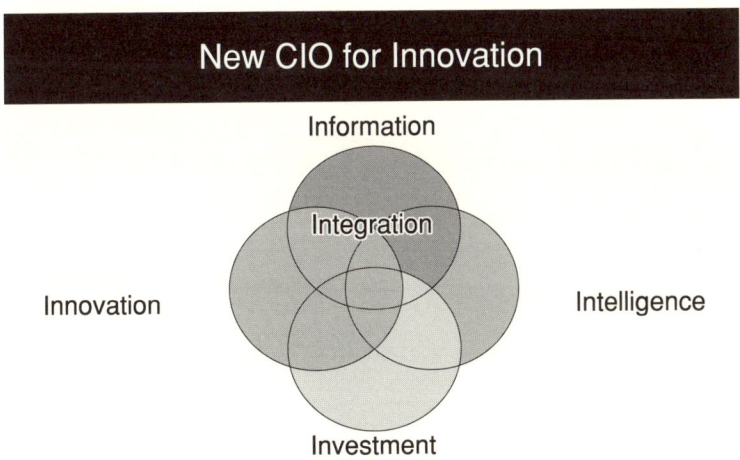

では変革型 CIO の機能強化が ICT ビジネスリーダー育成の目玉である。こうした幅広い視野と的確な判断力を持つ CIO こそが，組織のさらなる競争力向上を実現できる原動力になる。

　日本でも近い将来，企業や行政以外に病院や大学など，多くの組織で CIO が必須となろう。複合的で高度な育成プログラムが，より広く普及していくことが望まれる。私が勤務する早稲田大学では中堅ビジネスマン対象の即戦力の短期養成講座，中長期の大学院修士コースを開講している。質の高い CIO，IT 人材を育成・維持するための CIO 資格化も必要だろう。

　世界トップクラスの CIO 人材育成の仕組みが構築できれば，さまざまな分野で戦略的な情報活用が進む。組織の ICT 経営戦略リーダーとして，CIO の存在価値は今後一層高まるだろう。わが国の国際競争力強化のためにも，今こそ産官学の力を結集して社会的ニーズに適合する高度 IT 人材の育成に取り組まねばならない。そして，そのためにも「CIO 学」の充実は急務である。

注
1) CIO の命名者であり，ボストン銀行副社長兼 CIO であった。
2) IT 用語辞典「e-words.jp」。
3) 『脱工業化社会の到来』(岡田直之訳，1969 年，東京創元社)『イデオロギーの終焉』(内田忠夫ほか訳，1975 年，ダイヤモンド社) などの書籍を出版，モダニズムを批判する米社会学者。
4) 日本版 SOX 法は，2006 年 6 月に成立した金融商品取引法 (旧証券取引法) の一部の，内部統制報告書の義務づけ分野を指す。
5) 企業，行政機関の組織の最適化，情報システムの標準化などで効率良い組織の運営を図る方法論として活用されている。

文献
Gottschalk, Peter (1999), Department of Technology Management, Norwegian School of Management, "Strategic management of IS/IT functions : the role of the CIO in Norwegian organizations" *International Journal of Information Management* 19, pp. 389-399.
レイン・ディーン (2005)，『米先進企業 CIO が明かした IT 経営を成功させる 17 の「法則」』日経 BP 社。
ニーリー・アンディ (清水孝訳) (2004)，『事業を成功に導く業績評価の理論と実務』東洋経済新報社。

野村総合研究所システムコンサルティング事業本部（2005），『最新図解 CIO ハンドブック』野村総合研究所．

小尾敏夫監修・早稲田大学大学院 CIO・IT コース/電子政府・自治体研究所編（2005），『CIO —— IT 経営戦略の最高情報統括責任者』電気通信協会．

小尾敏夫監修（2006），『ビジネス戦略と IT 活用の実例　日本の情報システムリーダー 50 人』ソフトバンククリエイティブ．

小尾敏夫・岩崎尚子（2006），『行政 CIO の現状と未来』行政情報システム研究所．

Porter, Dan (2002), *The Power of Team: The Making of a CIO*, Department of the Navy Chief Information Officer (DON CIO).

Schubert, Karl D.（渡部洋子監訳）（2006），『次世代 CIO —— 最高情報責任者の成功戦略』日経 BP ソフトプレス．

Scott, Bernard A. (2001), Dissertation submitted to the Faculty of the Virginia Polytechnic Institute and State University "Evaluating CLINGER-COHEN ACT Compliance in Federal Agency Chief Information Officer Positions" http://proquest.umi.com/pqdlink?did=728474251&Fmt=2&clientId=48378&RQT=309&VName=PQD.

Watts, Stephanie and John C. Henderson (2006), "Innovative IT climate: CIO perspectives" 17 Oct. 2005, *Journal of Strategic Information Systems* 15, 125-151 www.elsevier.com/locate/jsis.

山下徹編著（2007），『高度 IT 人材育成への提言　国際競争力の復権に向けて』NHK 出版．

地方公共団体における CIO の役割について

はじめに

　総務省では，平成 19 年 3 月 20 日に「新電子自治体推進指針」を策定し，その中で「CIO を中心とした推進体制の拡充と PDCA サイクルの確立により電子自治体の IT ガバナンスを強化する」ことを取り組み事項のひとつとしています．

　自治体における CIO 任命率は年々増加しておりますが，CIO が期待される機能を発揮するためには，以下のような環境を整備する必要があります．

CIO を支える体制を強化する

　CIO がリーダーシップを発揮することは重要なことですが，CIO がひとりで全てを担うことは不可能です．CIO を支えるため，CIO 補佐官や PMO の設置，情報政策担当課の機能強化等を行うことが必要となります．また，外部のアドバイザー等から助言を得られるようにする方法も考えられます．

　この際注意すべきことは，CIO と CIO を支えるチームの全体として，システムと業務の双方に詳しい体制とすることです．例えば，CIO がシステムに詳しい場合には，業務に詳しい CIO 補佐官を据えるなど，適切な組み合わせを考える必要があります．

CIO 等の権限・責任を明確化する

　CIO や CIO 補佐官が機能を発揮できるようにするため，効果的な方法はその権限を明確化することです．特に，予算配分，行政改革に関与できる権限が重要です．また，可能であれば，人事面でも意見を述べる機会が与えられることが望まれます．他方，大きな権限を与えられることにより，CIO 等が独断的にならないようにする仕組みが必要です．例えば，CIO や PMO 等の活動成果を評価する機会を設けること等が考えられます．

　権限・責任の明確化の先進的な事例として，千葉県市川市が挙げられます．市川市の CIO は，首長などの兼務や民間から IT に精通した人材を登用しているケースと違い，行政実務に精通した人材を専従で全ての組織に影響力を持てる職位として配置されています．また，CIO の権限・責任を明確化するための規程を定めており，これにより CIO は，全事業部門の情報関連施策に関する情報が掌握できます．さらに経営会議にも CIO が参加することが定められており，市川市が IT の活用を政策達成の手段として重要であることを明確に示しています．

元総務省自治行政局自治政策課　情報政策企画官　田中敦仁

2章 CIO 誕生の経緯と背景

工藤裕子

1 はじめに

　本章は，CIO (Chief Information Officer, 最高情報責任者) が誕生した経緯および背景を明らかにする．まず，CIO 誕生の経緯，背景，展開について，ニューエコノミーの台頭とグローバル化の進展という大きな環境変化から説明し，さらにより直接的な背景であるコーポレート・ガバナンスと CSR (Corporate Social Responsibility, 企業の社会的責任) から，CIO の役割が変化してきたことを明らかにする．そして，CIO に直接的な影響を与えている諸制度を，特にアメリカのそれを中心に説明する．

2 CIO 誕生の経緯，背景，展開

　CIO は，ニューエコノミーの台頭，デジタル革命などにより，情報および情報マネジメントの価値が変化する中，その必要性，重要性が広く認識されるようになり，誕生，確立した．企業の経営環境は近年，情報化のみならず，グローバル化によっても大きく変化してきたが，一方では，内部統制に関する諸制度の改革によっても変化を余儀なくされてきた．これらの変化は，組織マネジメントにおいて ICT (Information and Communication Technology, 情報通信技術) をより戦略的に活用する必要性を高め，ICT 戦略の形成，実行を通じて経営陣に適切な助言を行うのみならず，場合によっては自らが経営陣に参加する CIO の存在をますます重要にしつつある．
　既に企業および行政[1]における CIO は，きわめて重要な存在として認識されている．最近では，公的セクター改革の一環として，大学，医療機関などの改革も進められているが，これらの機関においても CIO の重要性が高ま

りつつある．また，NPO，NGO などの非営利組織においても CIO の必要性が認識されている．ICT の急速な進展とその高度化に伴い，ICT に関する専門能力および経営能力を持つ CIO の重要性は今後さらに増加するであろうと考えられている．

2.1 ニューエコノミーの台頭とグローバル化の進展

　ニューエコノミーには一般に 2 つの意味がある．ひとつは，製造業などを中心とするいわゆるオールドエコノミーに対する概念として登場した IT 企業などに代表される新しいビジネスのことであり，その台頭が CIO の重要性の認識，地位の確立に直接的に影響を及ぼしたことは明らかであるが，もうひとつは，ICT の活用によって在庫調整などが加速されることで景気循環が消滅するという考え方のことを指し，これも CIO の重要性を広く認識させることに大きく貢献した．後者は，1990 年代後半，IT 投資の活性化により企業内において情報網が整備され，また SCM（サプライチェーンマネジメント）などの進展により，調達・生産・在庫・販売の各局面における最適化が図られるようになったため，それまで見込み生産により発生していた在庫循環が消滅，したがって景気循環が消滅するのではないかと期待されたことをいう．このニューエコノミー論は，いわゆる IT バブルの崩壊などにより，設備投資主導の景気拡張が終焉して景気後退が始まったため，誤りであったとされたが，実際には企業の在庫調整が加速し，在庫に起因する景気循環は緩和されていることが明らかになっている (Reich, 2002)．サプライチェーンマネジメント，特に在庫管理の重要性の認識が，企業においてその投資，戦略に関わる CIO の役割の重要性の認識，地位の確立に貢献したこともまた明らかであろう．

　一方，グローバル化は企業の経営環境を変え，またその組織，マネジメント・スタイルにも大きな影響を及ぼしている．一般にグローバル化は，世界に共通する制度，基準，手法などがより広範囲において普及することを意味する．グローバル化は，特に企業経営の分野においては多くの肯定的な影響をもたらしたが，困難な課題ももたらした．グローバル化は，情報社会の進展とあいまって，個人情報保護の問題や情報漏洩などをこれまでになく深刻なものとし，それらに対する企業における責任者としての CIO が必要と

なってきた．日本では2003年の個人情報保護法制定が直接的な契機となっているが，世界的には，コーポレート・ガバナンスの台頭によるところが大きい．コーポレート・ガバナンスは，企業のグローバル化，国際競争力の強化という視点から強調されるようになったが，それがグローバル・スタンダードとなってきたことが，企業とその経営をさらに大きく変えている．

　グローバル化は必ずしもプラスに作用するとは限らない．確かに制度，基準，手法の共通化は，国境という障壁を低くし，諸資源の流通，諸手続きを容易にしたが，企業の活動範囲が世界規模になったことで，企業経営の諸戦略は大きく変わった．特に労働市場および商品・サービスの供給という点においてグローバル化は，格差を利用し，一部の地域が他の地域を搾取する，という構図を作り上げた．この問題については既に多くの文献等が指摘しているところであるため，ここでは問題の所在を指摘するにとどめる．制度，基準，手法の共通化も，実は，市場において支配的な権力を発揮できた諸国が，諸手続きを容易にし，それによって諸資源の流通を容易にしたものであるが，このことは格差をさらに拡大してきた．

　このような中で企業が，その経営戦略としてコーポレート・ガバナンスの確立と強化を，また一方で情報化に関する諸戦略を確立してきたことは当然といえよう．もっとも，情報化に関する諸戦略は，グローバル化から直接引き出されてきたものではなく，グローバル化に伴う諸現象に対応するために構築されてきたものである．コーポレート・ガバナンスはまた，次節で詳しく述べるが，グローバル化のみならず，当時世界的に拡大していたスキャンダルによっても促進された．

2.2　企業の変化——コーポレート・ガバナンスとCSR

　コーポレート・ガバナンスは，大規模株式会社の発展に伴って，実質的な企業の支配権が株主から経営者に移行していった中，経営者への権力集中がもたらす諸問題に対して統治のあり方が提起されるようになり，株主と経営者の関係をめぐる企業支配の議論（"corporate control"）として誕生した．用語としては既に1960年代の初頭に使われていたが，80年代になってアメリカで法律，経営，財務，会計などの諸領域において普及し，90年代になって世界的に広く用いられるようになった．特にアメリカにおいては，2000

年代初頭に発覚した大企業経営者による不正会計操作等を受け，2002年には企業改革法（サーベンス・オクスリー法，一般にSOX法と略される）が成立した．また，日本においては，90年代に企業不祥事が多発したことを契機に，コンプライアンス（法令遵守）や企業倫理という観点から，また企業のグローバル化，国際競争力という観点から注目されている．

コーポレート・ガバナンスは，株主や経営者のみならず，企業を取り巻く多様なステークホルダーもまた企業の意思決定に影響を及ぼす主体として捉えるが，これは，企業の主権者を株主以外のステークホルダーに拡大してきた現代企業の性格を反映している．ここで，ステークホルダーには，企業内部で直接的に企業活動に関わる経営者や従業員，外部の資金提供者である株主や債権者，取引を通じて企業に関わる供給業者や顧客，企業活動による外部影響を被る地域社会などが含まれる．そして経営者の重要な役割は，これらの主体間の利害調整を行うことであるとされている（田中，2003, 2006）．

この潮流において，一方で内部監視メカニズムの一端を担い，また外部監視メカニズムが機能するための環境整備を行うために重要な役割を持つようになるのがCIOである．コーポレート・ガバナンスによって，組織マネジメントのためにICTを活用することはもちろん，内外に対する情報マネジメントを行い，その情報マネジメントのための戦略を形成，実行する必要性，重要性が増加したためといえよう．

さらに，企業が規模を拡大し，その行動が社会的に与える影響が広範囲に及ぶものとなるにつれ，また，それに伴って，株主，従業員，顧客，供給業者，地域社会などの多くのステークホルダーとの関わりが密接になり，その多様な要請や期待に応えることが求められるにつれ，企業の社会的責任（CSR）が積極的に追求されるようになった．企業は社会のサブ・システムとして，社会に対して特定の製品・サービスを生産，販売するという経済的機能を担っており，したがって，企業の社会的責任とはまず，安価で良質な製品・サービスを社会に提供することを通じて適正な利潤を確保するという経済活動に関する責任をいうが，最近では，この経済的機能を超えた社会関与を企業が自己の責任として自発的，積極的に実践すべきという考え方[2]が一般的になりつつある．

企業の社会的責任を積極的に評価する立場においては，企業の影響力が経

済的機能の範囲を超えて社会全般に及んでいる現実を踏まえ，生産に基づく経済活動に直接関わる社会の期待はもちろん，それ以外の諸期待をも積極的，自発的に汲み上げ，対応することが企業にとって不可欠である，とされている．企業は，法や市場メカニズムに従うことのみならず，その社会的影響力に対応した責任を取るべき，つまり，社会的制度として適当な社会関与を自発的に課す範囲にまで社会的責任を拡大されなければならないとされる．これは，企業がこの社会的責任を自発的に遂行しない場合，それを強制的に遂行されるために上位システムの権力が発動される可能性があることによって担保されている．しかし，これは企業が自らその存在基盤である自由を放棄することを意味し，企業の維持・発展のみならず自由企業体制そのものに関わる問題となることを示唆している（遠藤，2003）．

　社会的制度としての企業の社会的責任としては，企業が製品やサービスを提供することで利益を獲得し，株主に配当金を還元しながら，長期的な競争優位を確立する責任を果たすことを意味する経済的責任，企業がその行動を規定する法律や条令を遵守することにより，法的要請の枠内で経済的使命を遂行するという企業に対する社会の期待に応えることを意味する法的責任，企業がステークホルダーが期待する公正や正義を実現する活動を行い，その倫理的権利を尊重，保護する責任を意味する倫理的責任，そして企業が，明確ではないが社会が企業に担ってもらいたいと期待する社会的役割を果たす責任をいう慈善的責任があるとされる (Carroll, 1991)．これらの中では経済的責任は他のすべての責任の基礎であり，もっとも優先順位が高く，法的責任もまた企業が社会的制度として存在するために果たすべき最低限の責任であるが，倫理的責任は，企業が先行的に取り組むことによって中長期的な競争優位を獲得できるもの，慈善的責任については，緊急対応を要求されるものではないが，問題の深刻化により社会的な意識が高まることで倫理的責任に移行する可能性もあるが，いずれも企業により選択の余地が与えられている．企業に求められる責任は拡大しつつあり，倫理的責任，慈善的責任にいかに対応するかが企業の戦略となりつつある．

　企業にとって社会的責任を遂行する必要性が高まるにつれ，複雑多岐にわたる社会的責任を，何を基準にいかに選択，いかに実践してゆくか，という基本的指針を確立し，これによって適切な経営資源の配分をすることが求め

られるようになる．これは，伝統的な経営戦略の枠を超え，より広い社会戦略の構築を意味する．そして，社会戦略とは，自社が遂行する社会的責任の特定と，その実現のための手段・資源の選択を決定する基本原理と理解されている．社会戦略は，企業が社会的責任を遂行するため，経済的戦略とともに追求すべきものであると考えられているが，それには利益還元計画と社会的市場計画に分類される（山倉，1993）．

CSR は企業が社会戦略を構築する必要性を高め，それに従事する人材や部署を不可欠なものとした．特に，社会的ニーズを発見し，このニーズの解決に対して革新的な方法やシステムを開発することによって社会のニーズを満たすことが，企業の社会戦略として重要度を増すに伴い，その環境整備のために重要な役割を持つ CIO が注目されるようになる．この文脈において，CIO は，ICT を活用することで企業の内外における情報マネジメントを行うのみならず，それを基礎としたナレッジマネジメントによって企業の社会戦略を形成するにあたり，経営資源の配分に関わることで，より直接的に企業の経営に関わるようになるのである．

2.3 CIO の役割・機能の変遷

CIO にはこれまでのところ明確な資格がないが，求められる技能は一般に，問題解決能力，情報工学，情報システム，情報通信などに関するものであり，実際，SE（システム・エンジニア）やプログラマの経験を持つ人材が多い．しかし，CIO の役割の急速な変化に伴い，技術的な能力に加えて，リーダーシップ，コミュニケーション能力，企業経営に関する理解，ビジネス経験，組織マネジメント・スキル，そして変化への適応能力などがより強く強調されるに至っている．これについては後に CIO コア・コンピタンスのところで述べる．

CIO の基本的な位置づけは，組織における ICT 部門の最高責任者である管理職であり，通常は CEO (Chief Executive Officer, 最高経営責任者) や CFO (Chief Financial Officer, 最高財務責任者) に直属する．企業においてはボード・メンバーの一員であることも多く，組織やロジスティックスの責任者を兼任する場合もある．一方，CIO が明確に規定されていない組織，あるいは前述のような能力が必ずしも担保されていない場合もある．

CIO は，組織の情報アーキテクチャーを構築，監督し，情報システムの日常的な運用を組織，管理し，技術的スタンダードを定め，またデータベースを管理することを要請されるが，最近では次節で述べる企業経営環境の変化等により，内部統制システムの一部としての IT 統制を担うことが期待されつつある．

3　CIO を取り巻く環境の変化

　CIO は，ICT の急速な発展はもちろん，企業の経営環境，さらにはそれを規定しているグローバルな潮流，関連する諸制度など，それを取り巻く環境の変化に伴い，大きな影響を受けつつある．ここでは，特に企業経営のあり方および CIO の役割・機能により直接的な影響を与えている主要諸制度およびその影響についてまとめる．

3.1　クリンガー・コーエン法

　電子政府，IT ガバナンスの先進国である米国における IT ガバナンスに関する主な法律・通達には，政府業績結果法 (GPRA, Government Performance Results Act of 1993)，情報技術管理改革法 (IT Management Reform Act of 1996, いわゆるクリンガー・コーエン法．Clinger Cohen Act, CCA)，行政管理予算局 (OMB, Office of Management and Budget) 通達 A-11 がある．注目すべき点は，GPRA によって各政府機関が戦略を立案・公開し結果も報告することが義務づけられたこと，CCA によって EA (Enterprise Architecture, エンタープライズ・アーキテクチャー) 構築が義務づけられたこと，そして通達 A-11 により，立法府により GPRA や CCA で義務づけられた内容が行政府の予算案編成作業に反映されたことであろう．

　1993 年の政府業績評価の結果，IT 投資プロジェクトの半数以上が失敗であることが明らかになると，連邦政府はその情報システム調達制度に次々と改革を実施した．1995 年の連邦調達改革法 (Federal Acquisition Reform Act) により，IT システムをその他の投資から区別するなどの改革が行われ，1996 年のクリンガー・コーエン法により，CIO が任命され，プロジェ

クトマネジメントの考え方が導入された．連邦政府調達局（GSA, General Services Administration）に集中していた調達権限は各政府機関に分散された．同年，各政府機関に EA の策定が義務づけられ，調達の詳細を決める権限が各政府機関に委譲された．その後，1999 年に連邦政府 EA フレームワーク Ver 1.1（Federal Enterprise Architecture Framework ver1.1），2001 年に連邦政府 EA 実践ガイド（A Practical Guide to Federal Enterprise Architecture）が出され，EA を用いた連邦政府の業務・システム最適化改革が進展した．連邦政府各機関においては，EA 策定の指針とするレファレンスモデルの整備が進んだ．

クリンガー・コーエン法によって各政府機関の CIO は，EA の開発・推進・維持を義務づけられた．これを受けて OMB は，新規システム調達について各政府機関が自主的に取り組みを行うことを可能にする権限委譲を実施したが，そのための条件として EA の策定とそれへの準拠の義務づけを行った．ここで，OMB が政府機関の EA 準拠状況を測定するためのツールとして用意したのが，EA アセスメントフレームワーク[3]である．これにより，それまでは体系的には実施されていなかった EA への対応は，以降，連邦政府全体の課題として本格化されていった．

各政府機関への権限委譲の一方，EA については各機関別の取り組みから政府横断的な取り組みへと，連邦政府の IT 投資は大きく変わった．それまでのように個別のシステムの評価を行うのみならず，各機関や連邦政府全体という枠組みでの情報投資の効率化が求められるようになったためである．このなかで，共通フレームワークである EA による各政府機関システムの標準化や，政府機関の標準業務体系である BRM による重複投資の抑制が積極的に推進されている．また，重複投資のチェックをクリアした計画に対しては，IT 投資の優先順位づけを行うポートフォリオ・マネジメントによる管理が重視され始めた．また事前評価の取り組みも強化されつつある．

クリンガー・コーエン法は，政府の IT 調達と管理を変革し，投資のマネジメントサイクル管理を提唱するに際し，すべての連邦政府機関に IT 投資の効果やリスクに関する分析・評価を行うことを義務づけた．これを受けて会計検査院（GAO, General Accounting Office）が先進的な IT 投資を検討し，パフォーマンス評価のためのバランス・スコアカードの利用を提案した．

2000年5月,GAOはIT投資プロセス(IT投資に関する選定・管理運用・評価のプロセス)を総合的に管理するための手法としてIT投資管理(ITIM, Information Technology Investment Management)においてIT投資管理のフレームワークを提示した.その後,連邦政府機関でITIMを実際に適用した結果を反映して,2004年3月には改訂版(バージョン1.1)が発表された.一方,GSAは"IT Capital Planning & IT Investment Guide"においてIT投資方法のツールを提供した.OMBはまた,2002年の"Planning, Budgeting, Acquisition and Management of Capital Asset (A-11)"により,予算要求書に関する取り決めを行っている.パフォーマンスベースの評価に関しては,1998年のGAOの"Measuring Performance and Demonstrating Result of Information Technology Investment"などに述べられている.

2000年にGAOによって提示されたITIMは,組織のIT投資の管理における成熟度として5つのステージを定義,各ステージにおいて組織が満たすべき基準を定めている.ITIMを適用する組織は基準に照らして自らのIT投資プロセスを評価・分析することになる.成熟度ステージにおいては,IT投資の管理が,プロジェクトごとではなく組織全体の戦略に基づいて計画されているほど上位に位置づけられる.ITIMはあくまで成熟度の評価を主体とした手法であるため,IT投資プロセスを改善するためには,プロジェクト管理の強化,EAによるシステムの標準化などの取り組みを並行して進める必要があるとされている.

これらの諸規定は,CIOの役割,機能そしてその重要性を著しく高めたのみならず,それが連邦政府機関の中で明確に位置づけられることでその権威,地位が改めて確立され,広く社会に認知される契機となった.

クリンガー・コーエン法を受け,CIOの役割やスキルを規定した「CIOコア・コンピタンス」が策定された.これが,同法がCIOの直接的な根拠とされる所以である.

これは,有識者がCIOコア・コンピタンス案を作成した後,大学関係者と検討を加えた上でクリンガー・コーエン・コア・コンピタンスとして米国政府がオーソライズしたものである.これをもとに各大学がカリキュラムを作成,そのカリキュラムをCIOカウンシルが認定することによって,コー

スの卒業生には CIO の認定が与えられる．

2006 年に改訂されたが，大きな変更はなく，小規模な修正に止まっている．2006 年版は CIO コンピタンスとして 12 の大項目と 83 の中項目を定めている．詳細については後の章に譲るが，大項目は以下の通りである．1. 政策と組織，2. リーダーシップと管理能力，3. プロセス・変革の管理，4. 情報資源戦略・計画，5. IT 成果評価のモデル・手法，6. IT プロジェクト・プログラム管理，7. 資本計画と投資管理，8. 調達，9. 電子政府・電子商取引，10. 情報セキュリティと情報保護，11. エンタープライズ・アーキテクチャ，12. 技術経営と評価，である．政府行政機関のみならず，民間企業においても通用する内容となっていること，情報通信技術に関することのみならず，高度な経営スキル等も要求されていることは注目に価する．また，これらの要請が大学のカリキュラムと結びつくことにより，CIO がプロフェッショナルとして確立，認知されるようになったことは，CIO の発展にとってきわめて重要であるといえよう[4]．

3.2 SOX 法および日本版 SOX 法[5]

サーベンス・オクスリー法（"Public Company Accounting Reform and Investor Protection Act of 2002（上場企業会計改革および投資家保護法）"，法案を連名で提出した Paul Sarbanes 上院議員，Michael G. Oxley 下院議員にちなみ，一般にサーベンス・オクスリー法と呼ばれる）は，企業会計や財務報告の透明性を高めることを目的とし，コーポレート・ガバナンスと監査制度の抜本的な改革，投資家に対する企業経営者の責任と義務・罰則を定めた 2002 年の米国連邦法である．エンロン事件など 1990 年代末から 2000 年代初頭にかけて頻発した不正会計問題に対処するため制定された．

公開会社会計監視委員会（PCAOB, Public Company Accounting Oversight Board）の設置，監査人の独立性，財務ディスクロージャーの拡張，内部統制の義務化，経営者による不正行為に対する罰則強化，内部告発者の保護などが規定されている．

その第 404 条は，CEO と CFO に対して SEC（米国証券取引委員）へ提出する書類に "虚偽や記載漏れがないこと" "内部統制の有効性評価の開示" などを保証する証明書と署名を添付することを求めており，虚偽があった場

合には個人的な責任が問われ，罰金もしくは 5-20 年の禁固刑という刑事罰が科せられる．また財務報告の透明性を確保するため，その基礎となる企業内の各データ，業務プロセスを含めて明確化，文書化することを義務づけている．これは ERP[6] や会計システムなどの情報システムそのものや，システムの開発・保守・運用といった業務プロセスにも及び，システムへのアクセスのルールや管理，外部への委託契約方法なども含め，それらが公正な手続きによって遂行され，かつそれが証明できることが要請されている．

日本では 2006 年 6 月，証券取引法の抜本改正である「金融商品取引法」[7]が成立した．相次ぐ会計不祥事等を受け，米国 SOX 法に倣ったその一部規定は，上場企業およびその連結子会社に，会計監査制度の充実と企業の内部統制強化を求めている．

また，これに先立って金融庁企業会計審議会内部統制部会が 2005 年 12 月に示した「財務報告に係る内部統制の評価及び監査の基準のあり方について」は，監査法人が企業の内部統制システムをチェックする際の基準に関する方針を示しているが，これは，「経営者が実施した内部統制の評価」について，公認会計士が法定監査（財務諸表監査）の一環として監査を実施するとしている．この前提となっている内部統制の枠組みは米国の「COSO フレームワーク」[8]をベースにしたものだが，もともとのフレームワークの構成要素に「IT の利用」（IT 統制）が加えられた[9]．

3.3 内部統制と IT 統制

内部統制[10]とは，企業などの組織内部において，違法行為，不正，ミス，エラーなどがなく，組織が健全かつ有効・効率的に運営されるよう各業務で所定の基準や手続きを定め，それに基づいて管理・監視・保証を行うことをいい，そのための一連の仕組みを内部統制システムという．90 年代，従来の会計統制に加え，コンプライアンス，経営および業務の有効性・効率性の向上，リスク・マネジメントなどより広い範囲が対象となり，コーポレート・ガバナンスのための機能・役割を強めてきた．

この契機となったトレッドウェイ委員会組織委員会による 1992-94 年の報告書「Internal Control-Integrated Framework」（一般に COSO レポートといわれる）[11]が，内部統制のフレームワーク（COSO フレームワーク）を

提唱している．ここで内部統制は，業務の有効性・効率性，財務諸表の信頼性，関連法規の遵守という目的を達成するために，合理的な保証を提供することを意図した，取締役会，経営者およびそのほかの職員によって遂行されるひとつのプロセスである，と定義されており，その構成要素として「統制環境」「リスクの評価」「統制活動」「情報と伝達」「監視活動」の5つを挙げ，これらを内部統制の評価基準としても位置づけている．

内部統制において，情報システムは重要な機能を持つ．従来の人間による相互牽制に代わるビジネスプロセス系ツールの導入によって，システムへの入力，あるいは権限者のシステムを通じた承認なしに業務を進めることができないようにすることが可能になるばかりでなく，業務上の諸記録を残すことができるようになる．また，コンテンツやドキュメント管理，業務の記録，その報告などを支援するツール，不正アクセスや情報漏洩を防止するセキュリティ関連ツールをはじめ，内部統制の診断や管理を行う専用ソフト等も内部統制を支援するに至っている．しかし，こうしたICTツールにはシステムに特有の諸リスクがあり，内部統制の対象として考える必要がある．これがIT統制と呼ばれる．

IT統制は，内部統制システムを構成する一要素で，企業の業務や管理システムを情報技術によって監視・記録・統制し，その健全性を保証する仕組み，内部統制システムのうちITを利用した部分をいう．企業の業務プロセスやマネジメント・システムは現在，情報システムに大きく依存しているが，これらが健全かつ有効に実施されているかどうかを監視・統制するには，情報システムを利用しつつ，同時にその情報システム自身が健全かつ有効に運用されているかどうかを監視・統制していく必要がある．

IT統制は一般に，業務処理統制と全般統制に分類される．前者は，個々の業務処理システムにおけるデータの網羅性，正確性，正当性，維持継続性等を確保するための統制をいう．後者は，業務処理統制が健全かつ有効に機能する基盤・環境を保証する統制であり，戦略，企画，開発，運用，保守，およびそれを支える組織，制度，基盤システムに対する統制を含む．事実上，内部統制の枠組みの世界標準となっているCOSOフレームワークは，ITによって支援されるビジネスプロセスを前提に内部統制を行うように設計されているが，IT統制を独立に規定してはいなかった．

SOX法および日本版SOX法による内部統制，IT統制の強調は，企業におけるITマネジメントの重要性を高め，CIOの役割を拡大してきた．CIOは，組織の情報アーキテクチャーを構築，監督し，ICTシステムの日常的な運用を組織，管理し，技術的スタンダードを定め，またデータベースを管理するのみならず，内部統制システムの一部としてのIT統制を担うことが期待されつつある．この役割の変化に伴い，技術的な能力に加えて，企業経営に関する理解，ビジネス経験，組織マネジメント・スキル，リスク・マネジメント，変化への対応能力，コミュニケーション能力，そしてリーダーシップなどがより強く求められるようになっている．

注

1) 日本の中央政府においては2002年より各省庁にCIOの任命が義務づけられ，2003年より民間人材を中心にCIO補佐官の任用が進められた．地方自治体においてもCIOの任命が着実に増加してきた．行政CIOについては上田（上田，2004）参照．
2) 社会的責任積極論と呼ばれるものである．
3) 評価の対象となる領域について，レベル0「痕跡が存在しない」からレベル5「EAを通じてIT計画が最適化されている」までの6段階のランク付けが用意されている．
4) もっとも，例えば2004年7月に発行されたGAOのレポート "Federal Chief Information Officers; Responsibilities, Reporting Relationships, Tenure, and Challenges" によれば，CIOとGAOの認識ギャップ，在任期間の短さ，離職率の高さ，人材不足などが問題点として指摘されており，課題も多いことが明らかになっている．
5) 「日本版SOX法」は俗称であり，証券取引法の抜本改正である「金融商品取引法」の一部規定がこれに該当する．
6) ERP (enterprise resource planning) は，企業内のあらゆる経営資源（人材，物的資産，資金，情報）を企業全体で統合的に管理し，最適に配置・配分することで効率的な経営を行おうとする経営手法のこと．企業資源計画，経営資源計画とも呼ばれる．また，この経営手法を実現するための情報システムのことを指す場合もある．
7) 正確には「証券取引法等の一部を改正する法律」およびその整備法．同法は緊急性の高い条項から順次，段階的に施行される．内部統制報告書の提出・監査に関しては，「平成20年4月1日以後に開始する事業年度から適用する」と定められている．
8) 1992年に米国のトレッドウェイ委員会組織委員会 (COSO, the Committee of Sponsoring Organization of the Treadway Commission) が公表した内部統制のフレームワーク．
9) この背景には，企業におけるIT利用の大幅な進展がある．ここでITの利用は「組織目標を達成するため組織の管理が及ぶ範囲において，IT環境に対応した情報シ

ステムに関連する内部統制を整備及び運用すること」と定義されている.
10) 日本では 2006 年 5 月に施行された会社法で取締役・取締役会に内部統制システム構築の義務を課している.
11) 「要約」「フレームワーク」「外部関係者への報告」「評価ツール」(1992 年), および『『外部関係者への報告』の追補』(1994 年) という 5 分冊からなる文書であり, 基本的な理論や考え方, 内部統制評価ツールなど内部統制の具体的な方法論と枠組みが示された.

文献

Bevir, M. and R. A. W. Rhodes (2006), *Governance Stories*, Routledge.
Carroll, Archie B. (1991), 'The Pyramid of Corporate Social Responsibility: Toward the Moral Management of Organizational Stakeholders', in *Business Horizons*, Vol. 34, No. 4.
遠藤健哉 (2003),「企業の社会戦略と環境マネジメント・環境ガバナンス」, 岩崎正洋・佐川泰弘・田中信弘編著『政策とガバナンス』東海大学出版会.
Kooiman, J. (2003), *Governing as Governance*, Sage Publications.
大村敬一・増子信 (2003),『日本企業のガバナンス改革』日本経済新聞社.
Reich, Robert B. (2002), *The Future of Success: Working and Living in the New Economy*, Vintage Books (ロバート・B・ライシュ (2002), 清家篤訳,『勝者の代償――ニューエコノミーの深淵と未来』東洋経済新報社).
佐久間信夫編著 (2003),『企業統治構造の国際比較』ミネルヴァ書房.
田中信弘 (2003),「コーポレート・ガバナンスにおける『監視』と『信頼』」, 岩崎正洋・佐川泰弘・田中信弘編著『政策とガバナンス』東海大学出版会.
田中信弘 (2006),「コーポレート・ガバナンス論の系譜」, 岩崎正洋・田中信弘編『公私領域のガバナンス』東海大学出版会.
上田啓史 (2004),「行政 CIO の研究――専門能力と機能, 組織上の地位」,『早稲田政治公法研究』第 77 号.
山倉健嗣 (1993),『組織間関係』有斐閣.

3章　CIOの役割と機能

岩崎尚子

1　はじめに

　本章では，CIOの役割と機能について纏めている．CIOは，IT革命の開花によって誕生し，以降大きくその役割を変えてきている．今，CIOに期待される役割について日米で策定されているCIOのコア・コンピタンス（中核的能力）を比較分析し，日米CIOのコア・コンピタンスの差異，特徴，新潮流などをまとめている．また，CIOの設置意義，日米ASEANを含めたCIOの国際比較調査結果にも言及している．

2　CIOの役割と機能

2.1　多様な役割

　1章で，"CIOとは，組織において，情報システムの管理・統括を含む戦略の立案と執行を主たる任務とする役員であり変革の指導者である"と定義したように，CIOは企業や行政，病院や大学などの組織において重要な役割を担う．CIOを含めた高度ICT人材の需要は，日本版SOX法の施行などによって今後一層飛躍的に増大すると考えられている．

　CIOは，無形資産である情報を「見える化」し，情報戦略を柱としながら，電子政府，戦略調達，情報セキュリティ，予算立案，広報，業務革新，ITマネジメント，IT戦略，知的財産・コンプライアンス，などの多様な役割を担うスペシャリスト兼ゼネラリストとしての要素が求められている（表1）．そして，CIOは，複雑かつ膨大な情報のなかから価値ある情報の取捨選択を行い，速やかに活用していくイノベーター（innovator）でなければならない．必然的に起こりうる変化，あるいは，突発的な事象に脅威を抱く

表1　CIOの役割

- 電子政府/情報化部門の統括管理
- 戦略調達
- 情報セキュリティ
- 情報化予算立案
- 広報
- 業務革新，ソリューション，及びITマネジメント
- IT戦略
- 知的財産，コンプライアンス
- リスク・マネジメント，防災

出典：筆者作成.

のではなく，積極的に行動を仕掛ける事もCIOにとっての責務である．

そして，もっとも新しい潮流としては，業務の継続性に甚大な影響を及ぼす人的，物理的災害から組織の存続を守るための危機管理をベースにした防災リーダー，いわゆる「防災CIO」としての役割である．CIOは不測の事態においてリスクに対する迅速な行動力，判断力が要求される．

2.2　CIOの質的変化

これまでCIOの役割に関する既存研究の主眼はCIOの役割の質的変化に置かれていた．CIOの役割は，技術よりも経営を重視し，さらにはビジネス戦略にシフトする大きな変貌を遂げている点は共通認識化している．また，CIO誕生当初は，IT利活用による戦術性が重視されていたが，いまでは戦略性が重んじられる．特に先進企業において"攻め"の経営に徹した競争力強化や差別化，その実現に向けた効果的な組織を構築することへの意識の変革が背景にある（CIO Magazine編集部，2006a, b）．

CIOの役割は，情報管理，情報戦略のみならず，CEOの直轄下において，「経営戦略に基づいてIT戦略を立案し，情報システムを構築する」という従来の枠に留まらない（図1）．CIOにはハードウェアやソフトウェアなどテクノロジーを元に事業戦略を立案し，新たな業務組織や業務プロセスを創造するCTO（Chief Technology Officer;　最高技術責任者）や，企業が所有するノウハウや知識，データベースを再構築して組織やプロセスを再編成し，情報システムに適用するCKO（Chief Knowledge Officer; 最高知識責任者），リスク・マネジメントやIPR，コンプライアンスを担当するCRO

図1 拡大するCIOの役割

CIOの役割

『組織において,情報管理・情報システムの管理・統括を含む戦略の立案と執行を主たる任務とする役員であり変革の指導者』

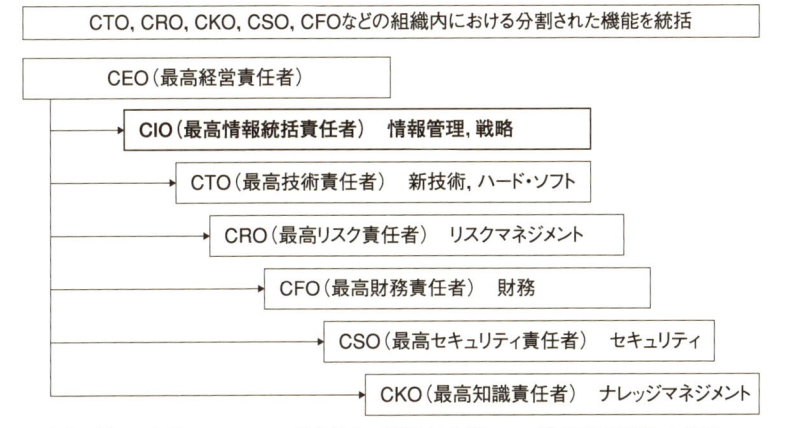

```
┌─────────────────────────────────────────────────────────┐
│ CTO, CRO, CKO, CSO, CFOなどの組織内における分割された機能を統括 │
└─────────────────────────────────────────────────────────┘
┌──────────────────┐
│ CEO(最高経営責任者) │
└──────────────────┘
    ├──→ CIO(最高情報統括責任者)  情報管理,戦略
    ├──→ CTO(最高技術責任者)  新技術,ハード・ソフト
    ├──→ CRO(最高リスク責任者)  リスクマネジメント
    ├──→ CFO(最高財務責任者)  財務
    ├──→ CSO(最高セキュリティ責任者)  セキュリティ
    └──→ CKO(最高知識責任者)  ナレッジマネジメント
```

出典:Siam大学〈タイ〉での学会発表(2005年9月)での筆者発表資料から抜粋,翻訳.

(Chief Risk Officer; 最高リスク責任者),そのほかCFO (Chief Financial Officer; 最高財務責任者),CSO (Chief Security Officer; 最高セキュリティ責任者)等,多面的なコンピタンスが求められるようになった.

CIOの役割はIT革命のもとでその役割を大きく進化させてきた.これは日本や欧米,アジアなど国際的な動向からも伺える.特にCIOを企業のみならず行政において早くから導入してきた米国では,すでに1980年代初頭からもっとも重要なCIOの特性は,ITと経営に関わる業務に精通していることであり,政策的かつコミュニケーション・スキルを持ち合わせ,組織のさまざまな側面を管理し,特に販売や生産機能などを管理する経験を有し,ハードウェア・ソフトウェア・ネットワーク,そして他の技術機能に対するスペシャリストを管理できる(アレン,スコット・モートン,1995)こととみなされていた.

しかしながら,IT部門のバックグランドを持つ人間がCIO職に就くことは必須ではなく,最近ではむしろビジネス経験が重宝される.ITが基幹業務に浸透するほどこの傾向が強い.あるいは,長くIT分野に携わってきた

CIOは，ITを利活用し創造するサービスが求められる．IT全般に精通していることはもちろんであるが，企業活動にかかわる業務全般に対して高い知識と経験則を有することが必要である．戦略的情報システムの展開のなかで，経営者と技術者間のコミュニケーションができ，業務上の問題解決と競争力の向上に資するところのITを適用する知識が問われている．CIOの最大の挑戦課題は，ITを活用して企業の競争力を向上させることであり，そのために事業計画と情報計画を結合する責任者としての機能が期待されている（宮下，2000）．

そのほかCIOは，ITマネジメント業務に関して説明責任がある corporate executives（経営幹部）であって，中心的な役割は，組織のITマネジメント業務を可視化，先導，そして実施することである（Dtlev *et al.*, 2006）とも言及されてきた．この他CIOには，組織において成功を得るために，確固たる技術的なスキルと，鋭い洞察力，期待に応じたコミュニケーション・スキルも要求（Smith, 2006）されている．

とりわけCIOは情報社会環境の変化に影響を受けやすい．あるいはCIOは時代のニーズや要請にすばやく適応していく変革力が問われているともいえよう．例えば，まもなく日本で施行される「日本版SOX法（金融証券取引法）」の成立によってCIOの役割は，IT内部統制を実現するための経営ビジョンを明確にし，実際にITシステムの開発・導入，運用までをマネジメントする，ITガバナンスの能力が必要となる．米国でCIOの設置率が急増した背景には，Y2K 2000年問題，9.11同時多発テロ事件，エンロン事件を発端とするガバナンスの強化，そしてSOX法の導入に起因する．

CIOは，変化をチャンスと捉え，ビジネスに生かすべきであり，そうすることによって，変化に対する強さや柔軟性が養われ，リスクを軽減することが可能となる．大きな環境変化の中で，グローバル化の対応はもはや必須である．産業構造の激変に対する臨機応変な対応は，Innovative CIOとして，もっとも重要な役割である．

3 米国IT管理改革法（クリンガー・コーエン法）とコア・コンピタンス

3.1 米国IT管理改革法

さて，米国連邦政府におけるCIOの設置が義務づけられたのは，1996年の「IT管理改革法」の制定に基づいている．本法によって，各省庁がCIOポストとして最適な人材を求めた．当初は省内のスタッフをCIOとして採用したケースが多く，CIOはキャリア公務員の新設ポストと見られていた．2000年以降になると，外部からの政治任用が急激に増加し，民間からのCIOが主流になった．民間との人事交流の長所は，既に民間活動での経験を有し，アーキテクチャーや投資計画及び，パフォーマンスを十分理解している点が挙げられる．民間出身者は，企業のベストプラクティスの経験を政策に応用できることから，IT導入や業務変革での熟達した人材として貴重な戦力となった．一方，短所は，政府の運営方法を十分理解しておらず，官僚との融和が十分行われない点である．結果として，民間人登用の成功要因は，ITによる組織変革の方法に熟知している能力，特にEAの導入や，変革管理能力に優れている点に要約される．各省庁のトップの関心は，ITに関する重要な決定・遂行能力を示す業績にあるため，短期間の成果を求める潮流も否定できない．

3.2 CIOコア・コンピタンス

本法によって設置を定められたCIOのための役割の基準として，クリンガー・コーエン・コア・コンピタンス（Clinger-Cohen Core Competencies）が発表された．米国版CIOコア・コンピタンスは，1999年，2004年，そして，2006年に改正されてきた．コア・コンピタンスは大・中・小項目に分類されており，大項目がいわゆるコア・コンピタンス，さらに細分化されたものが中項目，そして中項目に対してそれぞれ学習目標が設けられている．コア・コンピタンスは12項目，中項目は約70項目，そして学習目標は約500項目を超える膨大なものである．

コア・コンピタンスの改正の変遷を見るとCIOの役割の進化が伺える．コア・コンピタンスが策定された当初は，CIOは情報システムなどミクロ

の部分に注視していたが，2004年からマクロ的管理能力が要求され，さらに近年は経営能力にシフトし始めている現状が良く理解できる．いまではCIOがCEOへの登竜門とみなされる企業も増える中で，最新版のコア・コンピタンスは特にビジネス戦略の成功を目指す役割に力点を置いている点が特徴である．

　コア・コンピタンスの改正についてみていきたい．まず1999年の改定版では「ナレッジマネジメントの原則と実践」，「電子政府/e-ビジネス／電子商取引」，「ITセキュリティ」，「情報の保護」が追加された．2004年改訂版では，「技術分野の中で先端技術の評価」，「システムのライフサイクル」，「ソフトウェア開発」が削除，「データ管理」がEA分野に移行した．さらに，EA分野の学習目標が全て更新された．つまり，「連邦政府のEAフレームワーク」，「ネットワークアーキテクチャー」，「システム・アーキテクチャーの設計と構図」，「スタンダードモデル」，「アーキテクチャーの移行計画」，「システムインテグレーション」，「システムの最適化と有効性」が削除され，代わりに「EAの機能とガバナンス」，「コアとなるEAの概念」，「EAの発展と維持」，「IT投資の意思決定におけるEAの利用」，「EAモデルの理解や解釈」，「データ管理（データ標準化，データマイニングなど）」，が追加された．また，システム部門だけでなく，全組織的なEAの促進と発展を目標としている．そして，2006年版によれば，「ITポートフォリオ・マネジメント」，「記録管理」，「ソフトウェア調達マネジメント」，「技術経営とその評価」，「異業種間のプロセス共同作業」の項目が追加され，さらに立法機関の要求や情報セキュリティの標準化を反映した情報セキュリティや情報保護が強化され，高付加価値経営やプライバシー，情報共有に対するコア・コンピタンスが重視されている．また、初めて「コンプライアンス」が付記され，インフラの保護と災害復興計画が重視されるなど，それまでの「情報セキュリティ」に対する理解や手段から，リスクをマネジメントする能力，それに関わる法案が詳細に盛り込まれている．また，情報システムがインターネットからワイヤレス，無線系へ発展を遂げる中で，新技術への理解も求めている．

3.3 CIO の役割の新潮流

次の表は，2006 年版のクリンガー・コーエン法で定められたコア・コンピタンスと学習目標である．

2006 年版の米国版コア・コンピタンスから読み取れる CIO の潮流は次の通りである．

第1に，「情報セキュリティや情報保護」の重要性が格段に飛躍した．この理由は，情報漏洩など外部からの危機管理の要請が高まったことが背景にある．情報セキュリティに関しては対策を講じる際に発生する初期コストだけでなく，日々の連続した対策が必要になるため，組織の中でも重要な位置づけになっている．米国のエンロン事件を発端とした SOX 法の影響も垣間見ることができる．そして，インターネットや Web サービスが人々の日常生活に浸透したことの影響も大きい．

第2に「電子政府」については，IT 技術の進展と大きな関連性がある．今後も本格的な電子政府の施策がとられていくと考えられる．米国ではCIO にとって電子政府の役割が急激に増加したのは，2002 年に電子政府法が実施され，CIO の役割が明確化したことによる．また，IT 予算の立案や支出管理，連邦政府，州，地方自治体間の連携を明文化し，電子政府活動の実績に牽引されたことも影響している．

第3に，プロジェクト・マネジメントは，CIO の役割の中でも重点分野である．近年は CIO に開発ソフトウェアのテストや実装まで要求される．プロジェクト・マネジメントとは，プロジェクトの範囲，要件を整理し，統合的，かつ複雑なプロジェクトを時間，費用，成果，品質，リスク，調達の面も含めて管理する能力である．プロジェクト・マネジメントを着実に実施することによって，失敗プロジェクトの削減や不十分なパフォーマンスの回避による大幅な IT 投資予算などのコスト削減も可能になる．

第4に，CIO の活躍の場が広まったことを背景に，レポートラインも CEO に変わりつつある．CIO は組織内での交渉，均衡，調整する機会が非常に多い．それはこれまでの慣習を壊さなければ効率化や十分な対策を達成することができないためである．また，ユーザー部門からのニーズを上手に引き出して本質を見抜く能力は，十分なコミュニケーション能力があってこそ成し遂げられるものである．

表2 米政府が定めた連邦CIO資格証明に必要な知識・能力条件（コア・コンピタンス）2006年版

1. **政策と組織**
   - 1-1 任務・組織・機能・政策・手順（情報部門のトップと経営幹部としてのCIOの役割）
   - 1-2 法・規制管理（ITマネジメント改革法，政府業績成果法など行政改革関連法規の習熟）
   - 1-3 連邦政府の意思決定・政策立案プロセス，予算編成・執行プロセス
   - 1-4 経営トップ，COO（最高執行責任者），CIO，CFO（最高財務責任者）の間の相互連携
   - 1-5 政府機関相互にわたるプログラム，政策，プロセス
   - 1-6 記録管理
   - 1-7 ナレッジ・マネジメント

2. **リーダーシップと管理能力**
   - 2-1 上級幹部，CIO，職員，その他関係者のそれぞれの役割・技能・責任の明確化
   - 2-2 IT管理体制の構築と技術専門職員の育成方法
   - 2-3 要員の能力査定（基準，資格，業績評価）
   - 2-4 協力関係やチームの構築能力
   - 2-5 人事・業績管理方法
   - 2-6 優秀なIT要員の確保・維持方法

3. **プロセス・変革の管理**
   - 3-1 組織発展・変革の手法・モデル（SWOT分析，「抵抗勢力」への対処法など）
   - 3-2 プロセス管理・統制手法・モデル（あるべき姿とのギャップ分析）シミュレーション
   - 3-3 モデリング・シミュレーション用のツール・手法（データ・ウエアハウスなど）
   - 3-4 クオリティ（品質）改善のモデル・手法（活動基準原価計算など）
   - 3-5 BPR（ビジネス・プロセス再構築）のモデル・手法（総合的品質管理など）
   - 3-6 異業種間におけるプロセス共同作業

4. **情報資源戦略・計画**
   - 4-1 IRMの基本的な評価分析
   - 4-2 組織間におけるIT機能分析（部門横断システムの構築手法など）
   - 4-3 IT計画の方法論（優先順位付け，ギャップ分析など）
   - 4-4 危機管理計画
   - 4-5 モニタリング・評価の手法（ITの業務改善に関する費用対効果）

5. **IT業績評価のモデル・手法**
   - 5-1 ITの業務的価値と顧客満足度の評価法（IT戦略計画とビジョン，政府業績成果法）
   - 5-2 新システムモニタリング・評価法（現システムの破棄/新システム導入時期・方法）
   - 5-3 ITにおける成功度の評価法（バランス・スコアカード・ベンチマーキングなど）

5-4　ユーザー調査の作成・管理・分析方法
　　5-5　有効な業績測定法の定義・選択法
　　5-6　システム業績評価の実例と基準
　　5-7　ITレビュー・監査プロセスの管理
6. プロジェクト・マネジメント
　　6-1　プロジェクト範囲・要件の管理
　　6-2　統合的なプロジェクト・マネジメント（複数プロジェクトの管理）
　　6-3　プロジェクトの時間・費用・成果の管理
　　6-4　プロジェクトの品質管理
　　6-5　プロジェクトのリスク管理
　　6-6　プロジェクトの調達管理（プロジェクト・ライフサイクルにおけるCIOの責任など）
　　6-7　システムサイクルマネジメント
　　6-8　ソフトウェア開発とテスト，実施
7. 資本計画と投資評価
　　7-1　ベストプラクティス
　　7-2　費用対効果・経済性・リスク分析
　　7-3　リスク管理のモデル・方法
　　7-4　各種IT投資（あるいは非IT投資）を選別するための評価法
　　7-5　連邦政府・州・地方をつなぐ横断プロジェクトにおける連携
　　7-6　投資分析のモデル・方法（正味現在価値法など）
　　7-7　ビジネスケース分析
　　7-8　投資レビューのプロセス
　　7-9　ポートフォリオ・マネジメント
8. 調達
　　8-1　戦略調達
　　8-2　合理的かつ統一的な調達方法論
　　8-3　実績評価を含むIT契約管理モデル・方法（ベンチマーキング，出来高制など）
　　8-4　IT調達のベストプラクティス
　　8-5　ソフトウェアの調達マネジメント
9. 電子政府
　　9-1　e-政府・e-ビジネス・e-コマースの出現に伴うビジネス戦略上の課題と変化
　　9-2　ウェブサイト構築戦略（アーキテクチャーとコンテンツ管理）
　　9-3　コミュニケーション方法の業績標準と実践
　　9-4　チャンネル（サプライチェーン）の問題
　　9-5　機動的価格設定（無料と有料の線引きの仕方など）
　　9-6　顧客・市民向け情報提供サービス
　　9-7　社会的課題（個人情報保護，デジタルディバイドなど）と社会的問題
10. 情報セキュリティ（情報保護）
　　10-1　CIOのセキュリティの基本原則と情報保護におけるベストプラクティス

10-2 情報セキュリティと法，政策，手順に関わる情報セキュリティ
10-3 プライバシーと個人認証
10-4 情報システムの脅威とぜい弱性
10-5 情報セキュリティの調整計画とマネジメント
10-6 情報保護のリスク・マネジメント
10-7 企業の情報セキュリティプログラムマネジメント
10-8 情報セキュリティとコンプライアンスの報告
10-9 基幹インフラ保護と災害復興計画
11. EA
11-1 EAの機能とガバナンス
11-2 コアとなるEAの概念
11-3 EAの理解と発展と維持
11-4 IT投資の意思決定におけるEAの利用
11-5 データ管理（データ標準化，データマイニングなど）
11-6 EAのための評価手法
12. 技術経営と評価
12-1 ネットワークと通信技術
12-2 電波管理
12-3 コンピュータシステム
12-4 Web技術
12-5 データマネジメント技術
12-6 ソフトウェア開発技術
12-7 特殊技術
12-8 先端技術

出典：米国CIOコア・コンピタンス2006年版を筆者が翻訳．

　第5に，「技術」に関するコア・コンピタンスを重視している．近年，国際標準化（グローバル・スタンダード戦略）に大きな関心が集まり，熱烈な競争が展開される現代のIT産業で，IT標準化のための技術経営と評価の能力と役割の重要性が高まりつつある．これまで主流であった純粋な「技術スキル」としてのパソコン・ツールを習熟するための学習計画，ユーザーの状況把握，アクセシビリティやユーザビリティの基本原則はもちろん，ネットワーク系，さらに技術経営といった，技術を利用した戦略的経営に関するスキルが要求されていることがわかる．既存の研究では，CIOの役割が技術より経営にシフトしつつある中でも，情報システムへの造詣があることが必要条件だという意見もある．

　近年，グローバル化の進展に伴い，競争市場は国内外へと拡大傾向にある．日本ではなく世界が競争相手になりつつある今，国際標準化戦略は，激烈な

市場競争が展開される現代のIT産業で，企業の市場シェアの決定を左右する．つまり，CIOにはコア・コンピタンスを最大限に生かすために，国際競争を視野に入れた役割が求められているのである．

4 日本版CIOコア・コンピタンス

4.1 日本版CIOコア・コンピタンス

　日本版CIOコア・コンピタンスは，経済産業省から発表されている．2004年3月に経済産業省は情報経済基盤整備「情報システムの政府調達の高度化に関する調査研究」として，CIO育成のための日本版コア・コンピタンスと学習目標を策定した．日本のコア・コンピタンスに対する考え方は，CIOのコア・コンピタンスは基本的にはどの国でも変わらないが，法や組織が違うために学習項目が変わることに注目している．また，米国の学習項目は文章化されており，網羅性は高いが，カリキュラムを作る際には一覧性が低いなどの問題があり，米国の学習項目は項目が多く十分に整理が行われていないと指摘している．このことから，米国版コア・コンピタンスを参考にして，日本の現状に合わせたコア・コンピタンスの取捨選択と追加を行い，学習項目をタイトルレベルで作成している．日本版コア・コンピタンスと米国版コア・コンピタンスの大きな違いは，日本の行政機関の特徴を加えたことと，アクセシビリティなどの重要項目を付加している点にある[1]．

　筆者の調査で，CIOに実際に求められるスキル，あるいはCIOに期待したいニーズと日米政府が策定しているコア・コンピタンスとを比較分析した結果，日米の差異が存在することが明らかになった．

　日本では，企業のIT投資をステージアップさせるために共通に必要となる取り組み（CIO機能）として，IT戦略ビジョンの策定と経営層の支援獲得，現状の可視化による業務改善の推進とITによる最適化の実現，安定的なIT構造改革（アーキテクチャー）の構築，ITマネジメント体制の確立，IT投資の客観的評価の実践，IT人材の育成・活用，情報セキュリティ対策・情報管理の強化[2]であるとしている．

4.2 CIO の設置論

　日本では CIO の設置率が米国と比べて低い．その理由としては，日米間における CIO の設置形態において決定的な違いがあったことに起因する．米国では，専任 CIO を設置することによる自然災害やテロなどの突発的な事象に対する事業継続や IT 内部統制に伴うコンプライアンス対策，IT 大型投資など予算権限と確保において特に CIO の貢献が高かった．インターネットやウェブサービスの普及，あるいは情報通信のブロードバンド化など技術的進展によって，情報漏洩などを未然に防ぐための危機管理要請の高まりによるものである．その他，基幹インフラの保護や業務復興計画のための「防災 CIO」へのニーズの高まりは，2005 年に多発したハリケーンをはじめ，9.11 同時多発テロ事件における CIO の活躍が脚光を浴びたことによるもので，CIO を設置している企業と設置していない企業では，被災後の業務継続や復旧に大きな差が生じたとの専門家の教訓指摘である．そして，突発的な災害や事象に対応することが出来るのは，兼任ではなく当然専任でなければならず，この議論を前提とした組織が確立されてきた．

　日米間では専任の意味合いが異なるが，米国での CIO 専任化は多くの意味でベストプラクティス事例の研究によって有益であることが立証された．定期的にクリンガー・コーエン・コアコンピタンスが改正されることも，米国における CIO 人材の重要性を認識した政策的要因も伺える．

　では，日本での CIO 事情はといえば，企業あるいは行政の情報化戦略に大きな格差が生じており，大企業対中小企業，中央省庁対地方自治体の格差の構図が浮かび上がる．CIO の専任化を困難にさせる要因は，決定的な人材不足や予算面であり，なかなか CIO 導入に踏み切れない．こうした問題は，企業，行政における業務効率化や競争力強化に大きな影を落としている．そして，米国以上に CIO への責務や役割は大きいと考えられる日本版 SOX 法の施行において，その対応が懸念される．つまり，IT 内部統制を重点分野としている日本版 SOX 法対 CIO の相関関係は米国以上に大きい．現在，企業規模による日本版 SOX 法への作業状況に差が生じており，企業の売上高が高ければ十分な対策が講じられているが，およそ過半数の企業は対策に遅れが生じている．売上高，利益率，IT 投資，そして上場企業並びに連結子会社か否かの基準が CIO 専任化の議論の分岐点となる．経営やビジネス

戦略における"創造性"は，専任 CIO を求めているといえよう．

5 CIO に期待される役割

5.1 CIO に期待される役割や資質

CIO に期待される役割や資質について．筆者は 2003 年から国内外の CIO あるいはそれに準ずる CIO 等約 200 人にインタビュー調査を実施した．ここではそれらを集約し，分析した結果として，CIO の役割や資質を列挙してみたい．

- リーダーシップや改革の指導力
- CEO への適切な助言
- 保守的な壁や抵抗勢力に打ち勝つ力
- IT の本質や投資効果の理解
- 新技術への理解と造詣
- 経営感覚，ビジネスマインド，ビジネス戦略
- コミュニケーション，調整能力，関係者への説明能力，説得力，均衡力
- 目標達成への強い意志
- 情報システム導入による問題解決能力
- イノベーション
- 失敗を恐れない強さ
- 経営と IT の融合
- 豊富なバックグラウンド
- アイデアの創出やクリエイティビティ能力

これらのことから，CIO には米国版コア・コンピタンスや日本版コア・コンピタンスのような具体的な役割や機能が要求される以外に，人間性（ヒューマニティ）も重要な役割として認識されていることが伺える．単に情報技術をツールとし，業務改革や効率化を目指すのみならず CIO には，マルチプレーヤー的な役割が求められているといえよう．

5.2 CIO コア・コンピタンスの国際比較

筆者は CIO の役割の普遍性を追求するために，2006 年から 2007 年にかけて，日本，アメリカ，そして ASEAN における CIO の役割について調査してきた．結果は，各国，各地域で CIO に期待される役割は全く異なることが明らかになった．例えば，米国型 CIO には「情報資源戦略・計画」，「政策と組織」，「情報セキュリティと情報保護」が，日本型 CIO には「情報資源戦略・計画」，「情報セキュリティと情報保護」，「リーダーシップと管理能力」が重視される．ASEAN では「政策と組織」，「リーダーシップと管理能力」，「プロセス・変革の管理」が重要課題と考えられている．日米における CIO の役割は比較的類似しているが，ASEAN 型 CIO とは若干異なる．インフラ構築の整備の途上にあり，電子政府や企業の発展を目指す組織の構築とそのプロセス，政策実現のためのリーダーシップが求められている．これらの差異は，CIO 活動の政策並びに法整備，コア・コンピタンスの明確

表3 優先的コア・コンピタンス日米 ASEAN 比較

順位	米国	順位	日本	順位	ASEAN（タイ）
1	情報資源戦略・計画	1	情報資源戦略・計画	1	政策と組織
2	政策と組織	2	情報セキュリティと情報保護	2	リーダーシップと管理能力
3	情報セキュリティと情報保護	3	リーダーシップと管理能力	3	プロセス・変革の管理
4	プロセス・変革の管理	4	プロジェクト・マネジメント	4	プロジェクト・マネジメント
5	プロジェクト・マネジメント	5	資本計画と投資評価	5	EA
6	業務評価モデル・手法	6	予測	6	情報資源戦略・計画
7	リーダーシップと管理能力	7	プロセス・変革の管理	7	業務評価モデル・手法
8	技術とユーザー	8	政策と組織	8	技術とユーザー
9	予測	9	業績評価のモデル・手法	9	資本計画と投資評価
10	EA	10	EA	10	調達
11	電子政府と電子商取引	11	電子政府と電子商取引	11	電子政府と電子商取引
12	調達	12	技術	12	情報セキュリティと情報保護

出典：「IT 付加価値向上を目指すコア・コンピタンス調査」小尾・岩崎（2006 年）．

化，企業における設置率，人材育成の整備，教育機関の有無，電子政府の推進事情，などの面でのCIO体制の進捗状況が影響している．

　CIOコア・コンピタンスは歴史的，かつ社会的影響を受け，大きく進化している．また，IT革命以後の情報化政策が異なる日米間では，CIOの役割も異なることが明らかになった．CIOはITと経営の融合を目的として誕生した当初の役割と任務を残しつつ，さらなるグローバル化の進展に伴い，組織の"内"から"外"へと活動の範囲を広げてきている．これはCIOがCEOの直轄下であり，CEOへの登竜門として社内的位置づけが格上げされたことから理解できる．さらに，ITの進化に伴う時代や社会の変化，SOX法の施行等による新領域，自然災害やテロ等の情勢不安の影響を如実に反映する．その他，日米両国が国策として推進してきたインターネット対モバイル普及の差もその一要因である．米国では，インターネットの爆発的な普及に伴うIT革命の推進によってCIOは普及し，さらに企業の根幹に浸透した情報ネットワークの脆弱性を克服するために，リスク・マネジメントの概念が急速に拡大した．自然災害や人的災害の脅威に立ち向かうために，CIOのようなITと経営が分かる人材も急増した．彼らは，急激な情報化の進展に順応できる変革力を持ち，実行力が求められた．彼らの実績が民間企業に普及し，さらにベストプラクティスとして行政CIOを設置することを目的とした連邦政府法も策定された．一方，日本では，米国とは異なりインターネットの普及に時を要した．理由としては，IT革命への変革に対して規制が働いたことが第一義的要因であるが，その他，i-modeをはじめとするモバイルが普及したことで，米国と異なる路線を歩むことになった．こうした日米間の歴史的な相違点は，CIOの普及にも影響を及ぼしたといえよう．

　さらに，CIOに対する市場や社会のニーズを鑑みると，テロや自然災害，脆弱なネットワークに対する脅威に対する"防災CIO"の新機軸が浮上しつつあることも注目に値する．日米のCIOのケーススタディによると，先進するCIOは，セキュリティ，リスク・マネジメント，BCPに対しても入念な準備や対応を怠らない．社会環境の変化やニーズを的確に捉えていることが理解できる．また，その能力が要求されていることをCIOは理解している．

　CIOによる企業価値，あるいは国際競争力を高めるためには，コア・コ

ンピタンスの選択と集中によって，CIOが機能しうる環境を構築しなければならない．そのためには，組織ごとのコア・コンピタンスの優先順位を考慮し，経済や企業，社会のニーズを十分に満たすことが重要である．コア・コンピタンスが多様であればあるほど，コア・コンピタンスの優先づけは有効である．

その他，CIOという人材に目を転じると，米国では特定の"CIO"よりも，"コア・コンピタンス"に主眼を置いている．例えば，CIOには，IRMと全社のビジネス戦略を融合させるスキルやEAの理解，全社的，全組織的規模での戦略，ミドルやボトムの人間とのコミュニケーション等が重視される．米国CIOのニーズは一連のビジネス戦略やIT戦略の流れに必要不可欠なコア・コンピタンスが求められている．

一方，日本版CIOには特定の"CIO"に対するイメージが強く，CIOとしての活動が評価され，ベストプラクティスとして活かされる．また，組織活動におけるゴールまでの業務内容や流れのプロセス，組織構造の分析や合理化のためのBPR（ビジネス・プロセス・リエンジニアリング）を実現するためには，組織のあるべき方向への指標を築き，イノベーションを推進する牽引力や意思決定が重視される．

5.3 CIOコア・コンピタンスの不偏性

こうしたCIOに求められるコンピタンスや機能性の相違から，米国版CIOコンピタンスを踏襲し，日本版CIOのコア・コンピタンスとして利用することは，日本のCIOにとって有効ではない．少なくとも米国版CIOコア・コンピタンスの普遍性を追求することは出来ない．当然ではあるが，既存の企業組織文化や行政・官僚制度等の歴史，文化に根ざした相違点が少なからず影響する．したがって，米国版は米国内での官民融合を図ることはできても，対外的には有効とは成りえないのである．本来，CIOの官民融合は欧米諸国の組織体制に合致するものである．現在日本では，業務改革や情報システムの分析・評価，最適化計画の策定のために，CIO及び各所管部門長に支援・助言を行う専門家として"CIO補佐官"が民間から派遣されているが，決定権を持たず，高度な専門性を有しながら助言に留まる本制度は，人事交流の果たすべき本質性の問題として浮上している．行政サービスの向

上や，産業界全体で国際競争力を身につけるためには，米国のこうしたCIOの人事交流を教訓として活かすことが一考である．さらに米国の専任化のベストプラクティスも大いに参考になる．

　CIOに求められる役割と機能を纏めると，経営（マネジメント），IT（テクノロジー）の領域は必須である．そして，CIOの根本的なコア・コンピタンスの概念は同一であっても役割は普遍的ではない．CIOの数だけコア・コンピタンスが存在すると言っても大袈裟ではなさそうだ．

　CIOモデルがいまだ収斂されていない段階の企業，行政においては，まず，独自のコア・コンピタンスを確立すべきである．そして，それを実現するための組織体制の構築も重要である．CIO専任化と優れた組織の構築の両輪によって，ビジネス戦略の成功や業務の効率化の実現を果たし，CIOは自身のコア・コンピタンスを最大限発揮することが可能となる．

　CIOコア・コンピタンスによる付加価値を高めるためには，それらの選択と集中によって，社会や時代のニーズを的確に満たすものでなければならない．多岐にわたるコア・コンピタンスに悩むCIOの重責を緩和させるためにも，コア・コンピタンスには優先づけを行う必要がある．

6　まとめ

　CIOとは，元来ITと経営の融合を目指して誕生した役職であった．1980年代にIT革命が開花し本格化する90年代にかけて，情報社会システムの変容とともにその存在価値は少しずつ変化してきた．IT分野の成長の一翼を担う人材として，経営管理やビジネス戦略，内部統制等，経営レベルの業務に従事するCIOが増えつつある．飛躍的な情報システムの向上が，情報の"量"だけでなく，"質"の変化をもたらしている．その過程においてCIOには，意思決定におけるスピードや縦割り組織に横串を刺す調整能力といった，技術領域を超えたところでの戦略的，変革的能力が要求され始めた．現在のCIOは，情報社会の進展に伴う環境の変化によって形成されたものであり，日々進化している．そのため，時代を先導するためのイノベーション，そして創造性は，CIOにとってのキーファクターとなる．この傾向は，先行する米国のみならず，世界的潮流になり始めている．今後，産業の活性化

や国際競争力の向上を目指す上で CIO は，国際ビジネス展開に向けたグローバルな視点がますます重要になるだろう．もちろん，グローバル化に伴う組織内外の異なる部署間の相互接続や標準化も求められる．

然しながら，筆者の研究結果によれば，CIO のためのコア・コンピタンスと学習目標の機能性については，経済，企業，社会のニーズに一致せず，CIO が目指すべき目標と現実に大きな乖離が生じていることが明らかになっている．これは，歴史的，優先的コア・コンピタンス調査によって，CIO コア・コンピタンスには優先順位づけを行う必要性があることの示唆によるものである．機能性の意味においては，企業と行政など異質とされる組織間での利用が可能か否かも議論のひとつである．先行研究でも CIO のスタンダードモデルを構築することの難しさが指摘されているように，米国版コア・コンピタンスは必ずしも普遍的ではない．専任型あるいは兼任型，組織内の位置づけ，意思決定アプローチなどの面で相違点があり，コア・コンピタンスの意義や意味が異なるためである．また，CIO の役割や CIO を導入することの目的が，組織の IT アーキテクチャー化なのか，IT と経営の融合なのか，IT 投資効果の実現なのか，など多種多様であるためである．

CIO による企業，行政そして組織の価値，あるいは国際競争力を高めるためには，業務システムへの最適ビジネスモデル適用の方法論や米国の先進事例に基づいて効果的なコア・コンピタンスを確立するとともに，CIO が機能しうる環境を構築しなければならない．そのためには，組織の枠を超えた新しいパラダイムシフトに基づくコア・コンピタンスの優先順位を考慮し，経済や企業，社会のニーズを十分に満たすことが重要である．

注
1) 平成 15 年度情報経済基盤整備「情報システムの政府調達の高度化に関する調査研究」経済産業省．
2) 「CIO の機能と実践に関するベストプラクティス懇談会」報告書，pp. 29-30.

文献
アレン T. J./スコット・モートン M. S., 富士通総研訳 (1995)，『アメリカ再生の「情報革命」マネジメント』白桃書房，pp. 12-13.
CIO Magazine 編集部 (2006 a)，「経営志向を増す日本の CIO——CIO Magazine「国

内 CIO 実態調査」報告」,『CIO Magazine』2006 年 5 月号 〈http://www.ciojp.com/contents/?id=00002215;t=5〉 Accessed 2007, May 1.

CIO Magazine 編集部 (2006 b),「IT スタッフの増員に乗り出す日本企業——CIO Magazine「国内 CIO 実態調査」報告」,『CIO Magazine』2006 年 5 月号 〈http://www.ciojp.com/contents/?id=00003100;t=8〉 Accessed 2007, May 1.

Detlev, H. S., V. Sambamurthy, and R. Agarwal (2006), "The Antecedents of CIO Role Effectiveness in Organizations : An Empirical Study in the Healthcare Sector," *Ieee Transaction on Engineering Management*, Vol. 53, No. 2, May 2006.

宮下幸一『情報管理の基礎』同文舘出版, p. 184.

小尾敏夫, 岩崎尚子 (2005, 2006),「行政 CIO の現状と未来 (1)(3)(4)(5)」行政情報システム研究所 2005 年 11 月, 2006 年 1 月, 2 月, 3 月号.

小尾敏夫, 岩崎尚子 (2007),「CIO に必要な 83 の能力」,『日経情報ストラテジー』2007 年 5 月号.

Smith, Gregory S. (2006), *Straight to the Top*, John Wiley & Sons, Inc.

CIO には"創造性"が不可欠

市場を取り巻く環境変化への挑戦
　ものごとの本質を見抜くためには，積極的に行動を仕掛ける事が大切です．そうすることで，変化に対する強さや柔軟性が養われ，リスクを軽減することが可能になります．東京証券取引所は「世界の東京証券取引所」に変化していかなければなりません．もはや競争市場は日本ではなく世界であることを認識する時代に来ているのです．そのためには，市場全体を理解してもらい，市場の信頼性を確保することが絶対条件であり，競争に負けないシステムを整備し，市場の激変に臨機応変に対応していく必要があります．

CIO の課題
　大規模システムのプロジェクトには，もっと SE やプログラマー，テスト要員などの能力の標準化に向けた教育プログラムの構築と，徹底した教育が重要です．東証の場合は，システムを作るというよりは，ビジネスに見合うシステムをどのように調達し，開発したものをいかに上手に運用していくか，が求められます．またグローバル・マーケットの変化を的確に捉え，急激なトランザクション（出来高入出金処理）の上昇といった不測の事態にも可及的速やかに対応できるキャパシティ（容量）管理に反映させなければなりません．世の中の要求を先取りし，十分なリスクマネジメントによって危機における事業継続を可能にすることがお客様からの信頼へと繋がるのです．

CIO に求められる資質は "創造性"
　IT 部門に長い経験を持つ CIO にとっては，IT を利活用し創造するサービスが求められると思います．ビジネスに精通した CIO，IT のスキルが求められるでしょう．何れの CIO にも共通して重要な資質は "創造性" です．IT が基幹業務の中枢に使われる企業では，専任の CIO でなければなりません．CIO が組織を動かすことのできる組織体制の構築も重要です．今後，"創造性" 豊かな CIO を育成するためには，経営センスのある人材に，IT 教育を施すことが得策です．日米格差は，事業のアウトソーシングに対する考え方に顕著に見られます．日本の情報通信産業は，自社で人材を育成し維持することは困難です．自社の負担を減らし優位な提案や能力を持つアウトソーシングを利活用することが最善策です．

東京証券取引所　CIO　鈴木義伯

4章　ICTを用いた行政革新とCIO

須藤　修

1　日本における電子行政の取り組み

　1990年代半ば以降，IT（Information Technology）とインターネットを基盤にしたグローバルな巨大市場経済，すわなち，デジタル経済が生成し，年々その規模を拡大してきている．それにともない，複雑で多様な関係がグローバルな規模で形成されつつある．これからの社会はITを抜きにして展望を語ることは困難であろう．そしてITの発展はオープン・イノベーションが基本になるだろう．オープン・イノベーションとは，ひとつの非凡なる才能によって変革がもたらされるというのではなく，消費者であれ，供給者であれ，労働者であれ，だれでも潜在的な創造する力と協働する力を有しており，〈参加のアーキテクチャー〉によって変革がもたらされる，というようなイノベーションである．すなわち，ITの普及は，オープン・イノベーションを活性化する，社会的アーキテクチャーに依存しており，社会の発展もまたITの社会的活用を促進することができるか否かにかかっている．私たちは，オープン・イノベーションを活性化する，新たな社会パラダイムの構想を描かなければならないだろう．

　本章では，イノベーション基盤のコアとなる電子政府および電子自治体のあり方とそれらの取り組みを基盤にした地域情報化について展望し，その重要な役割を担う行政CIOの職務について考える．

　電子政府・電子自治体の構想は，いまや世界各国で活発な動きがみられる．日本でもe-Japan戦略の中で重要な役割を果たしてきたし，それを引き継いだかたちのIT新改革戦略においても電子政府・電子自治体の構想は重要な課題として位置づけられている．そして重点施策として「世界一便利で効率的な電子行政」が掲げられ，2010年までにオンライン申請率50パーセン

トという目標が設定されている．

　ちなみに，政府IT新改革戦略評価専門調査会のもとに設置された電子政府評価委員会（座長：須藤修）の『電子政府評価委員会平成18年度報告書』(2007年)では，これまでの電子行政の取り組みについて概観している．

　そこで，これまでの電子政府の取り組みについて，『電子政府評価委員会平成18年度報告書』に沿って，その概要をみてみよう（同上 pp. 6-16参照）．

　まず電子申請の促進策であるが，政府は，オンラインによる申請・届出等の手続について全府省を通じた窓口の一元化を進めるとともに，利用者からの問い合わせに対応するため「電子政府利用支援センター」を設けるなど，利用者視点に立った施策に取り組んでいる．

　また，業務・システムの最適化計画については，業務の最適化やシステム統合化等の効果が大きいと見込まれる85分野（府省共通23分野，個別62分野）について「業務・システム最適化計画」を策定し，政府全体で効率的な電子政府を実現することになっている．なお，行政サービスの共同展開や各種行政手続の簡素化等を実現するため，府省間及び国・地方間の連携を推進することとされている．そのため，各府省では，費用対効果の観点を明確化した最適化計画の策定，最適化の実施状況及び最適化実施の評価状況のモニタリング体制の整備等の取り組みを行っている．

　2006年3月，各府省情報化統括責任者CIO連絡会議（CIO連絡会議）は，政府全体として最適化の取り組みの整合性を確保するため，最適化の推進体制，最適化の実施及び評価等の共通手法や手順について定めた「業務・システム最適化指針（ガイドライン）」を策定した．「各府省は，この指針に基づき，業務の最適化やシステム統合化等の効果が大きいと見込まれる分野について，業務や制度の見直し，システムの共通化・一元化，業務の外部委託等を内容とし，業務処理時間や経費の削減効果（試算）を数値で明示する『業務・システム最適化計画』に基づく取り組みをすることとし，システムの設計・開発・運用を実施し，毎年度及び最適化の各段階完了時において評価を行うとともに，これらの状況についてモニタリングを実施することとしている」（同上 pp. 9-10）．

　ちなみに，業務・システム最適化に係る投資額についてみると，調達方法

の改善による経費削減の予算額への反映，システムの機能，単価，工数等の精査等によって，平成19年度投資額を抑制した結果，平成19年度投資予定額から約3割の削減（998億円から692億円に減額）を達成している．

さらに電子政府の推進体制については，各府省は，「CIOの下で，CIO補佐官の支援・助言等を得て，府省内の情報システム企画，開発，運用，評価等の業務について責任を持って統括する体制を整備し，弾力的な執行が可能となる予算計上，戦略的な情報システム調達を行うこととされている．また，各府省において，情報システムに精通し，業務改革を推進する内部人材の育成を統一的かつ計画的に実施することとされている」（同上p.11）．

このようなタスクを遂行するために，各府省は，2006年度から，電子政府を推進する責任者であるCIOの下に業務横断的なPMO (Program Management Office) を設置し，業務・システム最適化計画を策定し，実施及び評価時における総合調整，オンライン申請システム構築・運用等に必要な電子政府関係予算の概算要求，情報システム調達時における総合調整等を実施している．

また，2006年4月，府省共通業務・システムの最適化を始めとした諸施策の一層の推進を図るべく，府省横断的な総合調整機能を強化するため，内閣官房IT担当室にGPMO (Government Program Management Office) を設置した．GPMOでは，府省共通システム相互の仕様調整，工程管理等について，府省共通システム連携・調整会議等を通じて，総合調整機能を発揮しつつ，担当府省間の連携・調整を行うとともに，「経済財政運営と構造改革に関する基本方針2006」等の政府方針を踏まえ，業務・システム最適化計画及び同計画に係る予算要求見込額の精査を行っている．

一方，地方自治体の電子行政化の取り組みについてみると，総務省と連携しつつ，EA (Enterprise Architecture, エンタープライズ・アーキテクチャー) を活用し地方公共団体の業務の最適化を図る自治体EA事業や，複数の地方公共団体が共同で電子自治体業務の外部委託（アウトソーシング）を行うことにより，低コストで高セキュリティ水準のもと情報システムの運用を行う共同アウトソーシング事業を実施する等，行政業務の見直し・効率化を図るとともに，地域ソーシャル・ネットワーキング・サービスなど双方向性のあるITを活用した住民参加を促進するなど，IT活用による構造改革

が推進されてきた（同上 p. 12）．

　電子自治体構想の目的あるいは社会に与える効果としては，まずIT分野における有効需要を創出することであろう．しかし，この構想はそれにとどまるものではない．電子政府の取り組みと同様にITを有効に用いることによって官僚主義的障壁を克服し，より効率的な行政組織を構築し，さらに住民サービスの質を高めることである．電子自治体構想は，さらにITとネットワークを有効に用いて地域振興に役立て，安全で安心な地域社会を構築しなければならない．このことは，地震などの災害発生時の迅速な対応も含めたより高度なリスク・マネジメントを可能ならしめるものでなければならない．

　電子自治体の構想は，まずは情報システムを適切に導入することによって行政プロセスをより効率化し，透明性を拡大させること，すなわち業務と情報システムの全体最適化を含意している．そのためには全庁的に業務と情報システムの見直しを行わなければならない．今後どのようなプロセスで業務を変革していくのか，また，変革期のマネジメントをどのように行うかが重要になる．

　電子自治体を構築するためには，財源や人材の不足を補う対策が必要になる．すでに財務会計，税務，人事などの基幹システムはほとんどの自治体で構築され，運用されている．そして庁内ＬＡＮに接続した端末をすべての職員が使い，グループウェアや職員ポータルの整備を終えた自治体も多数あるだろう．しかし，現在，重要な整備は，対外的な電子申請システムや電子調達システムを構築し，基幹システムと連携させることによって行政事務の効率化とサービスの質の向上を達成しなければならない．さらには納税処理のためのマルチペイメントシステムへの接続などの整備，セキュリティ確保のために認証システムの運用も必要である．このような全庁的な情報システムの構築によってはじめて効率的で透明性の高い行政業務を実現できるのである．しかしながら，これらのシステムをそれぞれの自治体が単独に整備し，運用することになると，膨大なコストと情報システムに関する高度な知見を有する人員を多数必要とする．そこでこれらのシステムを自治体が企業とともに共同整備し，共同で運用する構想を進める必要がある．そこでデータセンターを利用した共同アウトソーシングの構想が進められてきたのである

(図1-1,図1-2を参照).

このように電子行政化の取り組みは,政府,地方自治体においても積極的に取り組まれてきたわけだが,解決しなければならない多くの課題も明らかになった.

電子政府評価委員会は,上述の『電子政府評価委員会平成18年度報告書』において以下の3つの視点を提示し,その観点から電子行政の推進における課題を抽出し,その解決の方向性について検討している(同上 pp. 4-5 参照).

その3つの視点とは,まず第1に「利用者視点に立った〈見える化〉と成果主義」が挙げられている.報告書によれば,「世界一便利で効率的な電子行政」とはどのような状態なのかを利用者目線で「見える化」し,最終利用者である国民と企業等,そして施策実行者である行政官に対して,わかりやすく説明する必要があり,利用者視点の成果主義を貫き,現行の行政手続や行政業務を前提として評価するのではなく,最終利用者である国民と企業の側から電子政府の取り組みを俯瞰的に評価し,評価(Check)が新たな方

図1-1 電子自治体共同アウトソーシングの概要

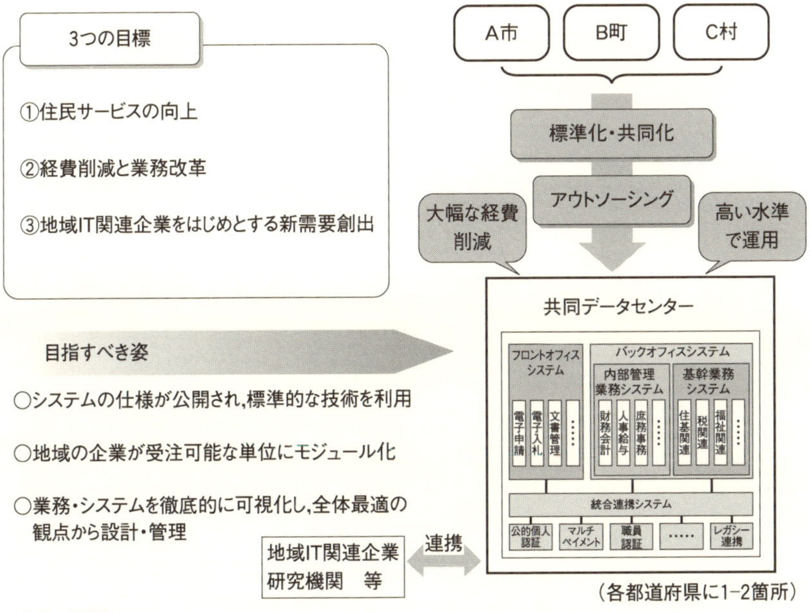

出所:総務省.

策・施策（Action）に確実に反映されるための仕組を整備し，PDCAサイクルを恒常的に機能させることが必要であると述べている．

第2の視点として，「フロントオフィス改革とバックオフィス改革の連動強化」が挙げられている．報告書によれば，フロントオフィスにおけるオンライン申請・届出等手続の利便性向上策と，バックオフィスにおける業務・システム最適化計画との連動が担保され，電子政府の全体最適が実質的に推進されているかどうかを厳正に評価することが必要である，と述べている．

そして最後の第3の視点として，「オンラインに係る共通基盤の整備・普及，府省内・府省間連携，国・地方連携，官民連携による全体最適の実現」が挙げられている．報告書によれば，施策ごと，事務事業ごとに異なる担当部局がそれぞれ整合性のない取り組みを行った場合，本来なら共通に整備すべき基盤への重複投資を招き，国民・利用者の負担を増大し，真の効果をあげることはできない．このような事態を回避するためには，認証基盤，総合行政ネットワーク（LGWAN）などの標準型・共同型システムの利用推進を図るほか，情報システムのデータ標準化・コード体系の標準化や，共通基盤の整備・普及等が円滑かつ効果的に推進されているかどうかを評価するこ

図1-2 自治体のEA・共同アウトソーシング

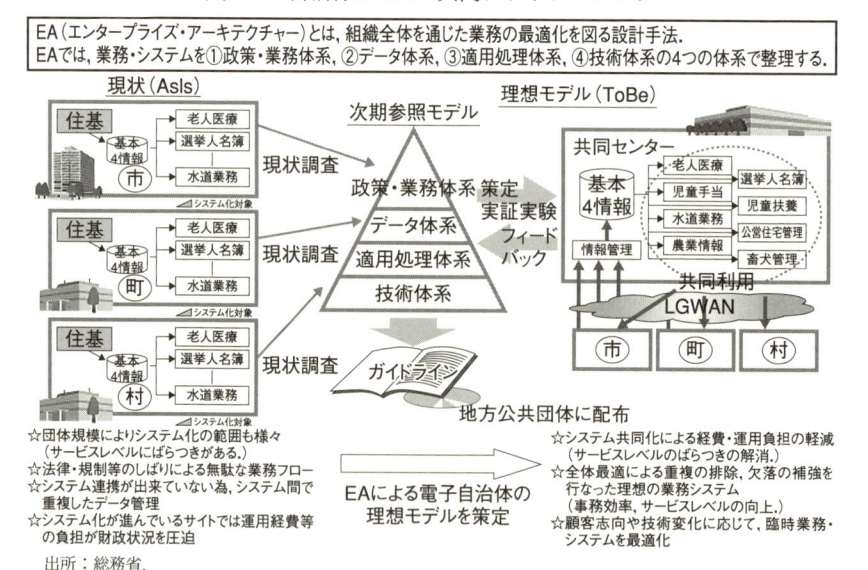

とが必要である，と述べている．

　すなわち，利用者の満足度を最重視した評価指標を策定し，その指標を最大化するように組織の最適化計画を立案すべきであり，そのためにも情報基盤形成とデータ標準化が重要になるというわけである．

　上述したように，電子政府及び電子自治体の取り組みは，今後，3つの視点から総合的な取り組みを必要としている．そのためには，その総括責任者であるCIOの役割がきわめて重要になる．そこで次に行政組織におけるCIOとは何かについて述べておこう．

2　行政組織とCIO

2.1　CIOの職責

　行政組織におけるITガバナンスを強化すべく，日本政府は，2002年にCIOを各府省に設置し，2003年には，各府省にCIO補佐官を設置した．そのモデルになったもののひとつに，アメリカ連邦政府機関によるITガバナンス強化のための取り組みがある．

　アメリカでは，1996年，クリントン大統領の時代にクリンガー・コーエン法 (Information Technology Management Reform Act of 1996) が制定され，レベルの高いITガバナンスを達成するために同法によってCIOの設置やEA導入が規定された．

　連邦政府機関におけるCIOの主要職責は，以下の13の職務といわれている[1]．

① IT資本計画立案・投資管理
② エンタープライズ・アーキテクチャー
③ 情報セキュリティ
④ IT・情報資源マネジメントの戦略立案
⑤ IT人材計画の立案
⑥ 電子政府イニシアティブ
⑦ システム調達，開発，統合
⑧ 情報収集・事務書類の削減
⑨ 記録マネジメント

⑩ 広報
⑪ プライバシー
⑫ 情報公開
⑬ 統計

　2003年11月から2004年5月にかけてGAO (Government Accountability Office) が27の主要連邦政府機関のCIOに対して行った調査の結果では，以上の13の職務のうち，もっとも重要な職務として，①IT資本計画立案・投資管理，②エンタープライズ・アーキテクチャー，③情報セキュリティ，④IT・情報資源マネジメントの戦略立案，⑤IT人材計画の立案がある．

　また，半数以上のCIOが負う6つの職責として，⑥電子政府イニシアティブ，⑦システム調達・開発・統合，⑧情報収集・事務書類の削減，⑨記録マネジメント，⑩広報，⑪プライバシーがあり，⑫情報公開，⑬統計については，10名以下のCIOしか職責を負っていない．

　なお，アメリカ連邦政府機関では，24の組織に副CIOが設置されており，副CIOの働きが複数の職責を満たすために重要な機能を果たしている．日本政府では，各府省の官房長がCIOの職責にあり，民間企業出身のCIO補佐官がCIOを補佐している．しかし，CIO補佐官の職務権限はアメリカ連邦政府機関と同様に各府省において統一性はない．(『日経コンピュータ』が行った日本政府各府省のCIO補佐官へのインタビューにおいて (『日経コンピュータ』2005年11月28日号)，33名中7名がCIO補佐官の役割や権限が明確ではないと指摘し，33名中20名が省庁をまたがる意思決定や意見調整は難しいといっている (『GAO』p.59参照))．

　ところで，アメリカ連邦政府機関の行政CIO職には，大きく分けて政治任命職とキャリア職の2種類があり，この任命形態がそのパフォーマンスに大きな影響を与えている．両者には，それぞれ一長一短があるという．政治任命職とは，大統領府と関係政府機関が人事選考を行い，大統領が任命し，上院が承認した上級連邦政府職員であり，キャリア職とは，政治任命者を除く連邦政府職員を指している．

　政治任命職は，意思決定権限を有する組織のトップに近く，トップダウン

の大規模な組織改革に関する決定を行いやすいと考えられる．しかし，直面する課題を解決しようとすれば，大統領の任期を越えて取り組まなければならない課題もあり，その点で短所も有するという．これに対してキャリア職は，政治的な意思決定とは距離があるものの，大統領の任期に関係なくボトムまたはミドルのコンセンサスを得て着実に課題解決に向けて取り組むことができるという利点を有するだろう．現時点では，政治任命職が多くなっているが，直面する課題に応じて CIO 職の任用形態も変化するだろう（『GAO』p.51 参照）．

　繰り返しになるが，アメリカ連邦政府機関における CIO の法的根拠について強調されるべきは，クリンガー・コーエン法の制定である．「クリンガー・コーエン法（1996 年）は，システム開発リスクのコントロール，IT 費用のマネジメント，さらに情報資源マネジメントの改善などを達成する改革の先導役として，CIO を設置するよう各機関の長官に義務づけた．連邦政府機関は，CIO を配置することで組織力を強化し，多くの IT マネジメントに関する課題を克服してきた」（同上 p.56）といえよう．しかし，行政 CIO の原型は民間企業の CIO であり，行政組織の IT 依存が高まるにつれて CIO の導入が必要になってきたのである．

　ちなみに，民間企業の CIO の重要な職責としては，①システム調達，② IT 資本計画・投資管理，③情報セキュリティ，④ IT 人材計画，⑤ e コマースが挙げられる．そして民間企業の CIO には，一般に情報公開の職責は特に明確には課されてはいない（同上 p.57 参照）．

　IT やネットワーク，そしてデジタル・データベースが組織の基盤として組み込まれ，組織が IT への依存度高めれば高めるほど，民間企業においても行政組織においても CIO の役割は，今後，IT 組織横断的な取り組みを行う必要があり，そのためには決定権限をどのように与えるかが大きな課題になる．とりわけ行政 CIO についていえば，先に述べた電子政府評価の 3 つの視点，つまり①利用者視点の成果主義，②フロントオフィス改革とバックオフィス改革の連動強化，③オンラインに係る共通基盤の整備・普及という観点からみて，電子政府構想を推進しようとすれば，行政組織の部局内の IT ガバナンスから複数の組織間調整，官民連携に関わる重要な職務が増えてくるだろう．

現時点では，行政 CIO は，IT システムのセキュリティ確保やシステム調達の仕事に追われているのが実情であろう．IT の組織導入黎明期にあっては，CIO は IT の技術的マネジメントに多くの時間を必要とし，組織変革というような戦略的なナレッジマネジメントまでは手が届かない状況である．しかし，IT の組織や社会を変革する潜在能力をフルに活用しようとすれば，CIO の職責も大きく進化しなければならないだろう．

2.2 IT の変革能力とサービス価値評価測定

顧みれば，1998 年頃までは IT やインターネットが経済や社会に及ぼす効果については懐疑的な発言が目立った．その意味ではクリストファー・フリーマン（C. Freeman）の見解は興味深い（Freeman (1992) を参照）．彼によれば，主要 OECD 諸国にほぼ共通して言えることは，コンピュータ，電子部品などの電子産業では労働生産性上昇率が非常に高く，資本生産性も実質的に上昇してきた．しかし，多くの国では，産業全般においてはいまだにエネルギーおよび資源集約的な大量生産のパラダイムがかなりの比重を占め，そのようなパラダイムに対応する企業組織，産業規制，社会制度，インフラ投資が支配的であり，IT を核にした新しいパラダイムは経済全般に浸透しているとはいえず，その波及効果は不均等なかたちでしか現れなかった．かりに個々の企業が IT を積極的に導入したとしても，企業組織，社会制度，産業規制，インフラストラクチャーが旧来の大量生産パラダイムに対応する形態にとどまっているかぎり，IT の有する変革能力は経済全般には波及せず，そして社会への影響も特定の分野において限定された形態でしか発現しなかったのである．

かつてフリーマンは，1948 年から 1984 年までのイギリス経済における主力産業部門（ケンブリッジ成長モデルで分類された 40 の産業部門）の労働生産性および資本生産性の長期変動に関する，SPRU (Science Policy Research Unit) の研究成果に拠りながら，次のように述べている．

労働生産性上昇率の高い部門は電子産業，とりわけコンピュータ産業と電子部品産業であり，これらの産業では，自ら開発した技術を設計，製造，ストック管理，マーケティング，経営などにもっともよく利用した産業であり，資本生産性の実質的な上昇がみられる唯一の産業部門であった．またプロダ

クト・テクノロジーおよびプロセス・テクノロジーの双方ともにマイクロエレクトロニクスが浸透している部門では，労働生産性の著しい向上がみられ，資本生産性についてもある程度の進展がみられた．たとえば，科学機器，電気通信，時計産業などがその例である．これらの部門はもはや電子産業の一部とみてよい．

これに対して，サービス産業はどうだったのだろうか．銀行，保険，流通などの主要なサービス産業では，情報技術の効果がかなりみられた．これらの部門では，新しい技術の普及に伴い，測定に難はあるが，労働生産性は明らかに上昇してきたと考えられる．ただし企業あるいは国によって生産性向上の程度には著しいばらつきがみられる．というのも，技術発展は，組織的，制度的，構造的変化に大きく依存しているからである．その他のサービス部門では情報技術は必ずしも順調に普及しているとはいえない．労働生産性はきわめて低い上昇率に留るか，あるいはまったく向上がみられなかった．そしてソフトウェア・システムの設計，使用，保守の能力が欠如していた．

しかし情報ネットワークの整備，ITを有効に利用できるような企業や行政の組織改革，新しい技術発展に対応するための社会制度および産業規制の改革は，フリーマンの言葉を用いるならば，旧来の技術—経済パラダイム(techno-economic paradigm)から新しい技術—経済パラダイムへのシフトを加速し，IT産業分野でみられた労働生産性上昇率の向上，資本生産性の実質的上昇という量的飛躍を経済全般へ波及させることになる．さらには，情報と知識の積極的な相互作用は，科学技術の複合的な発展あるいは研究開発の連結を促進し，イノベーションの連鎖反応を組織し，経済システム，そして社会システム全般に質的な変化をもたらすだろう．

ところで，産業構造に占めるサービス産業のGDPに占める比率は，先進的市場経済においては大きなものになってきている．発展途上国においてもサービス分野のGDPに占める割合は拡大基調にある．しかし，行政サービスも含めてサービス分野の生産性は計測困難性を伴い，計測困難性の故に経営最適化の施策を合理的に立案，遂行，評価することも困難を伴う．ゆえにサービス産業の多くは，労働生産性および資本生産性において製造業と比べて必ずしも高くはないものと推測される．そこでITの変革能力を合理的に用いるためにもサービスを価値評価するための指標を合理的に策定し，その

4章 ICTを用いた行政革新とCIO

図2 電子行政の測定・評価フレームワーク（理想型）

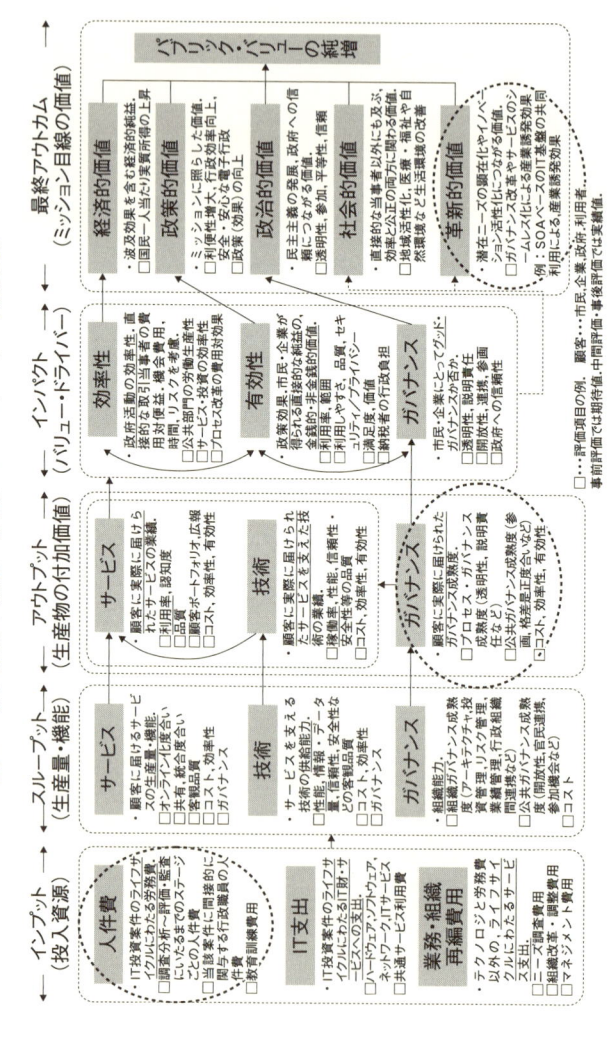

作図：須藤修・後藤玲子・赤津雅晴・吉川裕・中川駿・木下裕美子（東京大学産学連携本部「サービスイノベーション研究会」〈公共サービス分析チーム〉）.

価値を最大化する経営最適化を構想しなければならないだろう．

そこで，サービスサイエンス[2]の研究を踏まえて，サービス価値測定困難性を有する行政サービスのあり方についてより深く考察しなければならないだろう（図2参照）．

そのために電子行政に関するデータを収集し，そのデータを分析することによって合理的な行政サービス価値指標を提案すると同時に，行政組織の最適化モデルに関する考察を進化させなければならない．電子行政は，産・官・学・民が共創的に新たな情報や知識を創出し，イノベーションの連鎖反応を組織する基盤にもなりうるものである[3]．そのようなイノベーションの促進のためにも CIO は重要であり，先に述べたように CIO の職責を進化させなければならないだろう．

3　電子自治体と地域情報プラットフォーム

私たちは，オープン・イノベーションを可能にする，新たなパラダイムを社会の持続的発展のために活用する構想を描かなければならない．ここでは，その機軸として電子政府および電子自治体があり，その基盤を社会全体に活用できるプラットフォームに発展させることが求められていることを述べる．

共同アウトソーシングによって複数の政府及び自治体による情報システムの共同利用が可能になる．しかしながら，それぞれの情報システムには複数の同一のソフトウェア・モジュールが存在する．それに対して SOA (Service Oriented Architecture, サービス指向アーキテクチャー) の考え方に基づいて構築された電子政府・電子自治体の共通基盤では，共通機能をモジュール化し，より効率的かつ透明な行政システムを構築しようとするものである．すでにそのような試みが北海道庁と複数の基礎的自治体により共同で行われている．そこで以下では電子自治体の広域連携による社会変革について考えてみよう．

SOA とは，業務プロセスの構成単位ないし共通機能に基づいて構築された再生利用可能なソフトウェア・モジュールをネットワーク上に公開し，それらをコントローラによって相互に連携させることによって情報システムを構築するものである．これによって重複投資を回避し，投資費用を大幅に削

減することが可能になる（図3を参照）．

　電子自治体は，地域社会発展のために戦略的に構想することも可能である．SOAは，ソフトウェアをモジュール化し，そのモジュールをさまざまな用途に活用することが可能になるのだが，これは行政業務のみならず，公共施設，病院，学校，介護施設などの公共的機関の業務にも活用することができるし，データセンターを活用したSOAアウトソーシングは地域の中小企業の業務改善にも大いに資するだろう．

　以上述べてきた電子自治体の構想は，行政システムのみならず，医療・福祉，教育などの機関が情報ファシリティと情報インフラを積極的に活用し，さらに地域の中小企業，各世帯が積極的に活用するようになれば，そのとき地域社会は大きく変貌を遂げることになろう．

　多くの国で高齢化問題が大きな社会問題になり，それにともない医療費の抑制と予防医療の重要性が指摘されている．そしてITを用いた予防医療の研究も世界各地で展開されている．

　筆者もセンサーネットワークを活用した健康管理実証実験のテストベッドの構築に取り組んでいる[4]．この研究では，高血圧，糖尿病，腎臓病，心臓病など成人病の発病を抑止する予防医療体制を組織し，さらに，合併症防止，病状軽減のために行われる第二次予防を支援するため，ウェアラブル生体センサーと屋内の据え置きセンサーを用いて患者の生態データを取得し，センサーネットワークを用いてデータをMoteからIP-VPNを通してデータセンターに集積し，そのデータを匿名化した上で，遠隔グリッド・コンピュータ基盤に連結させ，大量の身体運動に関するデータについて高度な分析を行い，患者の担当医に解析データを返却し，担当医の健康管理指導を支援しようというものである（図4参照）．

　この実証実験が一定の成果を収めることができたならば，実験をさらに拡大し，この研究基盤を活用してセンサーネットワークとASPを用いて産学連携による実用化を前提にした予防医療・健康サービスの大規模な実証実験に発展させることができる．

　ちなみに，すでに述べたように，現在，複数の自治体が共同でSOA情報共通基盤を構築中である．さらに医療保険制度の改革によって医療費の増大を抑制するため予防医療が地域レベルで促進されようとしており，地域にお

3 電子自治体と地域情報プラットフォーム　　69

図3　SOAによる電子自治体システムの構築・運用モデル

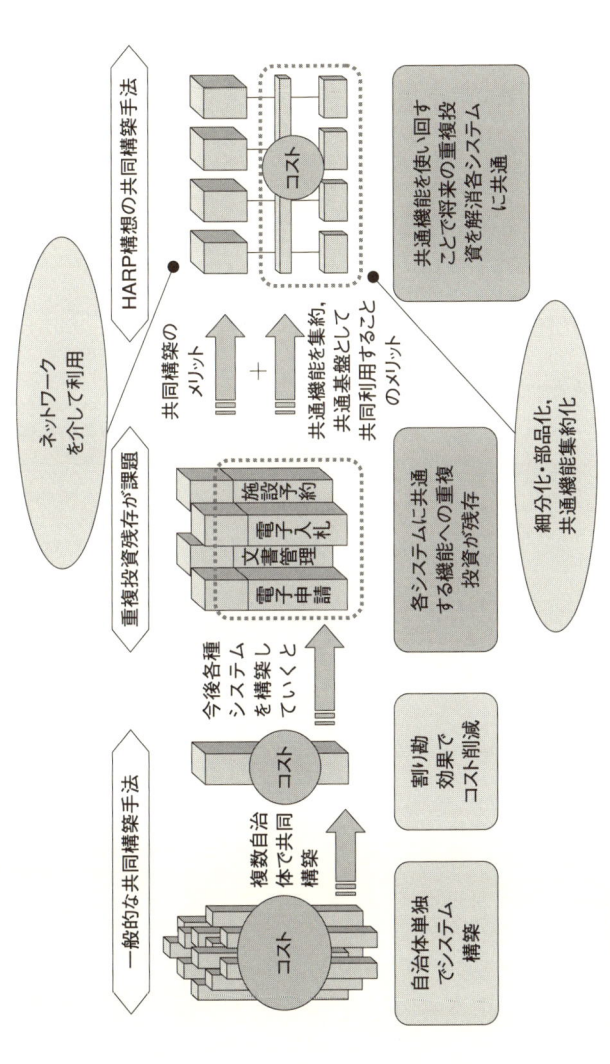

出所：HARP.

図4 センサーネットワークを用いた健康管理モニタリング

ウェアラブルな生体センサ及び据置型測定器等を利用してデータを収集し，健康モニタリング（健康状態のチェック）に適用する．

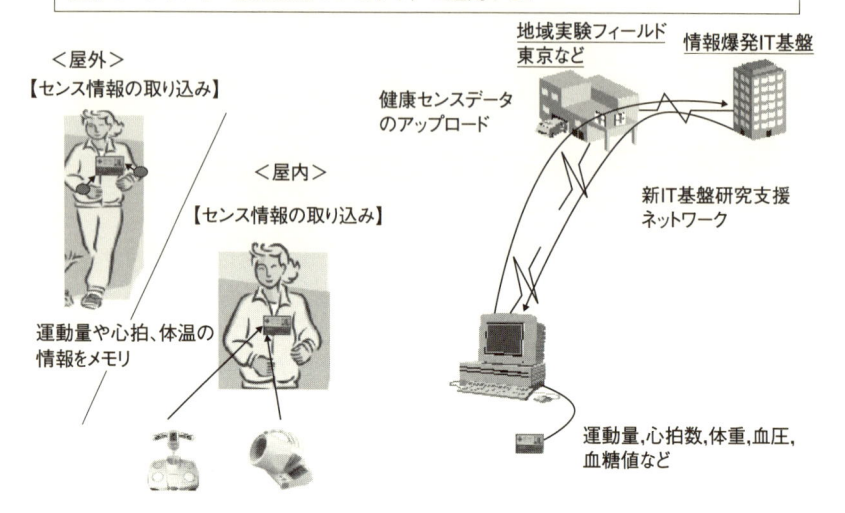

＜屋外＞
【センス情報の取り込み】

＜屋内＞
【センス情報の取り込み】

運動量や心拍，体温の情報をメモリ

地域実験フィールド 東京など
情報爆発IT基盤
健康センスデータのアップロード
新IT基盤研究支援ネットワーク

運動量,心拍数,体重,血圧,血糖値など

ける医療・健康情報の管理も重視されている．その意味では，電子自治体構想にセンサーネットワーク基盤地域コミュニティ構想を組み込んで，社会進化を戦略的に構想することも不可能ではない．

先進的自治体が連合して推進しているSOAは，ソフトウェアをモジュール化し，そのモジュールをさまざまな用途に活用することが可能になるのだが，先に述べたように，これは行政業務のみならず，さまざまな公共施設，病院，介護施設などの機関の業務にも活用することができる．そして地域の共同SOA構想に上述した地域健康管理センサーネットワークを接続すれば，この地域情報基盤は，行政システムのみならず，医療・福祉などの機関の経営最適化をもたらし，さらにはよりよい新たなサービスの創出をも可能にするだろう．その際，CIOの果たす役割はきわめて重要になる．情報テクノロジーのガバナンス，経営能力，法規的処理能力だけではなく，高度な戦略的マネジメントを求められる．

高度に進展したデジタル経済において中小企業の多くは，B2B（企業間電子商取引）において顕著だが，B2C（対消費者電子商取引）においてもその対応を迫られている．認証や電子署名を使ったセキュリティ確保，高度なソ

フトウェアの整備・運用，日本版 SOX 法対応ストレージ（取引記録文書の保存）など，情報システムの構築・管理は，限られた資金と人員資源しかもたない中小企業にとっては深刻な問題になる．そこで経済，さらには社会の重要な担い手である中小企業群のサーバ管理もデータセンターと ASP を有効に用いて SOA の構想を社会情報基盤として拡充すれば，デジタル経済への対応も容易になる．

　ちなみに電子自治体構想の究極の目標は，地域民主主義の発展である．地域コミュニティのマネジメントに関して産業，行政，地域住民，研究教育機関が協力体制を構築し，立場が異なる人たちが意見を交流させ，個々人の創造力を育成，発揮させ，新たな地域コミュニティを創造していく．さらには，データセンターと ASP を地域の基盤として新たな情報システムを構築し，センサーネットワークと遠隔グリッド・コンピュータ基盤を連結させ，大量情報の高度なデータ分析に基づいた予防医療健康サービス，セキュリティサービスなどさまざまな構想を実現できるならば，電子自治体の情報基盤を生かして新たな社会発展を構想することも不可能ではないだろう．

　これまで述べてきたように，IT のもつ変革潜在能力，換言すればイノベーション促進能力を十分に発揮させるためには CIO とそれを支える副 CIO または CIO 補佐官の役割はきわめて重要であり，課題に対応して職責を進化させなければならないだろう．いずれ CIO の職責としてもっとも重視されるものとして戦略的な組織変革マネジメント，関係づけマネジメント (Relationship Management) が求められることになるだろう．

4　CIO に求められる創造性

　IT とインターネットをもっとも有効に利用すれば，すなわち，IT の進化に伴い，可視化技術，最適化技術，測定技術，モデリング技術，意味論的知識ベースなどを組織的に利用することが可能になれば，人々は，さまざまな情報（要素）を関係づけるとともに，関係づける様式を変化させることによって，創造力を開発・発揮し，創造性を社会的行為の中枢機能にすることも不可能ではない（図 5 参照）．

　人は，元来それぞれ異なった複数の活動領域をもち，それらの活動領域の

図5 IT 社会基盤の進化

■次世代プラットフォーム
・アプリケーション

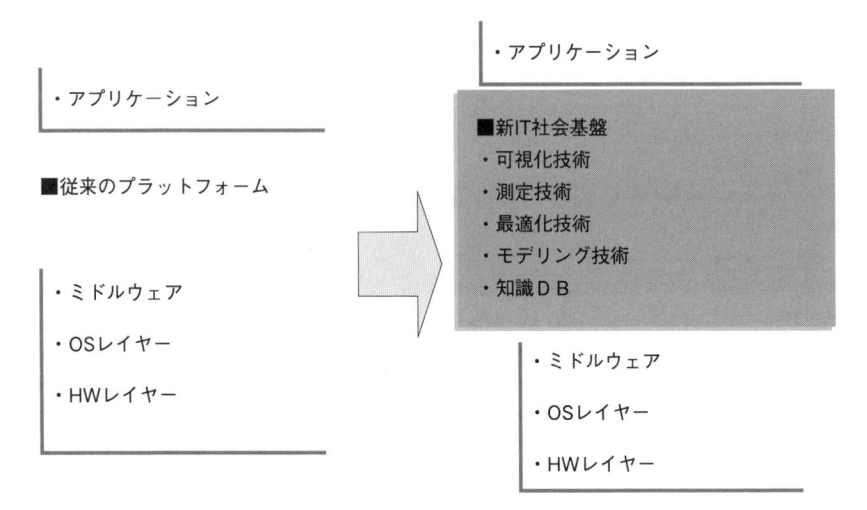

■新IT社会基盤
・可視化技術
・測定技術
・最適化技術
・モデリング技術
・知識ＤＢ

・ミドルウェア
・OSレイヤー
・HWレイヤー

■従来のプラットフォーム
・アプリケーション
・ミドルウェア
・OSレイヤー
・HWレイヤー

情報（要素）をそれぞれ特有の仕方で関係づけることによって統合している．個性は，重複参加している複数の活動領域の特性に規定され，さらに複数の活動領域から得られるさまざまな情報（要素）を関係づける様式によって発現し，このような個性の存立構造を前提にして能動的に複数の異なった活動領域の情報を関係づけ，さらには関係づける様式そのものを変化させる行為特性として創造性が発揮される．

　ITとネットワークの社会的活用の進展に伴い，さまざまな知識間交流が重要になるだろう．さまざまな知識の戦略的交流によって，多様で複雑な知識間関係が形成されるものと考えられる．これから知識のネットワーク形成およびネットワーク間競争が展開され，長期的にはネットワークの相互作用と複合化が進展し，イノベーションの連鎖反応速度が上昇する可能性がある．

　そしてこのようなイノベーションの促進は，今後，文理両面にわたって幅広い知識を習得し，それらを結びつけ，新たな知見と能力を形成する努力を要請することになる．このような関係づけ能力こそが創造力の基本になる．CIOはITとネットワークの社会的活用の拡大と深化に伴い，組織の情報統括責任者として関係づけ能力，すなわち創造的な能力をいっそう求められることになるだろう．

注

1) NTT DATA AgileNet L. L. C・NTTデータ・Digital Government 編集部 (2007),『GAO――米国 GAO 電子政府レポート』日経 BP 企画, pp. 48-53 を参照. 以下では『GAO』と略記する.
2) ちなみに「サービスサイエンス」とは従来経験や勘が重視されてきたサービス分野を科学的対象として解析し, 仮説とモデルを用いてさまざまなサービスの最適性を導出しようとするものであり, 数学, 物理学, 工学, 社会科学の知見を積極的に活用することが求められる. 詳しくは安部 (2005), Council on Competitiveness ed. (2005) を参照されたい.
3) われわれは, 目指すべき最終アウトカム目標とその達成プロセスに着目し,「サービスサイエンス」という新しい複合科学における知見を取り入れながら, 電子行政について政策科学的観点から研究を深化させようと考えている. なお, 後藤 (2006), 後藤・須藤 (2007) はそのような成果の一端を示すものである. 併せて参照されたい.
4) 文部科学省科学研究費補助特定領域研究「情報爆発時代に向けた新しい IT 基盤技術の研究」〈領域代表:喜連川優〉[http://infoplosion.nii.ac.jp/] 研究グループ B01 計画研究「知識社会経済システムの共創的発展とそのガバナンスに関する研究」〈研究代表:須藤修〉. 須藤 (2007), Sudoh (2007) を参照されたい.

文献

安部忠彦 (2005),「サービスサイエンスとは何か」『富士通総研経済研究所研究レポート』富士通総研経済研究所, No. 246, pp. 2-30.
Bekkers, V. and H. Vincent eds. (2004), *The Information Ecology of E-Government*, IOS Press.
Bhatnager, S. (2004), *e-Government*, SAGE Publishers.
Brynjolfsson, E. and B. Kahin (2002), *Understanding the Digital Economy*, MIT Press, Cambridge, Massachusetts.
Council on Competitiveness ed. (2005), *Innovate America*, Council on Competitiveness US.
Curtin, Gregory G., M. H. Sommer and V. Vis-Sommer eds. (2003), *The World of E-Government*, The Haworth Press.
Freeman, C. (1992), *The Economics of Hope*, Pinter Publishers, London.
後藤玲子 (2006),「電子行政の政策評価:アウトカム目標とその達成プロセスに関する一考察」『情報処理学会研究報告』情報処理学会, No. 128, 2006-EIP-34, pp. 107-114.
後藤玲子・須藤修 (2007),「分権化時代の電子自治体と公共ガバナンス」『国際 CIO 学会ジャーナル』国際 CIO 学会, Vol. 1, pp. 25-33.
日本政府「電子政府評価委員会」(2007),『電子政府評価委員会平成 18 年度報告書』政府 IT 新改革戦略評価専門調査会.
NTT DATA AgileNet L. L. C・NTTデータ・Digital Government 編集部 (2007),『GAO――米国 GAO 電子政府レポート』日経 B P 企画.

須藤修 (2007),「情報爆発時代の知識社会形成ガバナンス」『人工知能学会誌』人工知能学会, 第 22 巻第 2 号, pp. 235-240.
Sudoh, O. ed. (2005), *Digital Economy and Social Design*, Springer-Verlag.
Sudoh, O. (2007), Community Governance and Sensor Network in The Era of Info-Explosion, Tongji University ed., *Proceedings of International Symposium on Urban Governance and Community Development*, Shanghai: May 2007, pp. 161-183.

5章 ICTを用いた経営革新とCIO
―― イノベーションにおけるCIOの位置づけ

神岡太郎

1 序

　CIO（Chief Information Officer）のIは通常Informationを表すが，最近ではそれをInnovationに置き換えるべきだという考え方が受け入れられつつある．それはCIOがビジネスにおけるイノベーションの中核となるのに極めて都合のよいポジションにあることによる．本章ではこのような考え方に馴染みのない読者を対象に，主に米国企業の動きを背景に，企業におけるCIOとイノベーションの関係をどうとらえるべきかを解説する．

2 背景

　今日企業にとって，ビジネスに関するイノベーションはもっとも重要な課題のひとつである．それは他社と差別化できないビジネスの仕組みや環境に合わない方法を取り続けているだけでは，成長の見込みがないということを，多くの企業が認識しているからである．そして，そのイノベーションとの関係で注目されているのがCIOである．それはイノベーションを，CIOが責任を持つべきICT（Information and Communication Technology）や情報システム（技術としてのICTだけでなく人の活動を意識している場合には情報システムとよぶ）と結びつけて考えることが一般的になりつつあるからである．

　企業における競争力の源が，効率化から価値創造に移行するにつれ，ICTの役割に対する期待も，システムの安定運用や自動化によるコストダウンからイノベーションに貢献することに移行しつつある．自動化とは要は人の活

動を ICT に置き換えることであるが，同じやり方を効率化するための自動化だけでは競争力に差が見出せなくなってきている．それに対してイノベーションはビジネスにおける仕組みを変えることによって何らかの価値を創造しようというものである．

例えばデルコンピュータ社は，店頭に並べられた製品を顧客に買ってもらうのではなく，顧客からの直接注文に合わせて製品を製造し，小売を通さずにそれを顧客に届けるというダイレクトモデルを確立した．顧客に対しては自分のニーズに合わせて部品が選択できるようにする一方，デルコンピュータ社側ではその主要部品を標準化することで，部品メーカからの調達を単純化したのだ．ダイレクトモデルは，高い顧客満足度と在庫抑制を実現することになったのだが，これは顧客の注文や問い合わせから，部品調達，配達の仕組みに至るまで ICT が関わってはじめて可能になったビジネスの仕組みである．また CRM (Customer Relationship Management) の機能をパッケージソフトウェアという形で提供するのではなく，ASP (Application Service Provider) や SaaS (Software as a Service) のようにネットワークを通したサービスとして提供する Salesforce.com 社の仕組みも ICT が前提となり実現されたものである．

このようにイノベーションと ICT との関係が密になるにつれ，CIO の役割や見られ方にも変化が生じつつある（図1参照）．CIO には ICT というテクノロジーの世界だけで仕事をするのではなく，情報という視点から企業活

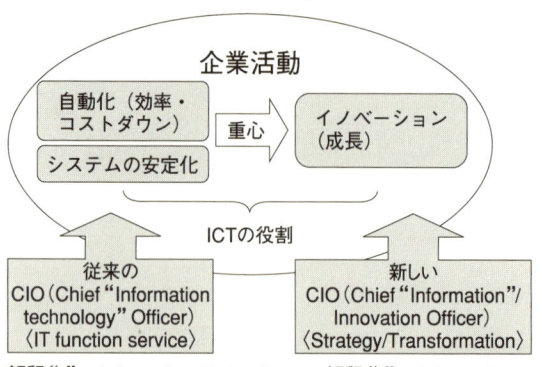

図1　CIO と ICT の役割重心のシフト

動にアプローチし，成長に導くという側面が重視されるようになったのである．特に米国ではCIOが実務型から戦略型へシフトする流れがあり（例えばStenzel (2007) を参照），その中でCIOをより戦略的な立場からイノベーションに関わらせようという考え方が広がりつつある．米国のCIO Executive Councilは，企業のトップに関する様々なデータを収集しているEgon Zehnder International社と共同でCIOの役割変化についてデータを分析し，その結果を次のようにまとめている．つまりCIOはICTサービスを提供するFunction headからイノベーションを実現するTransformational leader，そしてそのイノベーションを含む企業戦略の立案により深く関わるBusiness strategistへとシフトしていることを指摘している．

以下3節ではビジネスとイノベーションの関係について，4節と5節では，それぞれICT，CIOとイノベーションとの関係についてまとめることにする．なお，本章のタイトルでは他章との関係を明確にするために「経営革新」が用いられているが，今日ビジネスのコンテキストでは広く「イノベーション」を一般的に用いる傾向があり，本文はそれに従っている．

3 ビジネスイノベーション

3.1 ビジネス活動を対象としたイノベーション

イノベーションと言えば，CIOよりも，まずCTO (Chief Technology Officer) を思い浮かべる人が多いであろう．特に日本ではInformationに対して「技術革新」という訳語が当てることもあり，その傾向が強い．しかし本章でいうイノベーションは，それも含むこともあるが，むしろビジネス活動全体に関わるイノベーションである．

イノベーションという言葉が知られるようになったのはSchumpeter (1934) に遡るが，そこでもすでに，市場の開拓や新組織の実現といった領域がイノベーションの対象としてあげられている．ただ長い間，企業の価値の源を，形あるモノや取引可能なものに求めてきたために，主に製品，技術，知的財産権等の生成物がイノベーションの対象となっていた．それが今や，その生成物を生成する背後にある企業のあらゆる仕組みや活動が対象となっている．例えばビジネスプロセスやオペレーション，組織や構造，制度，戦

略(立案)までが含まれる.このようなビジネス活動全体を対象とするイノベーションはビジネスイノベーション(Business Innovation)とよばれる.今日,企業はそれを意識的,組織的,戦略的にマネジメントしようとしている.

本章ではビジネスイノベーション(以下誤解のない限り単にイノベーションとよぶ)を次のように定義する.説明の便宜上①②③④に分割した.

①現実の特定の対象や問題に対して,従来にはない活動の仕組み(例えば方法,関係性[1],構造等)を見出し,②それらを実現するための適切なゴール,プラン,設計を示し,③具体的に利用可能な形で実現し,④これまで以上にビジネス上の価値や成果を安定的に得られるにようにする(価値を創造する)こと

この定義を前述のダイレクトモデルを例に説明すると,まず,「部品構成を顧客が選択して直接注文することを起点に製品を生産する仕組み」とその有用性に気づくところ(①)から始まるが,それだけではイノベーションにならない.デルコンピュータ社ではそれを自社の仕組みに合うデザインとして提示し(②),具体的にそれを実現するための情報システムを構築し(③),実際にその仕組みを持続的に機能させることによって顧客満足度や収益を高めた(④).そこまできてはじめてイノベーションと言える.先に述べた生成物のイノベーションについては①が極めて重要になるが,ビジネスイノベーションではむしろ②以降の方が問題になってくることが多い.極端なことを言えば①に相当するアイディアについては多くの人が気づいていても,それをビジネスの中で適切な形で表現できなかったり(②),それを実験レベルでしか実現できなかったり(③),一時的に売上が上がるだけだったり(④)するのではイノベーションとは言いにくい.実際にデルコンピュータ社以外にも同様の仕組みに気づきそれを実現しようとした企業は多数あったが,実際に④まで到達した企業は極めて限られている.

3.2 ビジネスイノベーションの多様性

イノベーションをビジネス活動全体に拡大すると,その対象とする領域や

規模にさまざまなバリエーションがあるので，どこにフォーカスして議論するのかを明確にしていないと，イノベーションに関する議論が噛み合わなくなる．ここではその多様性を理解するために，4つの視点からイノベーションを分類して説明しよう．

　第1は企業活動の領域や機能による分類である．例えばマーケティング，ファイナンス，ロジスティクス，生産，ワークスペースのどれを対象にしたイノベーションかによって議論の内容が異なってくる（例えばマーケティングイノベーションについては神岡 (2006) を参照されたい）．しかも，このような領域や機能を超えたところにもイノベーションが起こり得るので，さらに議論が複雑になる．マーケティング，ロジスティクス，生産等のさまざまな領域が横串で関わるデルコンピュータ社のダイレクトモデルはそのよい例である．また P&G 社とウォルマートストア社は POS データを共有することによって，顧客の需要にすばやく対応する ECR (Efficient Consumer Response) を実現したが，これはパートナー企業間で起こったイノベーションの例になる．他社との差別化のためには，そのような組織の枠を超えたイノベーションを意識的に促進することも重要になってきている．

　第2はイノベーションが対象とするビジネスの規模や単位による分類である．プロセスに対するリエンジニアリング (Re-engineering)，業務に対する変革 (Transformation)，ビジネスモデルにおける進化 (Evolution)，産業レベルにおける革命 (Revolution) 等は最近どれもイノベーションとよばれることが多い．例えば，パソコンのメモリーを製造していたインテル社が MPU の製造メーカに進化していったのはビジネスモデルのイノベーションである．また最近多くの米国企業で見られる，人事や会計業務を人件費の安いインドで行い，組織を選択と集中に向わせようとする変革，つまりBPO (Business Process Outsourcing) や BTO (Business Transformation Outsourcing) は，業務を単位としたイノベーションに相当する．さらに一企業を超えて産業や社会がインターネットに大きく依存する変化はインターネット革命とよばれる．これによって社会におけるスピードやオープンということに対する価値観が大きく変化した．

　第3はイノベーションのゴールを，現在のビジネス状態 (AsIs) を基準にした連続型イノベーションと，将来あるべき姿 (ToBe) を基準にした非

連続型イノベーションのどちらによっているかで分類するというものである．イノベーションはその破壊的（Disruptive）な側面が強調される傾向にあるためか，過去のものを短時間で大幅に変化させるものとイメージされがちだが，改善（Kaizen）のような小さな変化による連続型イノベーションを積み重ねることによって結果的に非連続型のように大きな変化を引き起こすこともあり得る．一般的には，リスク低減が極めて重大な評価基準になるのであれば，連続型によって現場のコンセンサスを取って変革する方がよい．それに対して競争戦略的な観点から，あるいは長期的な成長の観点から，抜本的で大規模な変革が必要と判断する場合には当然非連続型が求められる．

　第4は，イノベーションがビジネスに近い領域で起こっているのか，それともICTに代表される技術に近い領域で起こっているのかということによる分類である．Davila et al. (2005) は，イノベーションが有効に機能するには，ビジネスにおけるイノベーションと技術におけるイノベーションの両方を結びつけること，そして第3の分類で説明した非連続型と連続型（Davila et al. (2005) では，それぞれRadicalとIncremental）の軸を交えて，ポートフォーリオを作成し，戦略的にイノベーションマネジメントを行うことが重要であると述べている．

　上記では4つの視点から，イノベーションの多様性を見てきたわけだが，従来の企業活動における機能や組織の分類だけでは対応できないということが理解できたのではないだろうか．なお，ここでは，これ以上イノベーションについて述べる余裕はないが，イノベーション一般に関する基本的な問題を理解するには，例えばRogers (1983)，Christensen (1997) が参考になるだろう．

4　ICTとイノベーション

　今日の企業活動の基盤はICTによって成り立っており，ビジネス戦略とIT戦略を整合させることが非常に重要となっている（この議論に関しては例えばIBMコンサルティンググループ (2000) が参考になる）．当然ビジネスにおけるイノベーションを考えるにはICTが不可欠な存在になる．ここではイノベーションにおけるICTの果たす役割についてまとめてみたい．

4 ICTとイノベーション

　ICTがイノベーションにおいて果たす役割の基本は，企業活動が対象としている問題解決の仕組みを，ある目的に従って再構築，あるいは創造することである．これを，企業におけるICTの役割としてしばしば用いられるEnablerとDriverの概念を用いて説明しよう（DriverとEnablerは，2.1のイノベーションの定義で言えば，それぞれ，①②の段階と③④の段階に関係している）．

　まずEnablerとしてのICTの役割は，予め与えられたゴール（ビジネスの仕組み）を実現するためのツールとして位置づけられる．ただしEnablerとしてのICTがあれば確実にゴールに到達するかというと，システムの方が可能でも人間組織の方がそうはいかないことが往々にしてあり，この点についてはCIOの立場から4節で述べられる．それに対してDriverとしてのICTの役割は，イノベーションのゴールやプランの設定に関わることによって，イノベーション自体を引き起こす原動力となることである．つまり，ICTの言葉でビジネスの仕組みをデザインしようというもので，極端に言えば企業におけるICTの仕組みを変えることによって，ビジネスの仕組みを変えようというものである．ツール（手段）であるはずのICTに基づいてイノベーションを考えることには違和感があるかもしれないが，最近CIOとの関係でより注目されているのはDriverの方である．このDriverの役割について説明を加えたい．

　多くの企業において，ビジネスの領域とICTの領域は同型（Isomorphic）で可逆的な関係（Reversible）になりつつある（図2参照）．企業の

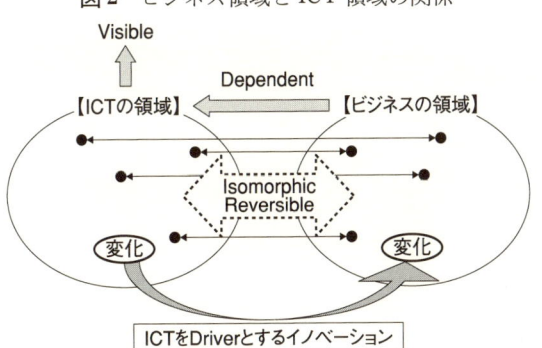

図2　ビジネス領域とICT領域の関係

中でどのような情報システムを構築するのかということと，ビジネスをどのように機能させたいのかということが，ほぼ同じ問題になっている．一方を変えると他方も変わるという関係になっている．ICT は企業活動の細部にまで張り巡らされており，ICT の領域でビジネスを考えるということは，実際のビジネスに引きずられることなく，全体を情報という視点から抽象的に捉え，全体最適な仕組みを考えやすくする．しかもビジネスの仕組みそのものを直接見ようとしても限界があるので，ICT を通してそれを可視化あるいは見える化（Visualization）し，理解しやすくしようというわけである．そのような観点から，ICT を Driver としてイノベーションを考えるという動きが起こったわけである．ただし ICT の仕組みを考えることがビジネスの仕組みを考えることに対応するように，EA（Enterprise Architecture）に代表されるような，ICT とビジネスの仕組みの対応関係を明確にさせる枠組みが必要となる．

　この ICT を Driver とするイノベーション，特に非連続型のイノベーションは，しばしば「新」技術によって誘発される．ICT のイノベーションが，ICT によるビジネスイノベーションの引き金になるわけである．過去にも新しい技術やツールが，我々のものの考え方や活動の仕方を変えるきっかけになったという事例には枚挙にいとまがない．顕微鏡が登場する前と後で生物学の研究が全く異なるものになったように，インターネットが利用できるようになったことでアマゾンドットコム社やイーベイ社による電子商取引ビジネスの仕組みが出現した．アップル社の iPod が人気を博した大きな理由のひとつは，単なる MP3 プレイヤーではなくコンテンツが流通する流れを iTunes という形で提供するビジネスモデルがあったからであるが，それはブロードバンドのネットワークによってはじめて実用的になった．これらの例はビジネスの変化を ICT の変化とうまく同期させることによって生まれたものといってよいだろう．最近では，ビジネス活動を概念的にサービスという単位の部品に分割し，それに対応するソフトウェア部品を組み合わせて情報システムを構築しようとする SOA（Service-Oriented Architecture）の技術がイノベーションとの関係で注目されている．

　ただ大きな変革が必要な場合，新技術を非連続的なイノベーションのきっかけにしようと意図されることはよく見られるが，結果的には連続的で小さ

なイノベーションに収束する場合も少なくない．日本企業の場合，特にビジネス現場では，自分たちの仕事の仕方に対する固執が非常に大きく，情報システム（ソフトウェア）をそれに合わせようとする意志が強い．1990年代末から日本企業がERP (Enterprise Resource Planning), SCM (Supply Chain Management), CRMといったパッケージソフトウェアに合わせてビジネス変革を起こそうとしたが，十分な成果が上げられなかった．結局それらのパッケージが提示するベストプラクティス（ToBe）が見えなくなるくらい大量にカスタマイズすることによって，十分なIT投資効果が得られなかったり，使い物にならない情報システムを構築してしまった，という苦い経験がある．もちろん，そのベストプラクティスが日本企業の目指そうとする方向になかったこともあるので，カスタマイズ自体は悪くない．ただ業務を変革するためにパッケージソフトを導入したにもかかわらず，「現状に合わせるための」カスタマイズを行うことによって，何のための変革だったのかが見えなくなったことが問題だったと言えよう．

しばしば，組織は末期的な状態になってはじめて非連続型のイノベーションに臨もうとする．もちろんそれ自体は悪いことではないが，そのような組織の存亡をかけるような状況でしかイノベーションに向えない，というのは望ましくない．イノベーション自体が目的化するのは危険だが，通常の状態において価値を生むために，戦略的，持続的にイノベーションを起こせる体制をもつべきであろう．このようにイノベーションにおいては，ICTの技術の問題以上に，企業内でのマネジメントが重要になってくる．そのためには，誰かイノベーションに対してリーダーシップをとる人やポジションが必要だと考えるのは自然なことだ．CIOにはそれが期待されているのだ．次節ではそのCIOとイノベーションの関係について述べたい．

5 CIOとイノベーション

5.1 CIOが注目されるのは

米国企業の一部では，すでにCIOがイノベーションにおいて重要な役割を担いつつある．図3はIDG社が運営するCIO.com (2005) によって行われたアンケート結果を引用したもので，2004年12月から2005年1月にか

図 3 CIO に対するアンケート結果 (IDG 社 CIO.com によって行われたオンライン調査 "IT-Enabled Innovation")

Q1. Who in the company generates ideas for business innovations ? (Check all that apply.)
　　CIO/IT department : 80%　　　　CEO : 68%　　　　CFO : 30%
　　COO : 38%
　　Business unit leader : 70%

Q2. Who is primarily responsible for leading business innovation initiatives at your company ?
　　CEO : 20%　　　　CFO : 0%　　　　COO : 6%
　　CIO/IT department : 22%　　　　Business Unit : 17%
　　Shared responsibility between CIO/IT and the Business Unit : 35%

Q3. Who is accountable for the results of business innovations ?
　　CEO : 12%　　　　CFO : 0%　　　　COO : 5%　　　　IT : 8%
　　Business Unit : 29%
　　Shared responsibility between CIO/IT and the Business Unit : 42%
　　Not answered : 4%

Q4. How much of your role is concerned with bringing ideas for IT-enabled business innovation to the table ? Think in terms of how your success is evaluated or measured.
　　It's not an aspect of my role : 6%
　　It's a minor aspect of my role : 28%
　　It's a significant aspect of my role : 59%
　　It's the dominant aspect of my role : 6%
　　Not answered : 1%

けて90人のCIOあるいはそれに代わるポジションの人から得た回答に基づいている．Q1の結果は，イノベーションのアイディアがCIOや情報システム部門からもっとも多く出されている（80%）ことを，Q2の結果は，CIOや情報システム部門がイノベーションを先導することにもっとも責任をもっている（22%）ことを示している．またQ3の結果から，イノベーションの結果に対する説明責任は，CIOや情報システム部門が現場の組織とともにもっとも担っていることが分かる．さらに興味深いことにQ4の結果から，CIOの評価がイノベーションのアイディアを提案することに大きく関わっていることがわかる．回答者がCIOの立場にあるということを差し引いても，これらの結果はイノベーションとCIOの関係が，この分野における先進的企業において非常に強いものであるということを示唆している．

　それではなぜCIOがイノベーションにおいて重要な役割を果たすという状況が起こっているのだろうか．ベースには，前節で述べたようにICTあるいは情報システムがイノベーションに不可欠なもので，CIOがそれらの最高責任者であるということがあげられる．その上で注目すべきは，CIOが次の2つの意味でイノベーションを指揮するのに非常によいポジションに

あるということである．

ひとつ目はCIOが俯瞰の視点に立つことができ，ビジネス活動における問題やイノベーションの必要性に気づきやすいポジションにあるということである．企業活動が情報システムをベースに成り立っている以上，その情報システムの最高責任者であるCIOには，企業全体の仕組みに関する情報と知識が集結する．つまりその企業のビジネスとICTの両方の仕組みについて，もっとも見晴らしのよい場所にいるCIOは，どこでイノベーションの必要性が生じているのかを発見しやすい位置にあるのだ．すでに述べたように，イノベーションが個々の企業内組織の扱う領域だけではカバーできなくなる中，全体が見える位置にあるということが非常に重要なのである．

2つ目はイノベーションに対して中立の視点に立つことができ，CIOが第三者的立場から判断をしやすい位置にあるということである．ICTを使ってビジネスを行う現場では，自分たちが使いやすい仕組みが第一で，可能なら慣れ親しんだ仕組みを変えたがらない傾向にさえある．しかし，ビジネスにおけるイノベーションはむしろ経営的視点によるもので，特定の現場の効率や働きやすさよりも，全体としての価値の創造や成長が優先される．社内の特定領域についてもっとも深く理解しているのは現場の専門のスタッフであっても，個々の現場の利害にとらわれずに全体を俯瞰して（特に非連続型）イノベーションの必要性と解決の方向性が判断できるのは，直接のビジネス現場から距離をおいた立場の人間である．その中核となるのはCIO以外に見当たらない．

5.2 イノベーションにおけるCIOの役割

それではイノベーションを実現するためにCIOはどのような役割が求められるのであろうか．大きく3つに分けて説明しよう．

ひとつ目は個々のイノベーションに対する役割（責任）で，次の(1)から(6)に分けられる（(6)以外について付した①②③④は，3.1で述べたイノベーションの定義に対応している）．

(1) 問題発見者：その企業における問題やイノベーションの必要性に全社的な視点から気づく．これは5.1で述べたCIOのポジショニングによって可能となる（①）．

(2) イノベーションプランナー：その問題をどのような形のイノベーションによって解決するのかを計画し（ゴールやプランを設定し）提案する（②）．
(3) 意思決定者：経営チームの一員として，個々のイノベーションに対する実施や予算を企業戦略の視野で意思決定する（②）．
(4) ICT プロフェッショナル：イノベーションを実現するための情報システムの設計，構築，運用を行う（③）．
(5) チェンジマネジメントのリーダー：企業内の人や組織に対してそのイノベーションの意義を理解させ，イノベーションを実現させるためのイニシャティブをとる（④）．
(6) 説明責任者：そのイノベーションが企業活動にどれだけ価値を提供したのか，その成果に対する投資効果に対する説明責任も負い，学習にもつなげる．

2つ目の大きな役割はイノベーションの土台づくりに対する役割である．個々のイノベーションの成果は永遠のものではなく，コモディティ化する危険性が常につきまとう．そう考えると，ひとつひとつのビジネスの仕組みやイノベーションを超えて価値や競争力の根源となるのは，必要に応じてイノベーションを常に起こせる能力，ビジネス環境，企業文化ということになる．それに対応してCIOの2つ目の大きな役割は，このようなイノベーションを持続的に引き起こすイノベーション力を高めることである．例えば社内に対してイノベーションの意義を意識化したり，イノベーションが起こりやすくするための条件や環境を整えたり，その効果把握のための Measurement や仕組みを策定することが含まれる．また最新のテクノロジーを含め，どのようなICTのツールが利用可能なのかを常にウォッチし，イノベーションに有効なICTの導入がしやすいように準備をするということも必要であろう．

3つ目の大きな役割は，イノベーション戦略に対する役割である．これはイノベーション戦略の立案に関わる部分と，イノベーション（戦略）を他の企業戦略と結びつける役割に分けられる．例えば前者には，その企業のイノベーションをどのような方向に向かわせるべきか，企業全体としてイノベーションのバランスをどう取ればよいか（ポートフォリオの作成）等が含まれ

図4 イノベーションにおける CIO の役割変化

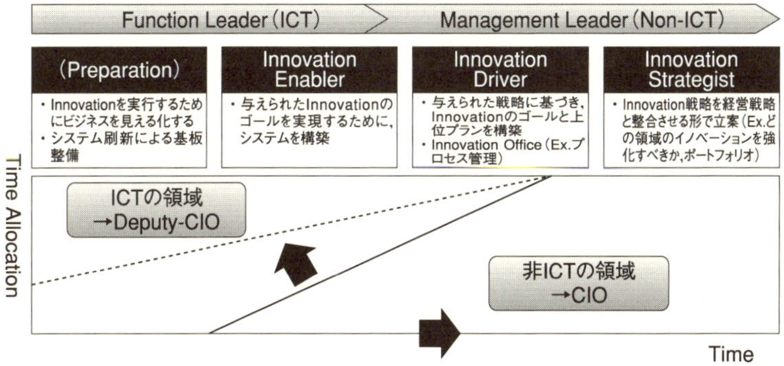

Function Leader（ICT）		Management Leader（Non-ICT）	
（Preparation） ・Innovationを実行するためにビジネスを見える化する ・システム刷新による基盤整備	Innovation Enabler ・与えられたInnovationのゴールを実現するために、システムを構築	Innovation Driver ・与えられた戦略に基づき、Innovationのゴールと上位プランを構築 ・Innovation Office (Ex.プロセス管理)	Innovation Strategist ・Innovation戦略を経営戦略と整合させる形で立案（Ex.どの領域のイノベーションを強化すべきか、ポートフォリオ）

Time Allocation

ICTの領域 →Deputy-CIO

非ICTの領域 →CIO

Time

る．後者には，例えばイノベーションは組織や人材のあり方と深く関わっているので，イノベーション戦略を経営戦略や人事戦略と連携させることが含まれる．

上記の大きな3つの役割を一言で言えば，広い意味でのイノベーションマネジメントということになる．CIO にとってイノベーションマネジメントに関わるきっかけはICT かもしれないが，そのイノベーションを有効に機能させようとすればするほど非ICT に関わることになる（図4の矢印の方向に向う）．この3つの役割はひとつのモデルであって，ひとりの CIO がそのすべてにコミットすることはできないかもしれないが，多かれ少なかれ CIO がイノベーションに関する非ICT の部分と関わりを深くしてゆくものと考えられる．例えば，3.1で述べたイノベーションの定義の④に対応するチェンジマネジメントはICT よりも人や組織に関する部分の方が圧倒的に多い．イノベーションを妨げるもっとも大きな要因は，さまざまな理由でイノベーションに抵抗する社内の態度や姿勢にある．その中には合理的な意見もあるかもしれないが，その多くは変化を好まないという体質にあると考えられる．ICT は形式的にはイノベーションを実現するための有用なツールであっても，それだけでは不十分なのである．

5.3 イノベーションにおいて CIO に求められる資質

ここではイノベーションに関して CIO に求められる資質として，特に重要と思われるものを2つあげて説明したい．ひとつ目はイノベーションを対

象とするプロフェッショナルに関するもので，もうひとつはエグゼキュティブとしてイノベーションをマネジメントすることに関するものである．

そのひとつ目とはビジネスとICTを同時に頭に入れて理解し，考え，判断できる能力である．イノベーションに対して，CIOはそのポジショニングから分かるように，ICTとビジネスに関する知識と能力が必要である．しかし，より正確に言えば，ICTとビジネスのそれぞれについて別々に卓越した能力を持っているだけでは不十分で，むしろ，それらが融合した領域に関する能力が求められる．ビジネスの仕組みをICTの世界で理解し，考え，問題の解決方法を見出す能力で，しかもこの能力に関してマネージャークラスと区別してCIOに特に求められるのは，それを企業規模で，例えば企業戦略と結びつけて行う能力である．企業戦略と一貫性のないイノベーションを実現しても，その企業にとってあまり価値がない．CIOはその戦略をよく理解した上でイノベーションの舵取りをしなければならないのだ．

2つ目の資質とはリーダシップに関する資質で，これはIS部門ではなく経営チームの一員としての責任である．イノベーションに向けてビジョンを立て (Visionary)，非ICT専門の人にも分かるように表現し，かつ説得し (Communicator)，社内外を調整し (Coordinator)，そして経営チームの中で意思決定 (Decision Maker) の一員として結果にも責任を取るということである．

5.2で非ICTとの関わりについて触れたが，CIOが誤解すべきでないことは，情報システムを完成させるだけでイノベーションが完了するわけではない，ということである．そこで活動する人や組織が，刷新された仕組みの中で実際に有効に活動し，成果を上げてはじめて意義がある．イノベーションを実現するためには，企業という組織をあるイノベーションの方向に向けて統合する求心力，そしてそのためにイニシャティブをとるリーダーが必要なのである．第三者的な立場でイノベーションを判断し，それをトップダウンに推し進めるような単純なリーダーであれば，おそらく現場からはそのイノベーションは自分たちには合わないという理由で，拒絶されることになるだろう．現状から新しい仕組みに，うまく人や組織を移行させるためのチェンジマネジメントが必要なのである．例えばCIOは，なぜそのイノベーションが重要なのかということやその目的と方向性が共有されるように，社員，

経営チーム,そして株主に対してコミュニケートし,その方向に全体を導くことが必要になる.ビジネスの仕組みを変革するために情報システムを刷新したのに,現場では,情報システムを入れ替えたために,あるいは情報システム部門の都合で,自分たちは仕事のやり方を変えなければならないのだと誤解する場合さえ少なくないからだ.なおイノベーションに限定していないが,CIOが企業のさまざまな活動においてリーダーでなければならないということを理解するには,Broadbent, et al. (2004) が参考になる.

5.4 CIOの体制と権限

イノベーションに対してCIOが中核的な位置づけにあったとしても,それはCIOだけで実現できるわけではない.CIOは自社のビジネスに関して情報が得られやすい状況であるということに甘んじることなく,イノベーションという観点から,さまざまな部門のリーダーやCxO,社員,市場(例えば顧客やパートナー企業のCIO)等と意識的にコミュニケーションすべきである.それによってイノベーションの必要性やアイディアに関する情報を積極的に得るためである.図5にイノベーションを実現する上でのCIOの位置づけ方を示しているが,以下これに基づいて説明を加えたい.

まず,イノベーションを実現する上でCIOは,経営チーム,特にCEO (Chief Executive Officer) との関係が重要になる.両者は十分議論し,考えを共有する必要がある.IBM社によると (IBM GLOBAL Business Services, 2006),同社が主催したイノベーションをテーマとするコンファレンスに参加した765人のCEOの65%が,今後2年以内に自社のビジネスの抜本的な改革が必要であると答えている.イノベーションはCEOにとっても大きな関心事なのである.また,米国企業の多くは,イノベーションに関する最終的意思決定を,CEOやCEOを中心とするExecutive Committeeのような委員会で行っている.CIOがExecutive Committeeのメンバーであったとしても,CEOらの賛同なしにイノベーションを実施することはできないのだ.しかし逆にそのような中でCIOにイノベーションを実施する権限が委譲されていれば,そのイノベーションはCEOの意図を反映しているということなので,強力なバックアップを得ることになる.

ここでCEO,CIO,そしてCINO (Chief Innovation Officer)[2] の関係に

ついて基本に戻って整理しておこう．前述の IBM 社のレポートでは，CEO をイノベーションというオーケストラの指揮者にたとえている．しかし CEO はイノベーションだけでなく，ファイナンス，マーケティング，R&D 等，さまざまなオーケストラを指揮しなければならない．したがってイノベーションにはそれを専門的に遂行する指揮者あるいはコンサートマスターが必要となる．CINO は字義通りその責任を負うものだが，企業としてはガバナンス上，CxO を無闇に増やしたくない．現実的にはイノベーションに深い関わりのある CIO を CINO の役割を兼ねた形で再定義することが有望な選択肢となってくる．しかも都合がよいことに Information も Innovation も I を頭文字としているので，この 2 つの意味を CIO というラベルに兼ねさせることができるのである．ただし CIO がオーバーロードになることを避けるために ICT を専門とする情報システム部門の長を CIO と別に CIO の下に配置する方法がある（さらに言えば各ビジネス事業部にも ICT を担当する長とチームを置く場合がある）．情報システム部門についても CIO の仕事をサポートする小さなチームと，主に ICT サービスを提供する従来の情報システム部門（さらに企業によっては CTO を中心に最新の ICT を対象として活動するチーム）に分離することになる．その場合 CIO は通常の ICT サービスやイノベーションの下流についての権限を Deputy CIO，例えば情報システム部門長に委譲し，その代わりにこれまでにも増してあらゆる部門に横串で関わることが，CIO のあるべき姿のひとつとなろう．それはすでに述べたようにイノベーションが組織を超えて起こり得ることや全体最適の視点が必要であることによる．

　イノベーションを実現する上で，CEO，CIO，そして情報システム部門がひとつの基軸になるわけだが，CIO はそれに加えてイノベーションが起こる領域や機能を代表する経営チームのメンバーとの関わりが重視される．イノベーションがヒューマンリソースに関することであれば CHRO（Chief Human Resource Officer）と，新製品に関わることなら CTO, CMO（Chief Marketing Officer），CLO（Chief Logistics Officer）等との密接なコミュニケーションが求められる．イノベーションが多様で企業のもつ既存の枠に縛られないことを考慮すると，CIO を中心とする機能・領域横断型のチームをつくることも有効な方法のひとつであろう．

また，イノベーションが対象とする領域からの情報も非常に重要で，最近では社員をベースにしたWeb 2.0あるいはEnterprise 2.0の発想に基づく，ボトムアップのイノベーションも注目されている．さらにイノベーションが企業を超えて起こり得ること，イノベーションの対象がしばしば顧客に関わることであることからすると，顧客やパートナー企業にも目を向けていなければならないし，そのような情報を得る場や仕組みをつくるべきであろう．

図5はCIOをイノベーションにおけるCEOの片腕として，その戦略を立案しマネジメントするリーダとして位置づけている．これは明らかに従来のCIOの役割範囲を超えているが，現在そのような方向に向かうCIOが実際にいることも確かである．さらに一歩進んで，CIOを将来のCEOへのキャリアパスとみなす考え方がある (Gottschalk, 2007)．今後CIOの役割は，この図のように情報システムだけでなくイノベーションマネジメントの上流，例えば戦略まで深く関わるポジションとして位置づける企業と，ICTを中心に情報システムに特化したポジションとして位置づける企業を両極とし，議論されることが考えられる．

これまで，CIOを中核とするイノベーションについて述べてきたが，最後に付け加えておきたいことは，そのような形でのイノベーションを推進するには，まずCIOと情報システム部門自身のイノベーションが必要だということである．CIOや情報システム部門がもっとも保守的でシステムの安定運用を重視する余り，必要以上に変化を好まないと社内から指摘されることも耳にする．CEOはCIOが活躍できる条件づくりにコミットし，少なく

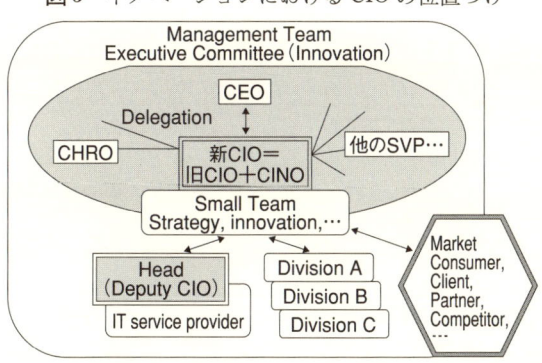

図5 イノベーションにおけるCIOの位置づけ

ともCIOがイノベーションをリードできるように権限を付与しなければならないが，CIO自身がイノベーションに消極的であれば意味がない．CEOはその期待に応えるだけのCIOを新しく採用するということも必要かもしれない．同じ様にCIOは情報システム部門をイノベーションに積極的に対応できる組織にすることが求められている．

本章ではCIOとイノベーションの基本的な関係について述べてきた．より具体的にどのような体制と仕組みでそれを実現するかは，企業の置かれた環境や状況によって異なるが，今後多くの企業にとって非常に重要な課題となることは間違いないだろう．

注

1) 例えばユーチューブ社のように，顧客を価値を提供する対象ではなく価値の提供者としても位置づけて，コンテンツのやりとりのプロセスを実現したのは，関係性（仕組み）に基づくイノベーションである．
2) Chief Innovation Officer を Chief Information Officer と特に区別したい場合 CIO の代わりに CINO を用いることがある．なお CIO の I に対しては他に Integration, Inventory, Intelligence, Investment 等が意図的にあてられることもある．

文献とデータ

Broadbent, M. and Kitzis, E. (2004), *The New CIO Leader: Setting the Agenda and Delivering Results*, Harvard Business School Pr.

Christensen, C. M. (1997), *The Innovator's Dilemma: When New Technologies Cause Great Firms to Fail*, Harvard Business School Pr.（玉田俊平太，伊豆原弓（訳）(2001),『イノベーションのジレンマ―技術革新が巨大企業を滅ぼすとき』翔泳社．

CIO.com (2005), *CIO Research Report—IT-Enabled Innovation—*, http://www.cio.com.

Davila, T., Epstein, M. J. and Shelton, R. D. (2005), *Making Innovation Work: How to Manage it, Measure It, and Profit From It*, Wharton School Pub.（スカイライトコンサルティング（訳）(2007),『イノベーション・マネジメント 成功を持続させる組織の構築』英治出版）．

Gottschalk, P. (2007), *CIO and Corporate Strategic Management: Changing Role of CIO to CEO*, Idea Group Pub.

IBMコンサルティンググループ (2000),『最適融合のITマネジメント―競争優位を実現する戦略立案ステップ（第2版）』ダイヤモンド社．

IBM GLOBAL Business Services (2006), *Expanding the Innovation Horizon—The Global CEO Study 2006*.

神岡太郎, ベリングポイント戦略グループ (2006), 『CMO マーケティング最高責任者』ダイヤモンド社.

Rogers, E. (1983), *Diffusion of Innovations*, Free Pr. (青池慎一, 宇野善康 (訳) (1990), 『イノベーション普及学』産能大学出版部).

Schumpeter, J. A. (1934), *Theory of Economic Development: An Inquiry into Profits, Capital, Credit, Interest, and the Business Cycle*, Harvard Univ. Pr. (塩野谷祐一, 東畑精一 (訳) (1997), 『経済発展の理論——企業者利潤・資本・信用・利子および景気の回転に関する一研究』岩波書店).

Stenzel, J. (ed.) (2007), *CIO Best Practices: Enabling Strategic Value with Information Technology*, John Wiley & Sons Inc.

グローバル化時代の CIO の使命

情報の清流化

　急激なグローバル化の進展の中で，トヨタの情報システム部門は Team TOYOTA の基盤を提供する中枢です．24 時間 365 日，いつでもどこでもだれでも情報にアクセスできる環境の創出が我々の使命です．まず物理的なネットワークの構築とデータセンターの整備を図り，一連のサプライチェーンマネジメントを標準化しました．また，情報システム部門のアプリケーションを統一させ，それを支えるコールセンターやヘルプデスクを設置することで，バックヤード体制も強化しています．昔に比べるとはるかに情報の精度が求められており，情報の清流化，つまり，だれが見ても分かるように，情報や事象のレベルを整理し正規化することに努めています．

グローバル展開にともなう標準化の実現

　国や地域による品質やオペレーションの格差を防ぐために，日本だけでなく世界のトヨタで徹底した共通化を図り，業務の選択と集中を促進しています．

　システム開発の面では，スケジュール，工程，管理方法，予算の取り方，作業のコーディング等を世界共通化し，適宜評価します．費用対効果の測定には，納期，開発，期間等で事前評価項目を策定しています．最近の IT 投資の絶対額に変化はありませんが，内容が変わってきました．これまで各国各地域で行っていた独自のシステムが，世界共通仕様に移行したためです．同時に，権限委譲やセキュリティ分野での新しいフレームワーク作り，技術者やオペレーションを行う人たちの資質を均一にするための人材育成は，品質保持の一助となります．セキュリティや危機管理システム等，リスクマネジメントへの対応もグローバルに展開しています．今後は，社内外のコンプライアンスのための社員のモラルの向上を目指すことが課題です．

CIO に求められる資質

　情報システムへの造詣があり，実際にモノを創ったことがあることが大切です．さらにプロジェクトマネジメントができる人が望ましい．また，ユーザー部門との調整や，ニーズを上手に引き出し，本質を見抜く為のコミュニケーション能力が必須です．また業務の途中であきらめずに結果を出す姿勢も重要です．

トヨタ自動車株式会社　常勤監査役・元 CIO　天野吉和

6章　CIOと内部統制・CSR

後藤玲子

1　はじめに

　近年，コンプライアンス（法令遵守），コーポレート・ガバナンス（企業統治），CSR (Corporate Social Responsibility，企業の社会的責任），ITガバナンス等の，「ガバナンス」に関わる広範なテーマに，社会の大きな関心が寄せられている．その中でいま，企業CIOの必要性・重要性を高めている最大のテーマは，インターナル・コントロール（内部統制）である．いまや内部統制は，上場企業とその連結対象子会社のCEOやCFOはもちろんのこと，CIOを含むCxO，一般社員，さらには，主要企業の取引相手等が知っておかなければならない最重要課題のひとつとなっている．

　そこで本章では，「内部統制」に焦点を当ててCIOの役割を説明し，ITガバナンスの強化によってCSRを果たし，企業価値を高めることの意義とその方策を述べる．まず第2節では，内部統制関連法制の概要と，内部統制強化論議の背景をみていく．次に，第3節で内部統制の基本的枠組みを概説し，第4節で内部統制を構築・実施する際にCIOが重視すべきポイントを説明する．最後に，内部統制の限界を克服するためにCIOが果たすべき責務を述べる．

2　内部統制関連法制の概要と制定の背景

　内部統制とは，「業務の有効性や財務報告の信頼性等を保証するために企業内部で遂行される，事業活動全般にわたる統制プロセス」のことである．企業統治に関する従来の議論では，内部統制プロセスを経て公表される財務諸表等の開示情報を手がかりにして，経営陣を外部からコントロールするこ

とに主たる関心が注がれてきた．しかし2000年代初頭，エンロンやワールドコム等の米国の巨大企業や，カネボウ，西武鉄道等の日本の有名企業で，大規模な不祥事や粉飾決算等が相次いで発覚した．これらの事件は，結果として出てきた情報に基づく「外部統制」の限界を浮き彫りにするものであった．それゆえ，まずは米国で，続いて日本でも，内部統制の強化を目的とする一連の制度改革が行われ，主要企業が果たさなければならない説明責任は大幅に拡大することとなったのである．

2.1 米国企業改革法の制定経緯と同法の概要

米国における内部統制の強化は，ネットバブル崩壊直後から2002年にかけて生じた一連の事件によって大きく揺らいだ，米国資本市場への信頼を取り戻すために行われたものであった．2001年12月に会社更生手続を開始したエンロンの事件では，連結対象にならない複数の特別目的事業体（SPE：Special Purpose Entity)[1]を通じた債務の付け替えや，金融派生商品（デリバティブ）取引を通じた損失隠し等，会計基準の欠落をついた処理も含めて，株価の高値誘導のために不正な会計処理が組織的に行われていた．外部取締役や外部監査法人も企業の粉飾決算等に実質的に加担しており，健全な企業経営を担保するはずの企業統治体制は，まったく有効に機能しなかった（Biegelman and Bartow, 2006)．

株主や投資家等の利害関係者（ステークホルダー）に対して正しい財務情報を開示することは，企業が果たすべき当然の責務である．しかも，世界最大の債務国である米国にとって，活発な資本市場は国民経済を支える生命線でもある．それゆえ，エンロン事件から数ヵ月という異例の速さで，2002年7月に「2002年米国上場企業会計改革並びに投資家保護法」（The U. S. Public Company Accounting Reform and Investor Protection Act of 2002. 通称「Sarbanes-Oxley Act」，「SOX法」，「企業改革法」等．以下，「米国企業改革法」という）が可決され，それに伴って，行政権限をもつ外部監視機構として「公開企業会計監視委員会」（PCAOB：Public Company Accounting Oversight Board）が新設された（表1参照).

同法の規定で重要なのは，財務報告に係る経営幹部の民事責任を強化する302条，内部統制に関する経営者と外部監査人の責任を強化する404条，そ

2 内部統制関連法制の概要と制定の背景　　97

表1　米国企業改革法の概要

改革の推移	2002年7月　「米国企業改革法」可決・成立 2003年6月　「SEC404条最終規則」公表（同年8月発効） 2004年3月　「PCAOB監査基準第2号」承認（同年6月発効） 2004年11月　404条適用開始（外国登録企業と中小企業は，2006年7月15日以降に終了する会計年度から適用開始．ただし中小企業はさらに延期可能．）
主な規定	302条〈経営幹部の民事責任の強化〉 ●経営幹部に，財務報告に係る内部統制・開示統制に責任をもち，それが適正である旨の宣誓書提出を義務づけ（民事宣誓．四半期と年次）． 404条〈経営幹部と外部監査人の責任の強化〉 ①　経営幹部に，財務諸表に係る内部統制の確立・維持と，その有効性を適切な枠組みに基づいて評価した内部統制報告書の作成・提出を義務づけ．年次． ②　外部監査人に，PCAOBの監査基準に則った監査と監査意見表明を義務づけ． 906条〈経営幹部の刑事責任の強化〉 ●経営幹部に，財務報告に係る内部統制・開示統制に責任をもち，それが適正である旨の宣誓書提出を義務づけ（刑事宣誓．四半期）．刑事責任を強化．

(注)　2007年4月末までの改正を踏まえた内容．
(出所)　SECホームページ等を参考にして筆者作成．

して，財務報告に係る経営幹部の刑事責任を強化する906条である．とりわけ重要なのは，404条である．404条とその関連規則である「SEC404条最終規則」および「PCAOB監査基準第2号」は，①経営者に対して，財務報告に係る内部統制の構築責任を表明させ，内部統制の有効性を評価した結果を「内部統制報告書」として財務報告書と一緒に提出することを義務づけるとともに，②外部監査人に対しては，経営者の評価に対する監査意見を付すだけでなく，自らが企業の内部統制を監査して意見を表明すること（これを，「直接報告義務」あるいは「ダイレクト・レポーティング」という．）を義務づけている．さらに，③これらの評価・監査の前提として，企業は，財務報告に係る内部統制の状況を詳細に文書化し，業務が取り決め通りに処理されているかをテストしなければならなくなった．

　この404条の要請が，米国上場企業に多大な労力とコストを強いる結果となっている．FEI (2006) によれば，早期適用企業である米国内の大企業が404条対応のために2004年度に費やした費用は，1社当たり平均約436万ドルで，2004年1月時点におけるFEIの試算を2倍以上上回った．初年度に立ち上げコストがかさむのは，ある程度仕方のないことである．しかし適用2年目の2005年度においても，404条対応のための費用は，前年比87％程

度にしか抑えることができなかった．そのため，法対応のためのコストが高すぎて米国資本市場の競争力を削いでいるとして，制度が実施された直後から現在に至るまで，内部統制報告制度の見直しが進められている[2]．

2.2 日本における内部統制関連法制の概要

わが国における内部統制関連法制は，米国における議論を参考にしながら，日本独自の工夫を取り入れるというかたちで進展してきた（表2参照）．そのうち，内部統制に関する代表的な法規は，2006年5月から施行されている「会社法」と，2006年6月に可決・成立した「金融商品取引法」（通称「投資サービス法」）である．金融商品取引法で新たに義務づけられた，財務報告に係る内部統制の整備等に関する規定は，「日本版SOX法」や「J-SOX」と一般に称される．以下では，「日本版SOX法」ということとする．

会社法は，大会社（資本金5億円以上または負債総額200億円以上の株式会社）に対して，事業活動全般にわたる「内部統制システム」（正確には，「業務の適正を確保するために必要なものとして法務省令で定める体制」）を整備して，取締役会で決議することを義務づけている．2002年5月の改正商法では委員会等設置会社に義務づけられていた内部統制が，その概念を拡張した上で，大会社に要求されたかたちである（神田，2006）．

会社法が求める「内部統制システム」の主要な内容は，下記の通りである（同法施行規則100条1項．監査に関する内容は省略）．

①　情報保存・管理体制：取締役の職務の執行に係る情報の保存及び管理に関する体制．

②　危機管理体制：損失の危険の管理に関する規程その他の体制．

③　効率的な業務執行体制：取締役の職務の執行が効率的に行われることを確保するための体制．

④　コンプライアンス体制：使用人の職務の執行が法令及び定款に適合することを確保するための体制．

⑤　グループ管理体制：当該株式会社並びにその親会社及び子会社から成る企業集団における業務の適正を確保するための体制．

会社法が事業活動全般にわたる「内部統制システム」の整備・開示等を取締役に要求しているのに対して，日本版SOX法は，財務報告の信頼性に係

表2 日本における内部統制関連法制

年　月	主な出来事	概　　　要
2003年3月	内閣府令改正	企業統治，リスク管理，内部統制整備状況の開示と，開示内容に関する代表者による確認書を要求．2003年4月1日以後に開始する事業年度から適用．任意．
2005年1月	東証，宣誓書及び代表者確認書制度の導入	上場企業の経営者に，「適時開示に係る宣誓書」及び「有価証券報告書等の適正性に関する確認書」の提出を求める．2005年1月1日以後に終了する事業年度から適用．強制．
2005年7月	新会社法成立	大会社に内部統制システムの構築等を義務づけ．2006年5月1日施行． ○対象：大会社（資本金5億円以上または負債総額200億円以上の会社） ○目的：業務の適正性の確保 ○細則：法務省「会社法施行規則」(2006年5月1日施行)
2006年6月	日本版SOX法成立	上場企業と連結子会社に財務報告の信頼性に係る内部統制の整備，評価，開示等を義務づけ．2009年3月期決算から適用（2008年4月の事業年度から適用開始）． ○対象：上場企業（約3,800社）とその連結子会社 ○目的：財務報告の信頼性の確保 ○指針：金融庁企業会計審議会内部統制部会「財務報告に係る内部統制の評価及び監査の基準」及び「財務報告に係る内部統制の評価及び監査に関する実施基準」(2007年2月15日公表)

（出所）各府省のホームページ等を参考にして筆者作成．

る内部統制報告制度について規律するものである．同法は，2006年度末時点で約3,800社ある上場企業とその連結子会社に対して，事業年度ごとに経営者自らが「財務報告に係る内部統制」の有効性を評価して「内部統制報告書」を作成し，監査人がそれを監査して公表することを義務づけている．適用年度は2008年4月1日以後に開始する事業年度で，その実務上の基準ないし指針として，「財務報告に係る内部統制の評価及び監査の基準」（以下，「報告基準」という）及び「財務報告に係る内部統制の評価及び監査に関する実施基準」（以下，「実施基準」という）が，2007年2月15日に金融庁企業会計審議会内部統制部会から公表されている．

日本版SOX法とその関連文書では，米国の経験を踏まえて，いくつかの工夫が施されている（表3参照）．

第1に，日本に固有の状況と，現代の企業および企業を取り巻く環境を踏

表3　日本版 SOX 法と米国企業改革法の主要な異同

根拠法		日本版 SOX 法（2006.6 成立）	米国企業改革法（2002.7 成立）
I. 内部統制の基本的枠組み		●「COSO 内部統制フレームワーク」を基本的に踏襲し，内部統制の目的に「資産の保全」を，内部統制の基本的要素に「IT への対応」を追加． ●「実施基準」で，構築プロセスを例解．	●SEC 規則等に特段の言及はない．ただし，使用するフレームワークの特定が求められているため，「COSO 内部統制フレームワーク」が事実上の標準に． ●IT 統制については，PCAOB 監査基準第2号75項に言及あり．
II. 財務報告に係る内部統制の評価・報告	方法	トップダウン型のリスク重視のアプローチを採用．（まず連結ベースの「全社統制」を評価し，その結果を踏まえて，財務報告に係る重大な虚偽記載につながるリスクに着眼して，必要な範囲で「業務処理統制」を評価．）	SEC 規則等に特段の言及はない．ただし現在，SEC は，トップダウン型のリスク重視のアプローチを強調．
	基準，範囲	●「全社統制」の評価項目を例示． ●「業務処理統制」の評価範囲の絞込み方法を明示． ●評価範囲に係る経営者と監査人の協議プロセスを明示．	●特段の基準は定められていない． ●「中小公開企業向け COSO」には，日本の「実施基準」同様に，評価項目が例示されている．
	不備の区分	●2つ（「重要な欠陥」，「不備」）． ●「重要な欠陥」の判断基準を例示（例：連結税引前利益の 5% 程度）．	●3つ（「重要な欠陥」，「重大な不備」，「軽微な不備」）． ●判断基準の例示なし．
III. 監査	対象	ダイレクト・レポーティングの不採用．ただし監査人は，自ら十分な監査証拠を収集しなければならない．	ダイレクト・レポーティングを併用．
	方法	●同一監査チームによる内部統制監査と財務諸表監査の一体的実施，「統合監査報告書」の作成． ●監査人と監査役・内部監査人との連携．	同一事務所による実施が求められるのみ．同一監査チームによる実施までは求められていない．
罰則		●有価証券報告書の虚偽記載等…10年以下の懲役または 1,000 万円以下の罰金，またはその併科．法人は 7 億円以下の罰金． ●内部統制報告書の虚偽記載等…5年以下の懲役または 500 万円以下の罰金，またはその併科．法人は 5 億円以下の罰金．	●故意の虚偽表示…500 万ドル以下の罰金または 20 年以下の禁固刑，またはその併科． ●欠陥のある宣誓…100 万ドル以下の罰金または 10 年以下の禁固刑，またはその併科．

(注)　「COSO 内部統制フレームワーク」については，第 3 節を参照．「中小公開企業向け COSO」は，COSO, *Internal Control over Financial Reporting—Guidance for Smaller Public Companies*, 2006 のこと．

(出所)　金融庁企業会計審議会内部統制部会配布資料等を参考にして著者作成．

まえて，実施基準において，「内部統制の基本的枠組み」とその構築プロセスが示されている．ここでCIOが留意すべき最大の相違点は，内部統制の基本的要素として「ITへの対応」が盛り込まれている点である．現在の企業経営は，多くの領域においてICTに大きく依存しており，内部統制もその例外ではない．それゆえ，日本の報告基準および実施基準では，「ITへの対応」が明示的に取り入れられたのである．内部統制におけるCIOの責務がより明確化されているとみなしうる，重要な違いである．

　第2に，過剰なコスト負担を避ける仕組みとして，①「トップダウン型のリスク重視のアプローチ」が採用されている．これは，内部統制に関する詳細な文書化義務を課すのではなく，財務報告の虚偽記載が生じる危険の大きい領域に資源を集中的に投下させることによって，内部統制の有効性評価をより効率的に実施できるようにするための仕組みである．②また，ダイレクト・レポーティングを採用せず，財務諸表監査と内部統制監査とを同一の監査チームが一体的に実施するように求めることにより，作業の無用な重複が生じないよう配慮されている．③さらに，不備の区分を簡単化したり，評価範囲の絞込み方法や判断基準等を豊富に例示することによって，企業の負担を絞り込む工夫が講じられている．

2.3 内部統制強化論議の背景とCIOへの期待

　このように内部統制の評価や監査等が強行法規によって義務づけられるようになった直接の契機は，本節冒頭で述べたように，大規模な不祥事や粉飾決算等が発覚し，従来の企業統治体制や開示統制の限界が露呈したことにある．しかしこれは，直接的な契機にすぎない．内部統制が先進諸国で強化されている根本的な理由は，経済のグローバル化とICTの普及・浸透により，企業経営を取り巻く機会とリスクが飛躍的に増大したことにある．

　財務報告に係る内部統制との関係でとくに重要なのは，資本市場のグローバル化である．東京証券取引所第一部における2006年度期末の時価総額は556兆円で，外国人投資家の株式保有比率は過去最高の26.7%に達した．株式の流動性が高まったことから，2006年度の売買代金は時価総額を大きく上回り600兆円を越え，外国人投資家の売買シェアは55%を上回る過去最高の水準であったという．

グローバル・マネーの流動化・巨大化は，ICT と決して無縁ではない．そもそも証券取引市場や外国為替取引市場等の金融市場は，まさに「情報」がやり取りされる市場である．それゆえ，ICT の爆発的な技術進歩——計算能力，ストレージ容量，情報セキュリティ技術の高度化等——の影響を直接的に受けて，資本市場はグローバルな規模で急速に拡大している．その結果として，信用リスクデリバティブ商品市場のような新しい市場が創造されてリアルタイムで信用リスクを管理することが容易になり，企業の資金調達・資本増殖機会が増大する一方で，投資家の信用を失うようなひとつの出来事によって企業が短期間に破綻に追い込まれるリスクや，市場の不安が連鎖的に波及して世界経済が不安定化するリスク，過去にない規模の取引が短期間に集中して証券取引所のシステムがダウンした場合の損失等もまた，格段に大きくなっている．

　本節冒頭で述べたように，企業統治改革は，経営の監督と執行を分離して経営者の独走を防ぎ，企業監視を強化するという「外部統制」の強化から始まった．株式会社形態の組織の機能領域が拡大して株式所有が分散化し，〈経営と所有の分離〉が進展すると，企業活動——何をいつ何処でどのように生産し，誰にどれだけ分配するか——における経営者優位が自ずと進み，経営者の暴走や不祥事による業績悪化，株主資本価値喪失等のリスクが大きくなる．このようなリスクは従来から存在していたが，企業統治に関する議論が活発化したのは，資本市場のグローバル化が進み，機関投資家の発言力が大きくなった 1990 年前後のことである（Nester, 2000）．

　CSR という概念もまた，資本市場のグローバル化と ICT の爆発的普及という環境変化を受けて発達してきた概念である．資本市場の発達は，株式所有の多様化と企業活動のグローバル化をもたらし，企業が社会に与える正負両面の影響を大きくするとともに，企業を取り巻くステークホルダーの価値観を多様化している．それゆえ CSR という概念は，法令遵守や不祥事の予防を主目的とする守りの概念から，環境負荷の削減や地域社会への貢献を積極的に行うことによって企業価値を高める，という攻めの概念へと変容しつつある（伊吹，2005）．

　そして内部統制は，企業活動のグローバル化や組織形態の多様化に伴って〈経営と実行支配の分離〉が進展した事業体内部におけるリスクを統合的に

制御し，組織の目的――社会に貢献し，説明責任を果たすこと――を達成するためのプロセスであり，適切な企業統治を実現し，CSR を全うするための〈手段〉である．イノベーションの推進や積極的な社会貢献等を直接に目的とする概念ではないが，法令遵守や不祥事の予防という守りの活動だけを対象とする概念でもない．企業が社会に存在し企業活動を営む中では，イノベーションが利益に結びつくかわからないという不確実性と共に，生み出された財・サービスが予期せぬ負の影響を社会に及ぼすリスクが存在する．正負両面の活動から生じるリスクを統合的に制御し，もし社会に負の影響を及ぼす事態が生じてしまったら，その影響をゼロに戻すことができるように組織の進む方向とスピードを制御するためのプロセスが，内部統制である．

　内部統制の強化が，企業と企業を取り巻く環境変化に適応するために要請されていることがわかれば，内部統制の取り組みは，関連法規の要求に応えるという受け身の姿勢で行うのではなく，日々変化する環境に適応し，企業価値を持続的に高めるための取り組みとして，主体的に実践しなければならないことは自明であろう．いま経営者に求められているのは，グループ企業を含む自社の内部統制の有効性に直接コミットしてリスクを統合的に管理し，ステークホルダーへの説明責任を果たすことである．CIO には，内部統制を含むガバナンスを ICT の側面から迅速かつ全体的に見直して自社グループの業務プロセスを効率化し，さらには内部統制の取り組みを，企業の経営改革，業務革新へと導くことが求められる．経営戦略と ICT 戦略の橋渡しをする CIO の役割は，これまで以上に大きくなっている．

3　内部統制と IT 統制――基本的枠組み

　では，どのような枠組みに基づいて内部統制に備えればよいのだろうか．内部統制への備えは，企業の現行体制や戦略的ポジション，ICT 依存度等によって異なるものである．しかし法令を遵守するためには，一般的なフレームワークを前提とした上で自社の内部統制を整備・改善する必要がある．そこで本節では，内部統制・IT 統制の標準的なフレームワークをみていこう．

3.1 COSO内部統制フレームワーク

内部統制の概念及び実践指針に関する事実上の標準は，1992年と1994年に米トレッドウェイ委員会 (COSO : Committee of Sponsoring Organizations of the Treadway Commission) が不正な財務報告を防止・発見するために勧告として発表した「COSO内部統制フレームワーク」である[3]．伝統的な内部統制の概念は内部会計統制と内部業務統制から構成されており，企業会計に関する不正や誤謬の発見，標準からの逸脱等を是正するための統制機能を意味していた（森本他，2005）．その後，企業を取り巻く環境が変化するにつれて，企業の内部統制を企業統治やリスク評価と関係づけて定義する必要性が高まり，「内部統制―統合的フレームワーク」(Internal Control-Integrated Framework) が策定されたのであった．

COSO内部統制フレームワークは，企業の存在目的は社会に貢献し，社会の評判を得ることにあるとした上で，内部統制を，(A) 業務の有効性と効率性，(B) 財務報告の信頼性，(C) 関連法規の遵守という3つの目的の達成を合理的に保証するための一連のプロセスであり，①統制環境，②リスク評価，③統制活動，④情報と伝達，⑤モニタリングという5つの要素で構成されると定義している．

COSO内部統制フレームワークの公表後，ICT及び情報ネットワークのさらなる普及・浸透と，旧社会主義諸国を巻き込んだ新自由主義的な制度改革の相乗効果によって，経済のグローバル化は加速度的に進展していった．持株会社形態でのグローバルかつ多角的なビジネス展開や，付加価値に占める無形財・サービスの重要性の増大は，一般に事業や業務の透明性を低下させ，経営による組織の制御能力を弱めるものである．しかしCOSO内部統制フレームワークの内容は財務報告に係る事項に偏っており，経営目標と内部統制との関係づけが必ずしも十分ではないという限界があった．

今日の経営環境は，経営戦略の中に内部統制の要素を融合させて経営リスクを企業価値との関係で体系的に把握し，コントロールすることを要請している．そのためには，必要かつ十分な統制活動が，日々の業務の中で全社的に保証されていなければならない．それゆえCOSOは，2003年に「全社的リスク管理―統合的フレームワーク」(Enterprise Risk Management-Integrated Framework. 通称「ERM」，「新COSO」等) という枠組みを提

案し，2004年9月に正式採用されている．この新しいCOSOフレームワークでは，目的に「経営戦略の達成」が追加され，構成要素に，経営目的の設定やリスク事象の識別，優先順位の高いリスクへの対応等，経営戦略に密接にかかわる基準が追加されている．

このように内部統制の概念は，企業を取り巻く環境変化の影響を受けて，より広範な意味をもつ概念へと拡大しつつある．ただし，米国企業改革法への対応に当たっては，多くの企業は，財務報告に係る内部統制を扱うのに適した「COSO内部統制フレームワーク」を採用している．また，1998年にバーゼル銀行監督委員会が公表した新BIS規制（国際決済銀行に加盟している金融機関の自己資本比率に関する国際統一基準）でも，「COSO内部統制フレームワーク」に準拠した規制が取り入れられたことから，同フレームワークが現時点における内部統制に関する国際的な標準となっている．

3.2 米国企業改革法に基づくIT統制の枠組み

COSO内部統制フレームワークに基づいてIT統制を整備・評価するためのフレームワークとしては，「IT分野の統制目標」（COBIT：Control Objectives for Information and related Technology）が事実上の標準として活用されている．COBITとは，ITガバナンスの成熟度を測るための指針及びツール群のことである．初版は，米国情報システムコントロール財団（ISACF）から1996年に公表され，2005年には，米国ITガバナンス協会（ITGI：IT Governance Institute）から「COBIT 4.0」が公表されている．

COBITは，事業体のIT関連活動を，①計画と組織，②調達と開発導入，③サービス提供とサポート，④モニタリングという4つのドメイン（領域）と，それを構成する34のITプロセスならびに215の統制目標として定義している．それぞれのプロセスについて，主要成功要因（CSF：Critical Success Factor），主要成果指標（KGI：Key Goal Indicator），主要業績指標（KPI：Key Performance Indicator）が設定され，それぞれの成熟度レベルが6段階で示されており，ITガバナンスを強化するための実践的ツールとして広く活用されている．

米国企業改革法に関するIT統制の整備・評価については，「企業改革法遵守のためのIT統制の目標」（COBIT for SOX：Control Objectives for

図1 COBIT for SOX

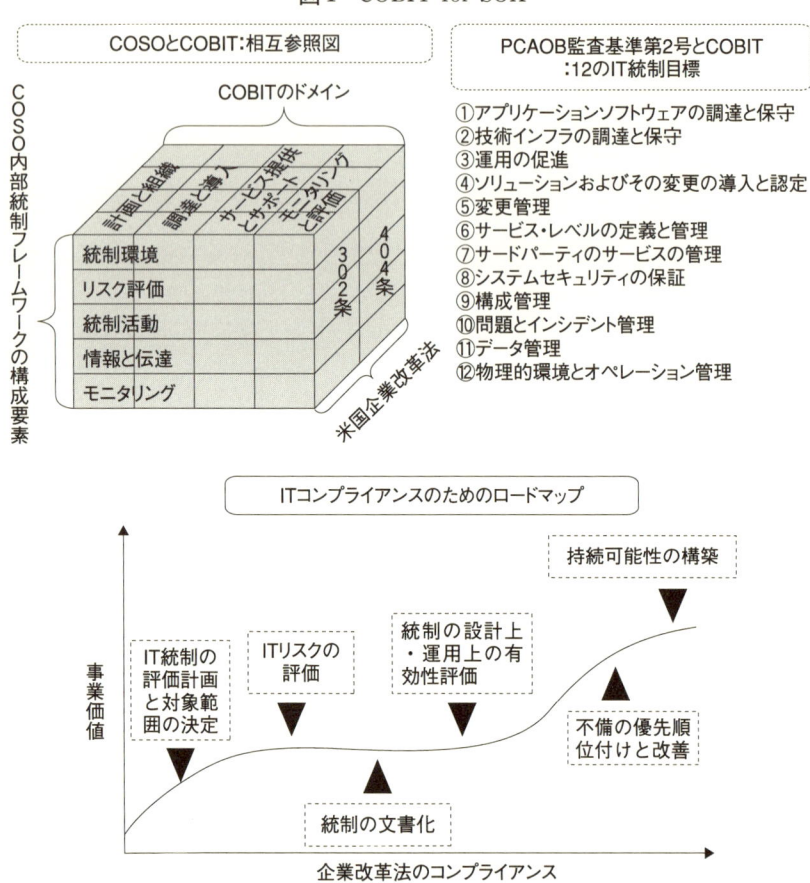

COSOとCOBIT：相互参照図
- COBITのドメイン：計画と組織／調達と導入／サービス提供とサポート／モニタリングと評価
- COSO内部統制フレームワークの構成要素：統制環境／リスク評価／統制活動／情報と伝達／モニタリング
- 米国企業改革法：302条／404条

PCAOB監査基準第2号とCOBIT：12のIT統制目標
① アプリケーションソフトウェアの調達と保守
② 技術インフラの調達と保守
③ 運用の促進
④ ソリューションおよびその変更の導入と認定
⑤ 変更管理
⑥ サービス・レベルの定義と管理
⑦ サードパーティのサービスの管理
⑧ システムセキュリティの保証
⑨ 構成管理
⑩ 問題とインシデント管理
⑪ データ管理
⑫ 物理的環境とオペレーション管理

ITコンプライアンスのためのロードマップ
(縦軸：事業価値、横軸：企業改革法のコンプライアンス)
- IT統制の評価計画と対象範囲の決定
- ITリスクの評価
- 統制の文書化
- 統制の設計上・運用上の有効性評価
- 不備の優先順位付けと改善
- 持続可能性の構築

(出所) ITGI, *IT Control Objectives for Sarbanes-Oxley*, 2nd edition, 2006 (ITGI Japan 訳, 2006).

Sarbanes-Oxley）という評価ツールが開発されている．COBIT for SOX は ITGI が策定したもので，PCAOB監査基準第2号と COBIT に沿った12の IT 統制目標が定義され，法令遵守のための手順等がわかりやすく説明されている（図1参照）．

3.3 日本版 SOX 法における内部統制と IT 統制

日本版 SOX 法については，前述したように実務上の指針として「実施基

準」が公表されている．実施基準もCOSO内部統制フレームワークに準じたかたちで「内部統制の基本的枠組み」を示しており，その上で財務報告に係る内部統制に焦点を絞って，構築プロセス，評価・報告・監査の方法，判断基準等について，具体的な例示を豊富に盛り込んだ解説がなされている．以下では，ITに関連する事項に絞って，その概要を説明する．

内部統制の基本的要素として加えられた「ITへの対応」とは，組織目標を達成するために予め適切な方針及び手続を定め，それを踏まえて，業務の実施において組織の内外のITに対し適切に対応することをいう．「ITへの対応」は，「IT環境への対応」と「ITの利用及び統制」から成り，さらに「IT統制」は，「ITに係る全般統制」（以下，「IT全般統制」という）と「ITに係る業務処理統制」（以下，「アプリケーション統制」という）に分けられる（図2参照）．

「IT全般統制」とは，業務処理統制が有効に機能する環境を保証するための統制活動をいい，個々の業務処理を支えるIT基盤（ハードウェアやOS，ネットワーク等）や，複数の業務処理システムに関係する管理組織や方針，手続き等のことをいう．一方「アプリケーション統制」とは，業務システムにおいて，承認された業務がすべて正確に処理，記録されることを確保するために個々の業務プロセスに組み込まれているIT統制を指す．発注承認や支払承認の正当性・整合性等の検証機能（インプット制御），処理異常の検知や二重入力の防止等の検証機能（プロセス制御），出力結果の完全性や正確性等の検証機能（アウトプット制御）等，業務プロセスと一体となって機能するIT統制のことである．

以上みてきた概念は，「内部統制の基本的枠組み」に関するものであり，有効性評価等は，「財務報告の信頼性」に係るIT統制について実施することとなる．その手順については，以下のような例が示されている．

▼ Step1：評価範囲の決定
- 業務プロセスとシステムの対象範囲を明確にし，IT基盤の概要を把握する．ITの利便性，脆弱性，業務への影響の重要性等を勘案して評価範囲を絞り込む．

▼ Step2：評価単位の識別
- IT全般統制……IT基盤の概要をもとに，システムの主管部門等を識

図2 日本版 SOX 法「実施基準」における内部統制の基本的枠組み

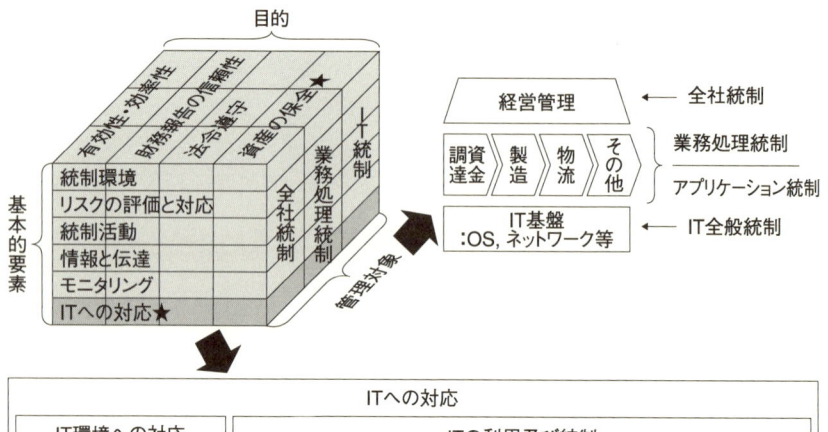

```
              目的
    ┌─────────────────┐
    │有 財 法 資│     │  経営管理  ← 全社統制
基  │効 務 令 産│業全│  ┌──────────────┐  ┌ 業務処理統制
本  │性 報 遵 の│務社│  │調 製 物 そ│  │
的  │・ 告 守 保│処統│  │達 造 流 の│  │
要  │効 の ★ 全│理制│  │金   他│  ┤ アプリケーション統制
素  │率 信    │統 │  └──────────────┘  │
    │性 頼    │制 │                      │
    │  性    │   │  IT基盤        ← IT全般統制
    │統制環境   │   │  :OS, ネットワーク等
    │リスクの評価と対応│
    │統制活動      │
    │情報と伝達     │
    │モニタリング    │
    │ITへの対応 ★   │
    └─────────────────┘
          管理対象
```

ITへの対応		
IT環境への対応	IT の利用及び統制	
組織が活動する上で必然的に関わる内外のIT利用状況に対応すること.	IT の利用	IT の統制
	より有効かつ効果的な内部統制を構築するために IT を利用すること.	IT を取り入れた情報システムに関する統制のこと.
〈「IT環境」の具体例〉		IT全般統制 / アプリケーション統制
・社会・市場での IT 浸透度		業務処理統制が有効に機能する環境を保証するための統制活動のこと. / 業務プロセスに組み込まれた,業務システムの IT に係る内部統制のこと.
・取引等での IT の利用状況		・システムの開発・保守に係る管理 / ・入力情報の完全性,正確性,正当性を確保する統制
・組織が依拠している一連の情報システムの状況		・システムの運用・管理 / ・エラーの修正と再処理
・IT システムの安定度		・アクセス管理およびシステムの安全性の確保 / ・マスタ・データの維持管理
・IT に係る外部委託の状況		・外部委託契約の管理 / ・アクセス管理

(注1) ★は,「COSO 内部統制フレームワーク」に存在しない項目.
(注2) 「統制環境」とは, 組織の気風を決定づける要素のこと.
(出所) 「報告基準」および「実施基準」を主に参考にして筆者作成.

別する.

- アプリケーション統制……基本的に個別システム毎に, 必要に応じ流れ図等を用いて把握する. 経営者は, 主要な取引等においてどの会計データがどのシステムに依存しているのかを把握することが必要.

▼ Step3：IT を利用した内部統制の整備状況・運用状況の有効性評価

- IT 全般統制……システムの開発や保守, システムの運用・管理, 内外からのアクセス管理などのセキュリティ, 外部委託契約の管理等を評価する.
- アプリケーション統制……識別したアプリケーション統制が, 適切に業

務プロセスに組み込まれ，運用されているかを評価する．
▼ Step4：有効性の判断，不備への対応
- IT全般統制……財務報告の重要な事項に虚偽記載が発生するリスクに直接つながるものではないため，直ちに重要な欠陥と評価されるものではないが，アプリケーション統制の有効な運用を継続的に維持できなくなるリスクがあることに注意して，対応する．
- アプリケーション統制……「業務処理統制」の不備と同様に，影響度と発生可能性に関するリスクを評価して対応する．とくに，人とITが一体となって機能する統制活動の不備では，経営者は，その不備の内容が，人に起因するのか，ITに起因するのかを識別することが必要．

4 内部統制・IT統制を整備・強化するための方策

前節で概観した内部統制・IT統制のフレームワークは，実務上の指針として非常に有用である．しかし，あくまで参照枠のひとつにすぎない．実施基準を現実に適用する際には，自社の能力や予算，企業を取り巻く環境等を考えて，自らの事業体に合った内部統制を主体的に実施していくことが必要になる．そこで本節では，先行事例を踏まえて，内部統制・IT統制を実践するためにCIOが重視すべき点を述べる．

4.1 経営戦略と内部統制・IT統制の整合性確保

内部統制の有効性は，究極的には組織の気風やトップマネジメントの個性等の「統制環境」——組織の気風を決定づける〈見えない内部統制〉——に依存する．それゆえ，内部統制体制を整備する際には，経営トップが内部統制の意義を十分に理解し，法令遵守のために最低限必要な人員やコストを割り出した上で，前向きな目的と達成したい成果，及び，現時点で利用可能な資源と達成可能な目標を明確化して，資源制約を考えながら優先順位をつけて取り組むことが肝要である．

CIOは，IT統制を情報システム部門の技術者に任せきりにしては法令遵守にも対応できないことを，経営者に十分に理解させなければならない（Smith, 2006：pp. 97-110）．前述したように，財務報告に係る内部統制の評

価においては，まず「全社統制」を評価し，その結果を踏まえて「業務処理統制」を評価するというトップダウン型のリスク重視のアプローチが採用されているのだが，その全社統制における「ITへの対応」の有効性評価では，以下に示すような項目を評価することが経営者に求められる．

① IT戦略・計画：ITに関する適切な戦略，計画等を定めているか．
② IT環境への対応：内部統制を整備する際に，IT環境を適切に理解し，これを踏まえた方針を明確に示しているか．
③ ITの利用：信頼性のある財務報告の作成という目的の達成に対するリスクを低減するため，手作業及びITを用いた統制の利用領域について適切に判断しているか．
④ ITリスクの評価と対応：ITを用いて統制活動を整備する際には，ITを利用することにより生じる新たなリスクが考慮されているか．
⑤ IT統制：IT全般統制及びアプリケーション統制についての方針及び手続を適切に定めているか．

このような「ITへの対応」を行うためには，内部統制とIT統制を分けて考えるのではなく，経営の視点から両者を整合させ，経営戦略の中に内部統制・IT統制の要素を融合させていく方が合理的である．適切な内部統制・IT統制によって，業務プロセスの曖昧さとムダを省いて限られた資源をより創造的な業務に振り向け，現場との情報伝達をスムーズにし，社員の職務への責任意識を高める．このような目標を持って内部統制活動に取り組むことが肝要である．

4.2 推進体制（組織や人材など）の整備・強化

管理すべき内部統制の対象は，グループ企業にわたる全社統制，業務処理統制及びIT統制に分けられる．これらの統制は相互補完的関係にあるから，PMO (Project Management Office) に，経営部門，財務・経理部門，情報システム部門，法務部門，内部監査部門等の分立している関係部門のすべてをコミットさせ，各部門の役割を明確化して相互に説明責任を果たさせながらも，部門間で情報を共有し，連携協力できるような推進体制を整備する必要がある．

例えば，内部統制・IT統制を整備・強化するためにERPパッケージ

（統合業務パッケージ）を導入するプロジェクトでは，ユーザ部門は予算を度外視して大量の要件を挙げて現行の業務プロセスの変更を避けようとし，他方で情報システム部門は，できるだけ低い開発コストで業務を標準化し，統制能力を高めようとする，というような部門間の利害衝突が生じやすい．そのような場合，CIOは，トップマネジメントとして部門横断的な調整の場でプロジェクトの目的を理解・浸透させた上で，工程に応じて，リスク評価能力やコミュニケーション能力に長けたメンバーでチームを編成し，部門間・工程間の摺り合わせを図ることにより，予算追加やスケジュール変更，品質低下，不備の発生等のリスクを回避しなければならない．

　そのためには，CIOは，IT統制の整備と評価に責任をもち，自社の情報資源（顧客情報，販売情報，IT基盤等）の価値やIT人材の力量を判断できるだけの専門知識と能力，そして権限を有している必要がある．企業内部に専門家を抱えず，外部の専門家にIT統制の多くを委ねるという選択肢もとりうるが，高い能力をもつCIOを登用・育成し，CIOを支えるITスタッフを充実しないと，ブラックボックス化した社内の情報システムやIT関連取引を最適化して，内部統制にITを有効利用することは難しいだろう．

4.3　業務プロセスの「見える化」とリスクの「棚卸し」

　法が要求する内部統制の水準をクリアするためには，財務報告に係る業務プロセスの全般にわたって業務のムダや責任・権限の曖昧さを排し，より明確な業務ルールと承認プロセスを整備しなければならない．これは逆に，部分最適に陥っていた業務プロセスを刷新し，リスクを軽減する大きなチャンスでもある．

　業務・システムを刷新する際は，現状（AsIs）の業務・システムを「可視化」（「見える化」）し，理想型（ToBe）への移行計画を立てるための，EA (Enterprise Architecture, エンタープライズ・アーキテクチャー) のようなスキームが有用である．ただし，そのようなスキームを適用して内部統制を強化する際には，いくつかの点に注意する必要がある．

　まず，法対応のための取り組みを，既存の活動とうまく調和させることが重要である．内部統制は，すべての企業に，すでに存在する．したがって，全く新たな活動として捉えるのではなく，既存の活動の中に法対応のための

活動をうまく取り入れ，棚卸ししたリスクの質的・金額的重要性を鑑みて，危険性が高い（発生確率が高く，発生した場合の影響が大きい）と思われる箇所から優先的に対応していくことが求められる．

また，法に基づく内部統制報告制度では，内部統制の有効性に関する説明責任が経営者に課せられるため，属人的な部分を可能な限り排することも必要だが，それによって分権化のメリットを損ない，現場の士気が低下することは避けなければならない．それゆえ，トップダウンで一気に最適化しようとするのではなく，現場の知恵とやる気を引き出しながら経営のコントロールを行き渡らせる工夫を講じる必要がある．

4.4　企業内外の「組織の境界」とIT統制

IT統制において，CIO及び情報システム部門は，ベンダーマネジメントという意味でのIT統制と自社内のIT統制の双方を意識する必要がある（Broadbent and Kitzis, 2006：pp. 167-196）．とくに「IT全般統制」は，CIOと情報システム部門が中心となって，どのような改善が必要であるかを十分に検討し，グループ企業を含む全社レベルに適用することが求められる．そして，全社的なIT基盤の整備・運用等の場面では，CIOと情報システム部門は，企業内部のユーザ部門に対して適正なサービスレベルを保証し，IT統制に関する説明責任を果たすことが求められる．

ベンダーマネジメントという点では，CIOは，企業内部の内部統制担当部門等と協力しながらチェック項目を整備し，ITベンダーとの取引慣行を内部統制の観点から適正化していかなければならない．例えばシステム構築費用を総額で捉える「一式契約」は，支払いの妥当性を検証することが難しいため，検収の遅延等による会計上の不備につながったり，実態のない取引による不正会計への共謀の嫌疑をかけられるおそれがあるという．曖昧な外部委託契約を改善するためには，ITベンダー側は，概要設計，詳細設計，開発，テスト，ハードウェアの設置・調整，運用・保守等の業務プロセスごとの価格を提示し，契約行為を確実に文書化する等の対策を講じる必要がある．一方でユーザ企業側は，①明確な要件定義書を作成するスキル，②複数ベンダーによる提案を比較して最適な契約を選び出せるだけの技術力，③分割したプロジェクトの進捗状況を管理し，進行過程で費用を支払うための予

算計画・執行能力，④品質の基準を確立して測定し，不具合を特定できる検収能力等を高めていかなければならない（矢口，2005）．

5　内部統制の限界と CIO の責務

　前節では，とくに内部統制の整備・構築時に焦点を当てて CIO が留意すべき点を解説してきた．ただし，内部統制の構築プロセスは，あくまでも初年度に特有のものである．各企業は，法の適用開始時までに内部統制を整備・構築して重要な欠陥や不備を是正し，有効性の評価と監査を実施した後も，評価・監査プロセスを継続し，内部統制の有効性に応じて，評価範囲や評価手続等を見直し続けなければならない．それゆえ，内部統制の取り組みに対する社員の士気を維持し，投下資本を何らかの付加価値に転換することが，強く求められる．そこで最後に，内部統制・IT 統制の取り組みを企業価値向上へと結びつける上での CIO の責務を述べる．

　しばしば指摘されているように，内部統制には，①意図的な不正や共謀に対する限界（故意の違反や無機能化に対応できない），②想定外の環境変化や非定形行為に対する限界（人間の判断は誤る可能性がある），③費用と便益の比較衡量の観点からみた精度の限界（資源制約の関係上，高すぎる精度で整備・運用できない）等の限界がある．

　ICT は，これらの限界を技術によって一定程度解消し，組織の統制能力を引き上げる潜在的可能性を有している．その潜在的可能性を最大限に発揮して組織を望ましい方向へと導くための，意思決定と説明責任に関するフレームワークないし〈組織能力〉が，「IT ガバナンス」である（Weill and Ross, 2004 : p. 8）．

　内部統制と IT ガバナンスには共通する要素も多いが，それぞれ独立した要素を有する．IT ガバナンスは，さまざまな内部統制活動の中で ICT に係る部分のみを指すという点では，内部統制よりも狭い概念である．しかし「資産の保全」という意味を超えて，ICT を有効活用して新たに創出される〈価値のガバナンス〉を含むという点では，内部統制よりも広がりをもつ．日本版 SOX 法実施基準で内部統制の基本的要素として「IT への対応」を入れるに当たり，反対意見もあったのだが（CIO Magazine 編集部，2007），

その理由は，内部統制が「正負のリスクの縮減」を目的とする守りの概念であるのに対して，ITガバナンスは，「価値創出と資産価値の増大」をも直接の目的とする，攻めの概念を含む概念だからである．

そしておそらく，「内部統制」という意味を超えて「ITガバナンス」を強化することこそが，内部統制への投下資本を付加価値に転換するための重要な鍵になる．そもそもICTの側面からみれば，内部統制は，リスクを制御するための「守りの組織能力」と，ICTを使って新しい価値を創出するための「攻めの組織能力」の両方を直接に必要とするプロセスである．そして第7章で詳述されるように，企業のミクロデータを用いた実証研究によれば，IT投資の成果は，意思決定のあり方やチームワークの度合い，社員の意欲とスキルを向上させるための動機づけの仕組み等の「組織能力」に大きく依存している．その相関は，組織のICT依存度が高まれば高まるほど大きくなり，かつ，IT資本と組織資本との間には，相補的な関係がある(Brynjolfsson et al., 2002)．これらの経験的事実は，内部統制の有効性を高めるために「ITの利用」を進めれば進めるほど，内部統制の成否は，攻守両面におけるITガバナンスに依存するようになることを示唆している．

内部統制においてICTが果たす役割を正確に理解し，攻守両面のITガバナンスを強化するためには，CIOの理解とリーダーシップが欠かせない．ことほどさように，内部統制活動からより大きな経営成果を得るための多くの責務は，CIOの肩にかかっている．

注
1) 原保有者から資産の譲渡を受けて，株式や債券を発行するような特別の目的のために設立される事業体のこと．日本における「資産流動化に関する法律」(いわゆる「新SPC法」)に基づく特別目的会社 (SPC: Special Purpose Company) だけでなく，同様の機能をもつ信託や組合を含む概念．
2) 2007年12月15日以後に終了する会計年度からは，米国市場への上場企業の約8割を占める中小企業にも，404条対応が義務づけられる予定である．その期限がせまる2006年末頃から，中小企業への適用免除や監査要件の緩和等を盛り込んだ制度改正が，米国証券取引委員会 (SEC: Securities and Exchange Commission) やPCAOBにおいて検討されている．早ければ2007年度末に財務報告書を提出する企業から，一部の規制が緩和される可能性があるという．
3) 「COSO内部統制フレームワーク」は，1992年と1994年に公表された，5分冊か

らなる内部統制のフレームワークに関する報告書を指す．

文献

Biegelman, M. T. and J. T. Bartow (2006), *Executive Roadmap to Fraud Prevention and Internal Control*, Hoboken, New Jersey: John Wiley & Sons.

Broadbent, M. and E. S. Kitzis (2006), *The New CIO Leader*, Boston, Mass.: Harvard Business School Press.

Brynjolfsson, E., L. M. Hitt and S. Yang (2002), "Intangible Assets: Computers and Organizational Capital", *Brookings Papers on Economic Activity*, 1, pp. 137-181.

CIO Magazine 編集部 (2007)，「内部統制「実施基準」——その精神と CIO の役割」，『CIO Magazine』2007 年 2 月号 〈http://www.ciojp.com/contents/?id=00003594;t=51〉, Accessed 2007, May 6.

FEI (2006), *FEI Survey on Sarbanes-Oxley Section 404 Implementation*, Financial Executive Initiative.

伊吹英子 (2005)，『CSR 経営戦略』東洋経済新報社．

神田秀樹 (2006)，『会社法入門』岩波新書．

町田祥弘 (2007)，『内部統制の知識』日本経済新聞社．

森本親治・守屋光博・髙木将人 (2005)，『企業改革法が変える内部統制プロセス』日経 BP 社．

Nester, S. (2000), *International Efforts to Improve Corporate Governance*, Organization for Economic Cooperation Development.

Smith, G. S. (2006), *Straight to the Top*, Hoboken, New Jersey: John Wiley & Sons.

Weill, P. and J. W. Ross (2004), *IT Governance*, Boston, Mass.: Harvard Business School Press.

矢口竜太郎 (2005)，「その発注，大丈夫？ あいまいな IT 取引に会計基準のメス」，『日経コンピュータ』2005 年 10 月 17 日号，pp. 56-61.

統制の前に透明性必要

　インターネットを書籍に見立てると，検索エンジンは索引に当たる．グーグルは世界中のあらゆる情報を整理して，世界中の人々がその情報にアクセスできるような手段を提供し，その情報を使えるようにすることを企業としての目標に掲げる．それらのサービスはすべて無料だ．その中心になるのが技術で，エンジンとなるのが世界最大規模のコンピュータシステムである．エンジニアはそれを思う存分活用して，自由な発想で仕事をし，「挑戦するサービス」を提供し続ける．自然に優秀なエンジニアが集まり，こうしたサイクルがうまく回っていることが成功の大きな要因になっている．

　当社には，逆にCIOという役割の人間はいない．というのは全員がCIOのような資質が要求されているからである．社員の情報はすべてイントラネットに公開されており，社員の年間・四半期ごとの目標や日々の予定，成果物など，社員が何をしているか全員が分かる．そういう意味では，内部『統制』という前に透明性が必要だ．すべてを透明にすることは必ずしも全企業ができるわけではないので，時流に合わせて常にケーススタディー的なアプローチで体制を組めばいいと思う．

　また自社で企業内部の情報検索用に製品を販売しているが導入当初に社内の全情報を検索するが，その際に機密情報が検索結果に表示されて驚く企業が多い．多くの組織では，CIOがどうのこうのという以前の状態なのではないかと思う．

グーグル・ジャパン　代表取締役社長　村上憲郎

7章　IT投資戦略とCIO

飯島淳一

1　はじめに

　この章では，CIO (Chief Information Officer, 最高情報統括責任者) がもっとも関心を持っている事柄のひとつである，IT投資戦略について論ずる．さまざまな客観的データを用いた分析結果に基づき，ビジネスと情報システム間だけでなく，組織と情報システム間の整合性についても気配りをすることがCIOにとって重要な事柄であり，それによって，IT投資を経営成果に結びつけることができることを明らかにする．

2　IT投資対効果についての考え方

2.1　CIOとIT投資戦略

　日本情報システム・ユーザ協会が，2006年にCIOおよびIT担当役員を対象に行った調査では，「IT担当役員として時間があればどのような点を勉強したいか」の1位と2位について尋ねている．その結果，CIOがもっとも関心を持っているテーマは，「IT投資の客観的評価手法」であるという（日本情報システムユーザ協会，2006）（図1参照）．
　IT投資が経営成果に結びついているかどうか，それをどのように測定すればよいか，経営成果に結びつけるためには，どのようなことを考えなければならないか，といった問題は，CIOがもっとも関心を持っている事柄のひとつであろう．
　この章では，主に次の3点について明らかにする．
1) 企業組織を入出力システムとして捉えたとき，IT投資対効果を測定するための観点にはどのようなものがあるか．

図1 IT担当役員として勉強したい点

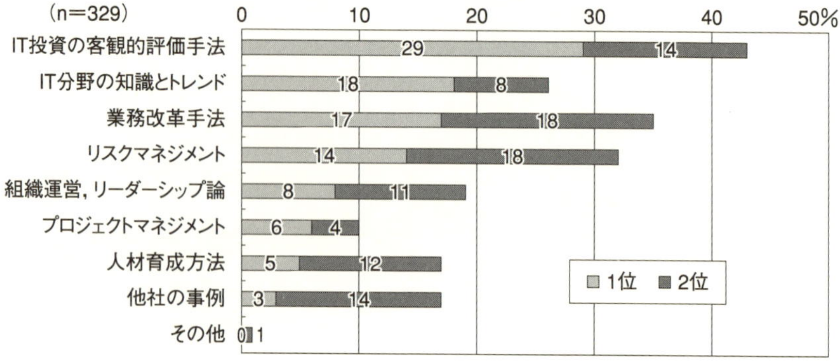

(n=329)

項目	1位	2位
IT投資の客観的評価手法	29	14
IT分野の知識とトレンド	18	8
業務改革手法	17	18
リスクマネジメント	14	18
組織運営, リーダーシップ論	8	11
プロジェクトマネジメント	6	4
人材育成方法	5	12
他社の事例	3	14
その他	0	1

2) IT投資の内容を細分化して，IT投資ポートフォリオを考えたとき，その効果はどのように現れるか．
3) IT投資対効果において，CIOはどのような役割を担っているか．

2.2 ITパラドクス

「情報システムへの投資は，生産性に影響を与えるか？」という，いわゆるITパラドクスは，Solowによる"You can see the computer age everywhere but in the productivity statistics,"(Solow, 1987) という言葉に代表される．コンピュータがこれだけ氾濫しているのは，それによって生産性が高まるからだと考えられるが，実際，統計的には明らかにされていない．では，生産性の向上に有効でないとするなら，このようなコンピュータの氾濫をどう説明すればよいのか，という意味で，パラドクスになっているというのである．

これに対して，1990年代にはマクロな視点（国家レベル）からの分析が行われ，TFP（全要素生産性）に対するIT投資効果が存在するということが，ほぼ認められている（元橋，2005）．実際，Solowも"You can now see computers in the productivity statistics,"(Solow, 2000) とし，パラドクスの解消を認めている．

一方，ミクロな視点（企業レベル）からの分析も行われている．これについては，StrassmannやCarrのように，「IT投資は経営成果に何ら関連を持たない」という論と，逆に，「IT投資は確かに経営成果に結びついてい

る」という対立する議論がある．これに対し，2000年代に入り，単にIT投資と経営成果の関連を論ずるのでなく，それを仲介するものを想定した議論が行われるようになってきた．代表的には，Brynjolfssonらによる「無形資産」の重要性の指摘 (Brynjolfsson, 2004)，WeillらによるIT投資ポートフォリオと経営成果に関する組織ケイパビリティの観点からの研究 (Weill, 1998) などである．これらの議論は，無形資産や組織ケイパビリティの存在が，IT投資を経営成果に結びつける鍵となるという考え方に依拠している．

このような調査研究は，大規模サンプルに対して行われなければあまり意味を持たないが，わが国では，経済産業省による「情報処理実態調査」や「企業活動基本調査」などの調査は行われているものの，それらのデータの入手困難性などから，大規模サンプルに対する同様の研究は，ほとんど行われていない．

IT投資がどのような形で，経営成果につながるかを明らかにすることは，ICT (Information and Communication Technology，情報通信技術) の有効利用を促し，ひいてはわが国産業界の競争力を高めるためにも必要なことであるため，このような大規模サンプル調査が，さまざまな観点で活発に行われるような環境整備が望まれるところである．

2.3 入出力システムとしての企業システム

さて，この章では，企業システムを，IT投資を入力とし，経営成果を出力とする，入出力システムとして捉える．

「IT投資」という用語に関連して，情報化投資や情報システム投資，IT支出などさまざまな言葉が一般に使われているが，何を以てIT投資と捉えるかについては，さまざまである．たとえば，経済産業省の「企業活動基本調査」における「情報処理・通信費」には，郵便などの通信費が含まれているが，買取コンピュータの減価償却費や外注費用は含まれていない．また，企業によっては，外注費を事務委託費にしている場合もあり，企業ごとに費目が異なる可能性がある．

一方，「情報処理実態調査」では，IT費用として，固定資産未計上ハードウェア/ソフトウェア関連費用，サービス関連費用，運用・保守委託，一般

社員の教育訓練等費用，通信関連費用，人件費などが含まれており，IT投資としては，固定資産計上ハードウェア/ソフトウェアが含まれている．

一方，出力である経営成果の評価についても，さまざまな観点がありうる．プロジェクトレベルの評価としては，現在価値法や内部利益率法などの時間的価値を重視する方法と，回収期間法などの時間的価値を考慮しない方法に分類される．わが国では，回収期間が主流であるが，米国では，IRR（内部利益率）が主流である．ROI（投資利益率）が用いられることもあるとされている．

また，企業レベルの評価としては，売上高経常利益率やROA（総資産利益率）などの利益率に関するものと，Tobin's Qなどの市場価値に関するもの，その他，「知覚された経営成果」という主観的なものなどがある．IT投資を大きく，コストダウンや効率性に重きを置いた「守りの投資」と，顧客満足の向上やERP，SCMの導入などの「攻めの投資」に分けたときに，「守りの投資」は利益率の方に，「攻めの投資」は市場価値の方に，それぞれ大きな影響を与えると考えられる．

IT投資と経営成果の関係についてBrynjolfssonは，資本や労働力よりも，データベースの普及，新規ビジネスプロセスの実装，高度な技能を持つ社員の獲得，組織変革などの"無形資産"の重要性を指摘し，IT投資を成功に結びつけるためには，IT資本1ドルに対して，付加的な無形資産が9ドル必要であるとしている．そして，コンピュータと組織構造の相乗効果により，各々によるビジネス価値への効果が倍増されるとし，IT投資を経営成果に結びつけている組織を，デジタル組織と名づけ，その7つの原則を提案した(Brynjolfsson, 2004)．デジタル組織の7つの原則とは，以下のものである．

1) アナログからデジタルへの業務プロセスの移行
2) 意思決定責任と決定権の分散
3) 社内の情報アクセスの促進とコミュニケーションの活発化
4) 業績に基づいた給与体系と報励制度
5) 事業目的の絞込みと組織目標の共有
6) 最高の人材の採用
7) 人的資本への投資

Weillらは，1999-2002年における，147社を対象とした調査にもとづき，

IT投資と経営成果について分析し，経営成果をあげている企業は戦略的目標に合致したIT投資を実施しており，IT資産と組織ケイパビリティの適度なバランスをとることに成功している，と結論づけている (Aral, 2004).

このように，組織特性を入出力の関係に対して考えるということは，入出力システムとして捉えた企業システムに対し，「状態概念」を導入して，入力と出力の関係について考えるという，「状態空間」アプローチとして位置づけることができよう．

3 ビジネス，組織，情報システムの整合性

ビジネスと情報システムのアラインメント（整合性）については，BITA (Business IT Allignment) の名の下に，1980年代からさまざまな議論が行われてきている．その中でも，Waltonは，事業戦略，情報技術戦略に組織戦略を加えた3つの戦略の関係を「戦略のトライアングル」と名づけ，これらの戦略領域間の整合性の重要性について説いている (Walton, 1993). この考え方は，戦略だけでなく，アーキテクチャーについても敷衍して，考えることができよう．すなわち，ビジネス，情報システム，そして組織の3つのアーキテクチャー間の整合性をとることが，"失敗しない"情報システムにとってもっとも重要なことであると考えられる．

では，ビジネス，情報システム，そして組織の3つのアーキテクチャーが整合しないと，どのようなことが起こるのだろう．次の事例を考えて見よう．

3.1 ダウコーニングとフォックスメイヤーに見るERP導入プロジェクトの成否

スコットらは，ほぼ同時期に行われた，ダウコーニング (Dow Corning) とフォックスメイヤー (FoxMeyer) のERP導入プロジェクトについての分析を行っている (Scott *et al.*, 2002).

ダウコーニング社は，売上高25億ドルのシリコン製品メーカーだが，シリコン乳房植込みに関する20億ドル相当の訴訟と，競合他社からの圧力に直面していた．既存のシステムは，断片化され特定の部門だけに集中していたため，顧客に対して統一の取れた対応ができなかった．そこで，生き残り

をかけて，真のグローバル企業となるため，ビジネスプロセスのリエンジニアリングを行うことを決断した．同一の組織単位の中に，ビジネスプロセスとITについて責任を持つBPIT部門を設立した．

準備の過程で，ベストプラクティスとなっているいくつかのビジネスをあきらめ，また，組織内の変化を管理することへの注意をほとんど払うこともなく，プロジェクトチームの訓練をしなかったり，コンサルティングパートナーをうまく使うこともしなかった．だが，会社とシステムは生き残った．

一方，フォックスメイヤーは薬の卸売り業者である．この産業は，1990年代のはじめの医療保障制度改革によって，競争的で比較的不安定な産業となった．1993年にR/3プロジェクトに対して，6,500万ドルもの投資を行った．同時にかなり野心的な倉庫自動ソフトも導入した．それは，R/3とのインタフェースを持ったものであった．フォックスメイヤーは，このプロジェクトによって，マーケットシェアを早期に獲得するだけでなく，毎年，4,000-5,000万ドルのコストを削減できると期待していた．しかし，実際はそうならなかった．最大の顧客であるファーモア（Phar-Mor）が，1993年の5月に倒産したのを受けて，フォックスメイヤーは新たな顧客として，UHCと契約した．しかしこの契約は，プロジェクトに大きな変化を要求した．その結果，コストは1億ドルにまで急増し，在庫と注文の取り違えによる3400万ドルの債務負担の後，1996年8月についに，連邦破産法第11章に対する破産保護を申請した．

3.2 ダウコーニングとフォックスメイヤーの類似点と相違点

スコットらは，これらの2つのケースは，全く異なる結果になったが，ほぼ同じ時期にR/3が実装されたという点以外にも，いくつかの類似点があるとしている．例えば，ビジネス環境の観点で言えば，ダウコーニングは費用のかかる訴訟と増大する競争圧力を抱え，一方，フォックスメイヤーは利幅の減少とトランザクションの増大を抱えており，企業を取り巻く環境からの脅威は，両者ともにあった．また，組織の観点で言えば，両者とも，明確に定義されたビジネス戦略を持っていたし，ITの重要性についてはしっかりと認識していたと考えられる．

では，どこが両者の成否の分かれ目となったのだろう．スコットらは次の

ようにまとめている．まず，両者を取り巻く状況の変化が大きく異なっていた．すなわち，ダウコーニングは安定的であったが，フォックスメイヤーにはファーモアの倒産と UHC との提携という大きな変化があった．主要な顧客であるファーモアが倒産したことにより失われた収益を確保するために，販売方法のまったく異なる UHC と契約したことで，業務の複雑性が増し，そのため，R/3 の実装を 90 日に短縮せざるを得なかった．このため，ビジネスプロセスの再構築ができず，また，十分なデータでのシミュレーションが行われなかったことが，フォックスメイヤーにおけるプロジェクトが失敗に終わった理由のひとつとしてあげられる．

組織文化についても大きな違いが見られた．すなわち，ダウコーニングはコミュニケーションを誘導するオープンな組織文化であり，一方，フォックスメイヤーは従業員に忠誠を強いる安定した労働環境で，あまりオープンとは言えないものであった．このため，R/3 導入に対する従業員の中の認識のずれは，フォックスメイヤーの場合，あまり表に出てこなかった．また，フォックスメイヤーは R/3 に過度の期待をしたが，ダウコーニングは改革は徐々に行うものであると考えていた．

このようにいくつかある違いの中で，スコットらは，両者の成否を分けたもっとも大きな原因は，技術的な問題ではなく，実装を取り巻くマネジメントレベルの問題にあるとまとめている．

3.3　3つのアーキテクチャーの整合性

フォックスメイヤーの場合には，主要な顧客であるファーモアが倒産したことにより失われた収益を確保するために，販売方法のまったく異なる UHC と契約したことで，R/3 実装までの期間を短縮せざるをえなくなった．そのためプロセスのリエンジニアリングを行う時間がなく，結果として自動倉庫システムとのインタフェースの構築に失敗してしまったのである．

この事例は，ビジネス，情報システム，そして組織の3つのアーキテクチャーの整合・不整合が，情報システム導入の成否を分けたということを示している．これからわかることは，単に IT 投資額を増やしても，その情報システムが，ビジネスや組織と整合する形で有効に使われない限り，無駄な投資になってしまうということである．IT 投資が無駄な投資になるかどうか

は，まさに CIO の手腕にかかっている．

4 わが国の製造業における IT 投資ポートフォリオ[1]

4.1 IT 投資ポートフォリオに関する Weill の研究

さて，Weill らは 2004 年，2005 年の論文で，一連の研究をまとめ，4 つのカテゴリに分けた IT 投資ポートフォリオと，さまざまな指標との関係について明らかにしている (Aral *et al.*, 2004, 2005)．調査は 1999-2002 年に行われ，調査対象は 147 社，その内訳は，重工業 58％，サービス業 42％ である．

IT 投資ポートフォリオの 4 つのカテゴリとは，次のものである (Weill *et al.*, 1998)．

インフラ関連投資：企業における IT 利用の基礎となるもので，全社的なコミュニケーション・ネットワーク，共有データベースの管理，全社的なイントラネットの構築などがある．

業務関連投資：注文処理，在庫管理，明細書の作成などの業務処理を支援するシステムがこれに含まれる．目的としては，時間とコストの削減にある．

情報関連投資：インフラ関連と業務関連を利用して，データ，情報，知識を結合し，意思決定と管理の材料として提供することを目的としている．

戦略関連投資：競争優位を得るため，もしくは市場シェアや売上高の上昇による企業ポジショニングの確率を目的として行われる投資で，初期のころの ATM などがこれに当たる．ただし，他社がその価値を認めて同じように導入するようになると，業務関連システムとなる．

Weill らは，いくつかの OLS (Ordinary Least Square―正準最小二乗) モデルを用いて，分析している．その結果は，以下の通りである．

まず，企業の IT 投資強度と，企業業績は関連があるとはいえない．これは，IT はもはやコモディティであり，競争優位性の源泉ではなく，戦略的に必要不可欠なものとなりつつあることを示していると考えられる．

各々のポートフォリオとの関連については，次のことが明らかになった．インフラ関連投資は，短期的には企業業績に負の影響を与えるが，数年後には正の効果をもたらす．また，業務関連投資は，COGS とは負の相関を持

つが，Tobin's Q との関連は見出せない．一方，情報関連投資については，ROA や Net Margin などの利益率と正の関連を持つ．また，戦略関連投資は，製品イノベーションと強い正の関連を持つ．

4.2　わが国における調査

われわれは，2005年度に製造業28社を対象に，Weill らの追試を目的として，調査を行った．これらの28社は，その売上高の合計が，わが国の製造業における大企業全体の約60%を占めている．その意味で，わが国の製造業を表す結果と考えてよいだろう．

この調査では，Weill らの IT 投資ポートフォリオにおける，情報関連投資とインフラ関連投資をまとめ，図2に示すように，戦略関連投資，業務関連投資，インフラ・情報関連投資の3カテゴリからなる IT 投資ポートフォリオを用いた．インフラ関連投資と情報関連投資をまとめた理由は，「既存システム増強」に情報関連投資（修正，機能追加）が含まれることが多いこと[2]がそのひとつであるが，より大きな理由は，調査対象とした実務家にとって，Weill らの4カテゴリはわかりづらく，単に基盤整備を意図したインフラ投資，業務の効率化を意図した"守りの"業務関連投資，顧客満足などを意図した"攻めの"戦略関連投資の3分類の方が理解しやすく，また，一般に使われている，ERP, SCM, CRM, SFA といった，いわゆる3文字用語を例にした説明の方が理解しやすいと考えたからである．

得られたデータの概要は，表1に示すとおりである．

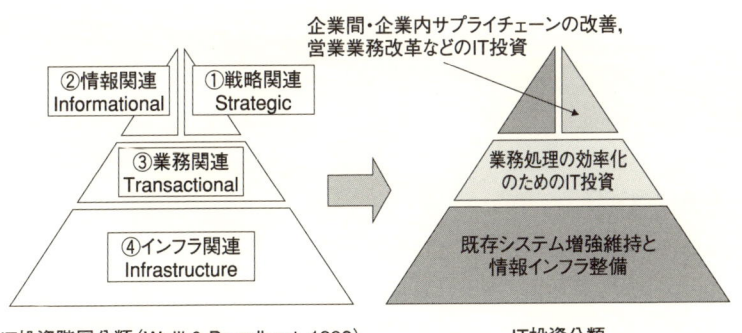

図2　IT 投資ポートフォリオ

表1 変数とデータ

変数	計算式	N	平均	標準偏差
売上高	売上高（億円）	56	118.73	77.14
LN 従業員数	従業員数の自然対数	56	9.84	0.98
設備投資強度	設備投資額/売上高	56	0.040	0.022
研究開発費強度	研究開発費/売上高	56	0.037	0.035
IT 投資強度	総 IT 投資額/売上高	56	0.0069	0.0049
IT 戦略投資強度	（企業間・企業内サプライチェーン改善・営業業務改革の IT 投資額）/売上高	56	0.0001	0.0002
IT 業務投資強度	（既存システム増強・維持の IT 投資額）/売上高	56	0.0039	0.0033
IT インフラ投資強度	（業務処理効率化と情報インフラ強化の IT 投資）/売上高	56	0.0029	0.0023
ROA (%)	経常利益/総資産	56	1.30	4.04
Tobin's Q	（株式の時価総額＋負債総額）/資産	56	0.79	0.33
Net Profit Margin (%)	税引前利益/売上高	56	2.49	4.42
COGS	売上原価（億円）	56	89.56	66.14

N＝56 2003年度，2004年度の28社のデータ．

1年間のラグを考慮して，2004年度，2005年度について各々28サンプルを用いて，次の OLS モデルにしたがって分析を行った．

OLS モデル：$Y_s = \alpha + \sum_i \beta_i * IT_i + (Size, R\&D, PPEcontrols) + \varepsilon$

ここで，Y_s は各種の経営成果，IT_i は IT 投資ポートフォリオの3つのカテゴリである．

分析の結果，次のことが明らかになった．

1) 戦略関連投資は，ROA，NPM，COGS に対しては負の影響を，Tobin's Q に対しては正の影響を与えている．これは，戦略関連投資が，効果を発揮するまでには，1年間のラグでは短すぎることがその要因であると考えられる．

2) 業務関連投資は，ROA と NPM に対して，正の影響を与えている．これは，業務関連投資は，コスト削減を意図したものが多く，したがって，短期的に効果を発揮しやすいため，1年間のラグでもその効果が観測されたものと考えられる．

4 わが国の製造業における IT 投資ポートフォリオ

表 2 分析結果

	ROA				NPM				Tobin's Q				COGS			
	FY2004		FY2005		FY2004		FY2005		FY2004		FY2005		FY2004		FY2005	
	β	(SE)	β	(SE)	β	(SE)	β	(SE)	β	(SE)	β	(SE)	β	(SE)	β	(SE)
Controls:																
LN 従業員数	0.077	(1.096)	−0.081	(0.730)	0.220	(1.654)	−1.072	(1.313)	0.028***	(0.084)	−0.151	(0.084)	5679.471***	(1354.788)	5897.438***	(1636.554)
設備投資強度	2.516	(52.080)	53.848	(35.567)	13.347	(78.595)	102.301	(63.977)	4.347	(4.005)	11.886***	(2.513)	−128890.479	(64369.203)	−123806.671	(79762.148)
研究開発強度	65.806**	(26.470)	43.152**	(16.094)	111.224***	(39.945)	80.820***	(28.950)	5.484***	(2.035)	5.285***	(1.137)	−79986.815***	(32715.338)	−81525.913**	(36092.006)
Independent Variables:																
IT 戦略投資強度	2606.577	(3746.827)	−5324.199	(2227.578)	775.260	(5654.327)	−6646.483	(4006.894)	−59.138	(288.100)	−332.060	(157.392)	494116.630	(4630915.795)	1896847.070	(4995484.763)
IT 業務投資強度	−347.337	(339.041)	−351.318	(187.081)	−592.340	(511.646)	−586.276	(336.516)	−27.050**	(26.069)	−37.654	(13.218)	135897.342**	(419040.051)	307636.748**	(419541.493)
IT インフラ投資強度	149.719	(380.229)	360.753	(223.722)	485.886	(573.802)	657.470	(402.424)	13.091	(29.236)	6.624	(15.807)	−261099.166	(469946.420)	−83854.754	(501711.462)
R^2	0.274		0.545		0.317		0.509		0.414		0.781		0.626		0.591	
F 値	1.322		4.200*		1.626		3.631*		2.472		12.504***		5.868**		5.067**	
N	28		28		28		28		28		28		28		28	

*** は 1%, ** は 5%, * は 10% 水準で有意であることを示す.

3) インフラ関連投資は，COGS 以外には，1 年間のラグでも経営成果に正の影響を与える．これは，インフラ関連投資が企業情報システムにおける IT サービスで共有される基盤であり，したがって，短期的に効果を発揮しやすいため，1 年間のラグでもその効果が観測されたものと考えられる．

IT 投資戦略を考えるときには，各プロジェクトの価値を，現在価値として時間的パースペクティヴの中で捉え，さらに，さまざまな IT プロジェクトのどれを生かして，どれを捨て去るかについて，空間的なパースペクティヴ，すなわち，ポートフォリオとして捉えることが必要である．

2000 年代に入り，IT 投資ポートフォリオに関する文献も出始めているが，最近の研究によれば，積極的な IT ポートフォリオマネジメントの枠組みを用いている企業は，米国でも 20% にも満たない (Maizlish, et al., 2005).

IT ポートフォリオ管理の目標は，ビジネスと IT 戦略の関係を整合させ，改善することにより，IT のビジネス価値を向上させることにある．このように，IT ポートフォリオ管理は，ビジネスと IT の役員がともに理解できるコミュニケーションツールとして利用することができるという意味で，現代の CIO が知っているべきひとつの概念枠組みを提供している．

5 平成 16 年情報処理実態調査に見る IT 投資と経営成果[3]

この節では，平成 16 年情報処理実態調査の回答企業のうち，製造業，小売業，金融・保険業の 3 業種に対して，次の 3 点について分析した結果について述べる．すなわち，わが国において，IT 投資と経営成果はどのような関係にあるか，CIO は IT 投資を経営成果に結びつけているか，どのような場合に，CIO は IT 投資を経営成果に結びつけることができるか，である．

本研究は，経済産業省の情報処理実態調査票[4]を用いたもので，ミクロレベルのわが国で初めての大規模な調査分析であると考えている．具体的には，経済産業省の「平成 16 年情報処理実態調査」(2003 年度データ) 調査票から，製造業，小売業，金融・保険業の 3 業種 1542 社のデータを用いた．内訳は，製造業 (587 社，38.1%，内上場 149 社)，小売業 (472 社，30.6%，内上場 51 社)，金融・保険業 (483 社，31.3%，内上場 34 社) である．この調査票に加え，公開されている財務データと，組織 IQ に関して独自に行

ったアンケート結果も用いている．

財務データは，情報処理実態調査に回答した企業が公開している，売上高，売上原価，経常利益，当期純利益，資産合計，負債合計，時価総額などの項目について，有価証券報告書などを用いて入手した．

組織IQに関するアンケート[5]は，Mendelsonら (Mendelson and Ziegler, 1999) の組織IQの5次元に対応する質問項目を用意し，情報処理実態調査に回答した企業に送付した．回収率は8.4%である．このアンケートは，一般的なアンケートに見られるような主観的な答えを求めるものではなく，客観的なデータに基づく回答を求めているため，調査結果に対する信頼性が高いものと考えている．

5.1 IT支出強度と経営成果

IT投資とIT経費を合計したものを，その年度にIT関連に支出した総額として捉え，IT支出と名づける．このIT支出を売上高で除したものを，IT支出強度とし，3業種を総合した場合と業種ごとの平均値を求めた．その結果，3業種総合した場合には，図3に示すように，平均値が2.05% (標準偏差3.41%) となり，約85%の企業においてIT支出強度が3%未満であった．

また，図4に示すように，業種別では，小売業が1.1% (標準偏差2.2%)，製造業が1.4% (標準偏差2.1%)，金融・保険業が6.2% (標準偏差6.7%) で，金融・保険業が他の2業種に比べて大きいことがわかった．

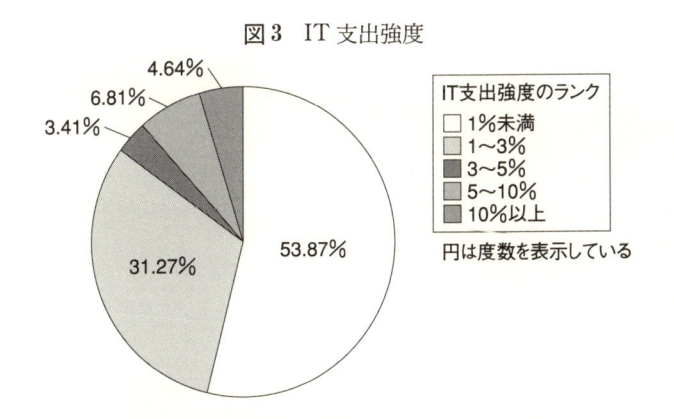

図3 IT支出強度

図4 業種別IT支出強度

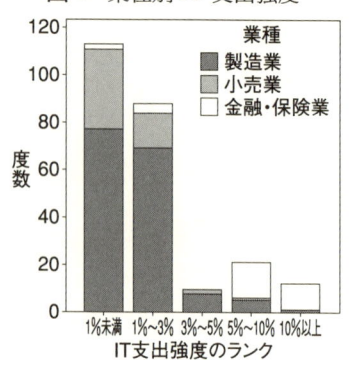

なお，これについては，統計的にも有意である（5%有意）．

IT支出強度と売上高経常利益率の関係について，利益率は業種によってかなりばらつきがあるため，業種によるコントロールが必要であり，業種ごとに見ると，IT支出強度と売上高経常利益率の間には，統計的に有意な関係は見出せなかった．

5.2 CIOの効果

平成16年情報処理実態調査票における3業種1,542社において，「CIO担当者はいるか」という問いに対する回答によれば，専任CIOを設置している企業が8.64%，兼任のCIOを設置している企業が48.53%となっており，CIOを設置している企業は半数弱にとどまっている．また，兼任のCIOは，そのほとんどが他の業務担当役員となっている．日本情報システム・ユーザー協会が2005年に行った調査（「企業IT動向調査」）でも，CIO設置企業が8%，兼任が45%と，本調査と同様に，わが国ではCIO設置率が低いという結果が出ている．

業種別に見ると，図5に示すように，金融・保険業におけるCIO設置率は高く，これは統計的にも有意である（5%有意）．

また，図6に示すように，一般にはCIOを設置している企業ほどIT支出強度は高い（5%有意）．これは，CIOを設置している企業は，IT投資に積極的であるため，一般に，IT支出，IT資産はともに大きくなるためであると考えられる．なお，専任と兼任におけるIT支出強度の差は統計的には

図5 業種によるCIO設置率の違い

図6 CIOとIT支出強度

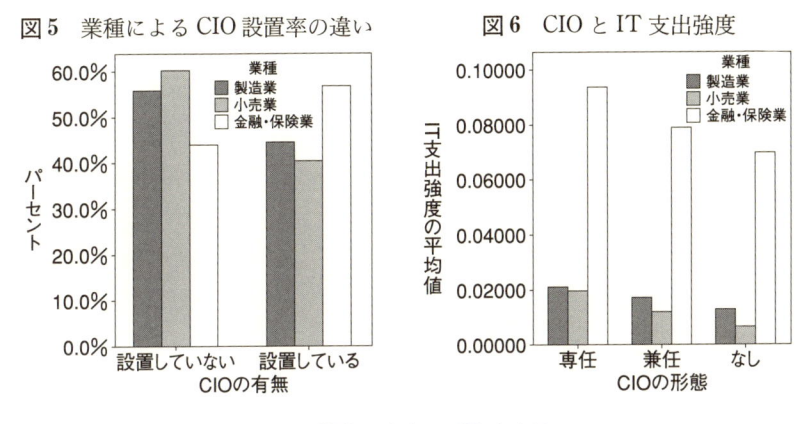

図7 CIOの有無とIT生産性

見出せない．

CIOがIT投資を経営成果に結びつけているかどうかを調べるために，CIOの有無とIT生産性（IT-ROI，経常利益／IT支出）についての分析を行った．その結果，図7に示すように，IT生産性に関して，金融・保険業では，CIOの設置は効果があるように見えるが，一般的には，CIOを設置するだけでは，効果的であるとは言えないことがわかった．

5.3 CIOが有効に機能するには

次に，調査対象の85%を占めるIT支出強度が3%未満の企業に焦点を当て，企業情報システムの特徴ならびに組織IQとの関連について調べた．

その結果，図8に示すように，IT支出強度が3%未満の企業群では，

図8 CIOの有無と利益率

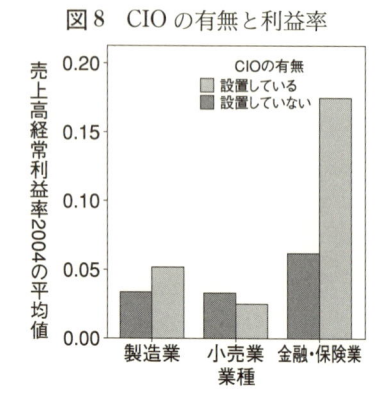

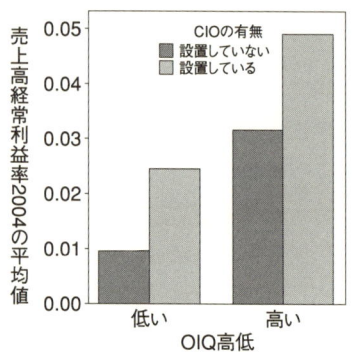

図9 CIO設置と組織IQの相乗効果

CIOの設置が，売上高経常利益率の向上に貢献していること（5%有意），特に，製造業と金融・保険業では，CIOを設置している方が高い利益率をあげていることが明らかになった．

次に，どのような企業情報システムの形態において，CIOの設置が有効であるかについて分析した．ここでは，特に組織IQとCIO設置の関係について述べる．組織IQとは，1999年にMendelsonらによって提案された概念であり，組織の効率性や効果的な知識創造に関する5つの次元から構成されている (Mendelson and Ziegler, 1999)．組織IQの5次元とは，すなわち，外部で起きている変化に対する情報感度を表す「外部情報感度 (External information Awareness)」，逆に，企業内部での情報共通に関する「内部知識共有 (Internal Knowledge Dissemination)」，意思決定の迅速さに関する「効果的な意思決定機構 (Effective Decision Architecture)」，組織の価値観や戦略などが，組織としての決定に効果的に機能しているかに関する「組織フォーカス (Organizational Focus)」，そして，継続的に革新を行っていこうというマインドがその組織にあるか否かに関する「継続的なイノベーション (Continuous Innovation)」である．

Mendelsonらは，組織IQの高い企業と低い企業を比べたとき，前者の方が，利益率や成長率が高いことを示し，組織IQを高めることが，企業業績の向上につながることを明らかにした．一方，元橋（安藤他，2002）は，シリコンバレー企業と日本のハイテク分野企業との組織IQに関する比較も行っている．それによれば，ハイテク企業は，シリコンバレーの平均に比べて

情報調整系（内部知識共有，効果的な意思決定機構）が相対的に劣っている一方，資源調整系（組織フォーカス，継続的なイノベーション）は優れているという結果が出ている．これに対して，日本企業は，情報への感度が低く，組織は閉鎖的で，知識共有の価値を十分には理解していないが，組織行動には優れたものがあり，資源の集中や組織のベクトル合わせなどが効果的に行われているとしている．

これらの組織 IQ スコアと CIO 設置との関連について調べたところ，図 9 に示すような結果が得られた．すなわち，一般に，組織 IQ スコアの高い企業の方が利益率が高く，組織 IQ の高さが同程度のグループでは，CIO を設置している方が，利益率が高い．この結果は，組織 IQ スコアと CIO 設置は，相乗的な効果があることを示している．

6 結論

この章では，CIO がもっとも関心を持っているテーマのひとつである，「IT 投資戦略」に焦点をあて，次の 3 つの問いについて検討した．すなわち，
1) 企業組織を入出力システムとして捉えたとき，IT 投資対効果を測定するための観点にはどのようなものがあるか．
2) IT 投資の内容を細分化して，IT 投資ポートフォリオを考えたとき，その効果はどのように現れるか．
3) IT 投資対効果において，CIO はどのような役割を担っているか．

である．

第 1 の問いに対しては，代表的な入力と出力の指標について述べ，最近の研究が，無形資産や組織ケイパビリティのような，それらを媒介する変数にシフトしていることを述べた．

第 2 の問いに対しては，IT 投資ポートフォリオを，戦略関連投資，業務関連投資，インフラ関連投資の 3 つのカテゴリに分け，各々のカテゴリへの投資と，経営成果の関係について，わが国の製造業における代表的な企業 28 社の結果について述べた．

最後に，第 3 の問いについては，製造業，小売業，金融・保険業を対象とした調査の結果，CIO を設置したからといって，必ずしもそれが IT-ROI に

図10　CIOの役割

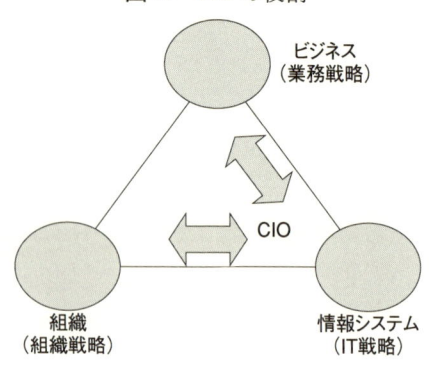

- ビジネス（業務戦略）
- 組織（組織戦略）
- 情報システム（IT戦略）
- CIO

結びつくわけではないこと，CIOの設置と組織IQの高さとは相乗効果があることなどが明らかになった．

これから言えることは，CIOは，ビジネスと情報システムの間のアラインメントだけでなく，それに組織も加えたトライアングルを考慮する必要があるということである．

注
1) 本研究は，飯島研究室社会人博士課程に在学中の小谷との共同研究である．
2) ただし，既存システム増強から，業務システムに関する修正・機能追加については，業務関連投資に入れている．
3) 本研究は，経営情報学会『情報投資と経営成果』特設研究部会の活動の一環として行った．同部会のメンバーに有益なコメントをいただいたことを感謝する．
4) 経済産業省商務情報政策局情報経済課から利用許可をいただいたことに感謝する．
5) 文部科学省21世紀COEプログラム「インスティテューショナル技術経営学」に対する助成に基づく，NRIとの共同研究として行っている．

文献
Aral, S. and P. Weill (2004), "IT Assets, Organizational Capabilities and Firm Performance: Asset and Capability Specific Complementarities," CISR WP. No. 343, MIT Sloan No. 4516-04, August 2004.

Aral, S. and P. Weill (2005), "IT Assets, Organizational Capabilities and Firm Performance: Do Resource Allocations and Organizational Differences Explain Performance Variation?," CISR WP. No. 356, MIT Sloan No. 4591-06, November 2005.

安藤晴彦，元橋一之 (2002),『日本経済競争力の構想』日本経済新聞社．

文献

Brynjolfsson, E., CSK 訳・編 (2004), 『インタンジブル・アセット』 (*Intangible Asets*,) ダイヤモンド社.
Maizlish, B. and Handler R. (2005), *It Portfolio Management Step-By-Step: Unlocking The Business Value of Technology*, John Wiley & Sons Inc.
Mendelson, H. and J. Ziegler (1999), *Survival of the Smartest*, John Wiley & Sons.
元橋一之 (2005), 『IT イノベーションの実証分析』東洋経済新報社.
日本情報システム・ユーザー協会 (2006), 『国内 CIO 実態調査報告書』.
Scott and Vessey I. (2002), "Managing Risks in Enterprise Systems Implementations," *Communications of the ACM*, Vol. 45, No. 4, 74-81.
Solow, R. (1987), "We'd better watch out," *New York Review of Books*, July 12, 1987.
Solow, R. (2000), "Productivity Finally Shows the Impact of Computers," *New York Times*, March 12, 2000.
Walton, R. E. (髙木晴夫訳) (1993), 『システム構築と組織整合——「事例研究」SIS が創る参画のマネジメント』ダイヤモンド社.
Weill, P. J. E. and H. Broadbent (1998), *Leveraging the New Infrastructure*, Harbard Business School Press. (マイクロソフトコンサルティング本部監訳 (2003), 『IT 投資ポートフォリオ戦略論』ダイヤモンド社).

行政 CIO の実績

　佐賀県では，2003 年 11 月 1 日，全国の自治体で初めて専任の最高情報統括監（CIO）を民間から登用しました．2 代目 CIO の私も公募で選ばれ，条例に基づき本部長級の権限を持つとともに，採用に当たり，知事から次のミッションを与えられ，2007 年 3 月 20 日から 3 年間の任期で勤務しています．

CIO は，下記のミッションを遂行するとともに，その進捗状況について知事に報告する．
1. 佐賀県庁を全国で最先端の IT 化の進んだ組織とする．またそのために県職員の IT スキル向上と全国最先端のポータルサイトを実現する．
2. 佐賀内のブロードバンド接続可能率 100% および実際のブロードバンド接続率 50% を実現する．
3. すべての方が IT を活用するための「チャレンジだれでもパソコン十ヵ年戦略」および県内企業の IT 高度化と IT 関連企業育成をサポートする．

　以上の 3 箇条を実現するために必要な人的及び財政的資源並びに組織的権限については，必要に応じ知事から付与される．

　行政 CIO の業務領域は，一般に，以下の 4 つの業務領域を含んでいます：①ICT を活用した行政サービスの効果・効率の向上，②自治体全体の業務改革，③地域社会全体のブロードバンド環境整備など情報ネットワーク環境整備，④ICT の視点からの地域産業の育成・振興．佐賀県の CIO ミッションは，4 領域全てをカバーしており，CIO は，知事・関係者と協議しながら全領域に関する計画を立て実施に移していけるポジションにあります．CIO の業務領域を①だけに限定してしまうと，業務改革を十分に行えずに，既存業務領域・プロセスをそのまま残した現状業務領域・プロセスの IT 化に陥ってしまう恐れがありますので，CIO の業務領域の設計に当たっては①だけでなく，少なくとも②の組織全体の業務改革に関する権限を含ませることが大変重要です．

　日々の行政実務がますます情報システムに依存する度合いを高めるなかで，行政 CIO の役割もますます高まっています．このような状況の中で，佐賀県では CIO ミッション達成のために，県民の方々とのコミュニケーションを図りながら，特に次の 3 つの視点を重視した活動を展開しているところです：①生活の豊かさを実感できるユビキタス・ブロードバンド社会の実現，②事務効率化のみならず行政経営支援のバックボーンとしての情報システム全体の最適化，③地方自治体間の連携による情報システムの標準化・共同化．

佐賀県　最高情報統括監（CIO）　川島宏一

8章　CIOと無形資産管理

坂田淳一

1　はじめに

　今日の組織活動において，CIO (Chief Information Officer, 最高情報統括責任者）には，情報技術の特性を理解し，相応な情報システムを構築，運用して，情報や知識を収集し活用した，経営マネジメントの実践が期待されている．

　そこで本章においては，まず，情報や知識を組織において管理・活用するために必要となる情報技術と，それらを駆使する技術者の特性や管理手法について明らかにする．続いて，情報技術の発展によって瞬時に大量収集されることが可能となった，情報や知識の活用手法について理解を深める．次に，それら無形資産を事業で活かす上で必要となる知見について解説を行う．

2　情報技術の特性

2.1　情報技術の発展と組織経営

　情報技術の高度化と経営手法の多様化には，深い関係がある．過去30年余り続いた情報技術の急速な発展によって，組織においての政策の実施や市場においての戦略の実践が，組織の規模や従業員の多少に強く左右されることなく行なえるようになった．例えば，対内的な政策の実践では，個々が有する情報や知見を集約して組織内で共有することが容易になった．これによって，特定の者が保有する効果的な営業手法や効率的な事務処理方法が，組織のノウハウとして分かち合えるようになったのである．また，対外的な経営戦略の実践においては，従来，多大な資金や時間を費やして行ってきた価値提供の行為が，それまでとは比較にならないほど容易に，しかも散在する

多数の者を相手に行えるようになった．この結果，地域のベンチャー企業が世界を代表する多国籍企業として成長した例も散見できる．現在では，いずれの業種，業態に位置する組織も，情報技術に深く依存している．情報技術の発展によって，組織の特性にあった適切な経営手法の選択が可能になっているためである．

最先端の情報技術を組織の情報システムに恒常的に取り入れるには，その都度，新たな投資が必要になってしまう．そこで，組織においては，情報技術の発展を予測しながら実践すべき近未来の経営手法を明確にし，必要な最新の技術を組み入れて情報システムを高度化することにより，新たな経営手法を実践できる環境を整える必要がある．CIO は，そのための指揮者としての役割を担っている．このため，CIO に望まれる情報技術に対する理解の質については，これまでしばしば議論がなされてきている．そこでは必ずしも，CIO が情報技術に対して高い水準を有していることが重要であるという見解が大勢ではない．例えば，Earl *et al.* (1994) は，CIO が情報技術に係る知識や経験を一定以上に有すると，強く技術を志向する傾向が起る問題点があるとしている．また，Crawford (1994) によれば，CIO が高い情報技術知識を有することによって，情報システム構築・運用グループから孤立してしまう問題があるとしている．いずれにしても，組織は CIO に対して，高度な水準で技術を駆使できることだけを強く求めているわけではなく，情報技術の発展メカニズムについて知見を深め，その向かうべき方向を予測し，経営手法の変化について先取が可能になることを求めていると思われる．つまり CIO に対しては，技術力だけではなく，マネジメント力や円滑なコミュニケーション力も不可欠な能力と考えられていると言えるであろう．(O'Riordan, 1987)

2.2 情報技術発展のメカニズム

ここでは，CIO が情報技術の発展方向を予測する上で必要と考えられる，情報技術の特性について理解を深めることを試みる．

例えば，小川 (1996) は技術について，「目標達成のための手段体系」と定義し，製造業のみならず，あらゆる産業に言及できる包括的な認識と述べている．小川の研究成果で特徴的なところは，技術を「工学的技術」と「技

能」に分け，前者を「科学的知識を基盤とした目的達成のための知識体系」とし，後者を「経験をもとに形成された思考であり，個人によって保持される思考と実践の方法」としている点にある．換言すれば，工学的技術は文字・数字・図表を使ったマニュアルによる表現伝達が可能なものであり，技能は，表現伝達が難しく，個人に帰属した能力であると言えよう．技能は，"Tacit Technology" または，"Tacit Skill" と呼ばれており (Leonard, 2005)，習得のために時間をかけて業務を通して先達の技を盗み，経験により水準を高めることが必要なものと言われている．

ところで，技術の発展は必ず約束されているものではない．常に何らか，その原動力となるものに依存をして起こっている．ここではそれらを3つに大別する．ひとつは，製品を作り出す「機械装置」や「作り出す仕組・手法」である．日本企業は従来から生産技術を重要視し，革新的な機械装置を作り出しそれを優れたオペレーションによって駆使して，高度な技術製品を生み出してきた．このハードウェアとソフトウェアを駆使したプロセスイノベーションによって，外国企業に対し高い競争力を維持し，優位を保ってきたのである．2つ目は，技術を駆使する対象となる「材料・素材」である．科学や物理の原理を探求し，これまでにない物性や現象を導くことによって得られた物質は，これらを使って生み出される製品の質に対し多大な影響を与える．3つ目に，「人材」を挙げることができる．技術者が経験によって蓄積した，技術（ハウツー）や技能・知見（ノウハウ）を用いて，質の高い製品を生み出すことが可能になる．小川はこの蓄積を技能とし，マニュアル化して他者に伝達をすることが難しいものとした．

情報技術の発展の場合は，技術者が有する技能が主な原動力となって起こっていると考えられ，生み出された製品に，その水準が強く反映される．そのため，優れた技術者の存在なくして，恒常的な発展を望むことは難しい．これまでの情報技術の発展過程を振り返ると，ハードウェアの性能を可能な限り引き出すことを目的として，技術者の経験により蓄積された知見が基になって生れた新たなソフトウェアの記述方式や，新たなプログラミング構造化[1]の概念が生み出されてきている．高度な技術水準を有する技術者は，新たな記述方式や概念を理解して，最終的にはそれらを巧みに駆使するようになり，高機能を有する情報システムの構築を実現している．

このため，情報技術の発展は，ハードウェア技術の発展，プログラミング記述方式の発展，プログラミング構造化概念の変化の3つを関連づけ注意深く追っていくことにより，近未来に向けた方向性を読み取ることが概ね可能になる．情報システムによって実現可能となる経営手法を予期し，それに沿って戦略を策定し，適切な投資コストによって実際のシステムを得ることが，CIOに望まれる情報技術知識であると考えられる．

3　情報技術者の技術水準と情報技術者の管理活用

　組織が新たな技術を取り入れる場合，技術者はそれらを簡潔な改変によって既存組織の情報システムに適応させて構築するという，困難な要望を実現する役目を負っている．CIOはこれらの技術者を指揮命令する職責を持ち，同時に構築するシステムの質的責任を負う立場にある．これは，外部ベンダーが提供するERPシステムを導入する場合であっても，導入組織側においてシステムの品質に責任を負う立場であることに変わりはない．

　このため，いずれの場合であっても，組織に高度な技術水準を持つ技術者を多数有していることが重要である．そこで，CIOの大切な任務のひとつとして，組織内に高度な技術水準を持つ技術者を育成する仕組みを構築することが挙げられる．高い技術水準を有する技術者はいずれの組織においても貴重であり，一方では流動性も高い．そのため，給与や労働条件を原因とした流出を防ぐ対策を講じるとともに，高水準の技術者が有する技能を標準的な技術者に有効に伝承する仕組みを作り上げることが重要であろう．しかし，近年のソフトウェア開発の現場では，生産性の向上を目的として，システム全体をそれぞれ独立した機能を持つ小さな単位のプログラムで作成し，組み合わせて完成させる「モジュール化」による構築方法が浸透している．モジュール化の語意は「装置・機械，システムを構成する部分で，機能的にまとまった部分」であり，換言すれば，各機能によるプログラムの部品化である．モジュール化によって作成することにより，他の機能を持つ別のモジュール（部品）との技術的に難しい相関を深く考慮せずとも，個々の部品作製に注力できる．その結果，作製時間の短縮，作製後の保守やアップグレードも容易になる利点がある．この結果，技術者においては，物理的に異なった場所

で業務を行うことが定常となり，標準的な技術者が，高度な技術水準を有する技術者と長く同じ場所で仕事を行う機会が減少している．

このため組織においては，CIOが中心となって，短期間で効率のよい技術伝承の仕組を構築し，組織が保有する情報技術水準の低下リスクを軽減して，情報システムを活用した安定した事業展開が可能となる技術基盤の整備を行っていかなければならない．

現在例えば，情報技術者の技術水準を推し量る基準として，経済産業省外郭団体の独立行政法人情報処理推進機構（IPA）がITスキル標準と呼ばれる「ITサービスの提供に必要とされる能力を明確に体系化した指標」を作成し公開をしている．そこでは，情報サービス産業に関連した11職種38専門分野を「スキームフレームワーク」[2]と呼ばれる一覧表にまとめ，技術分野ごとに技術者の能力や実績に基づいた7段階のレベルを規定して，技術力を可視化できるようにしている．情報技術者の技術水準を推し量るうえで，このように水準の「可視化」を行うことは困難な作業であるが必要なことである．情報技術を駆使した業務の成果水準の高度は容易に量れないものであるため，それらの構築を手がける技術者の技術水準を「スキルフレームワーク」などを用いて，可視化して把握しておくことがCIOに望まれる．

またその他にも，技術者の管理において，考慮すべきいくつかの課題が見受けられる．情報技術が発展し情報技術に求めるニーズが多様化する中，組織の情報システム構築の規模は年々大型化してきている．そのため，作業の繁忙期を中心に，外部技術人材を活用することが一般化してきている．事業構造も一次事業実施先が，二次事業実施先へ業務を流すなど，多層化された仕組みの中で業務を行う状況が日常化している．この結果組織に出入りし，情報システムにアクセスして重要な情報を閲覧できる者の数が膨らむことによって機密が外部に持ち出される可能性も拡大している．このようなケースでは，抑止のための守秘義務契約書締結の義務を多層化した技術者すべてに求めるなどの法的な方策を施しておくことが不可欠であろう．

情報技術の発展に伴って，新しい技術プラットフォームが定着し，そのたびに新たな技術を修得して駆使をする技術者が必要となる．その結果，多くの組織では，外部技術者を登用することが当たり前になってきている．技術者にはそれぞれ，得手とする技術（プログラミング言語）や技術分野が存在

図1 情報技術の評価が容易でない理由

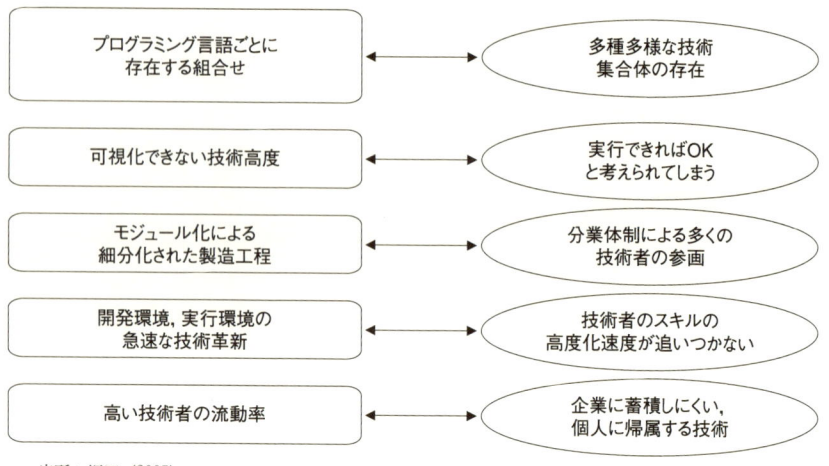

- プログラミング言語ごとに存在する組合せ ⇔ 多種多様な技術集合体の存在
- 可視化できない技術高度 ⇔ 実行できればOKと考えられてしまう
- モジュール化による細分化された製造工程 ⇔ 分業体制による多くの技術者の参画
- 開発環境,実行環境の急速な技術革新 ⇔ 技術者のスキルの高度化速度が追いつかない
- 高い技術者の流動率 ⇔ 企業に蓄積しにくい,個人に帰属する技術

出所:坂田(2005).

するため,CIOは,情報技術者の経歴を精査し,適材を適所に使って情報システムの構築,運用を行うことが必要である.これは技術者個々に限らず,利用ベンダーにおいても同様に言及できる.業務用システムの開発が得意なベンダー,インターネットなどの通信管理が得意なベンダー,情報システムの保守・維持が得意なベンダーなどさまざま存在している.このため,CIOが組織の技術者以外に外部に広い技術ネットワークを構築し,確かな技術に対する目利きによって,もっとも適当なベンダーを適切に活用していくことが必要である.

また,CIOは情報システム構築の費用についても常に敏感でなければならない.情報システムの構築費用は,基本的には,情報技術者の時間単位賃金と労働日数・時間の積算によって決定される.しかし,情報技術者の時間単位賃金は,ベンダーの申し出事項であり,それをそのまま受け入れて,総経費を算出することは得策ではない.事前に,同等の技術力を有していると思われる組織内技術者や,他のベンダー技術者の賃金と比較をしながら適切な費用を独自で算出して,ベンダー企業との交渉の際に,話し合いができる材料をCIOが有しておくことは大変有益である.

4 情報技術を活用したナレッジマネジメント

4.1 情報化とナレッジマネジメント

情報技術の発展がもたらした急激な情報化の波は，組織における政策の策定や経営の実践，市場での戦略実施などの場面で変化を起こしている．近年，通信技術が飛躍的な革新を遂げ，ブロードバンド及び携帯電話を代表とするモバイル通信が急速に普及し，これまでとは異なった新たな情報化の波がさらに押し寄せて来ている．中でも，ブロードバンドの普及は，情報収集・選択において，社会が強く検索システムに依存する状況を引き起こしている．

従来までのブロードバンドとは，56 kbps（ISDN では 64 kbps）以上の通信を指していた．しかし現代では，ADSL や光ケーブルなどの高速回線が普及したことから，概ね 1 Mbps 以上の通信を指すようになっている．ユーザは，高速な通信回線を活用し，大容量データをコンテンツとした，新たなサービスを安価で入手することができるようになっている．これによって，書籍の内容や，論文，映画，講演の音声・映像，実写動画など，近未来において何らかの判断を下す場合に材料となる「知識」を含んだコンテンツの流通が一般的になってきている．この結果，一方では，知識の伝達が，新たに，社会における知的財産保護に係る課題を浮き彫りにしている．

Nonaka and Takeuchi (1995) は，経営の革新において，組織の新たな価値を知識に求め，それを創出し共有する，知識創造企業の実践が重要であることを説いている．ブロードバンドの普及により，いかなる組織においても，これらの実践が可能になったと言えるであろう．ところで，大容量データコンテンツの収集，選択が可能となることが，知識創造企業への革新にどのようにつながるのであろうか．換言すれば，ブロードバンド化が，情報化社会から，知識社会へ，情報経営から知識経営の変革にいかに役立つのであろうか．この疑問を解くひとつの鍵を McDonough (1963) は，情報の概念として定式化して示している．そこでは，「メッセージは，事実を記述したものである」，「データは，評価されていないメッセージ（事実）である」，「情報は，データ＋特定の状況における評価である」，「知識は，データ＋将来の一般的な使用の評価である」と一連に解いている．これを平易にすれば，情報には，事実に対して特定状況下の何らかの評価が入っており，評価者に

より基準は異なり，100％確実な事実ではなくなっている．つまり，情報化社会は，ある意味で，不確実なコンテンツ（＝情報）に支配されていることになるとしている．また，McDonough は，知識は将来に使用可能な事実を評価し，汎用的に用いることができるものとしている．大容量データが流れることにより，ユーザは，その内容の価値をどのように判断すればよいのか，単なる情報と捉えるのか，知識として活用するのか，すべてはユーザ側の知見による判断となるのである．その意味では，知識経営の実践において，ブロードバンドもひとつのインフラでしかない．重要であるのは，大量の情報にある価値をいかに評価するのか，それを決定するユーザの見識であると考えられる．

　ナレッジマネジメントは，可視化できない知識を新たな組織の資産として捉え，事業活動に活かす経営政策・手法である．その対象は，経営戦略の実践から，情報技術を活用した経営革新等に幅広く至る．ナレッジマネジメントの定義は数多く存在する．例えば，Tiwana (2000) は，「組織において目標達成のために用いる個人の創造や情報を，組織の知識として集約し共有して実施する経営手法」としている．ここでは，CIO の視点から「組織の事業実践を目的として，メンバーの経験によって得た情報やノウハウについて，情報技術を活用して共有し，組織の知的財産として管理し活用する仕組み」としておきたい．いずれにしても大意としては，個々の有する情報やノウハウを集約して知識として組織で共有することが一般的な解釈であると考えられる．

4.2　ナレッジマネジメントと情報技術

　情報を共有し活用することは，古くから日本企業で行われてきた経営手法のひとつである．これは，ナレッジマネジメントの概念が浸透する以前から，QC や TQC など，特に製造業における品質コントロール分野の業務において広く実践されてきた．有名な，トヨタの「看板方式」は，情報を蓄積し，選別し，可視化することによって得られた知識を組織で共有して，実践に活かす事業システムのひとつであろう．

　1990 年代に入り，加速した情報技術の発展によって，クライアント・サーバ型のコンピュータアーキテクチャーが浸透し，各組織に情報システムが

構築されていった．これによって，PCが主要な情報端末機となり，収集した情報へのアクセス頻度を簡便化させ情報を加工・分析する作業を飛躍的に改善したのである．このクライアント・サーバ型のシステムの普及は，更に「グループウェア」と呼ばれる，組織内で情報や知識の共有を行うためのソフトウェア基盤の普及に繋がった．グループウェアの有する機能は多彩で，書類や公文書の雛形の共有，住所や電話番号の共有，組織内メンバーのスケジュールの共有，会議室等の組織内施設の利用状況の共有，Eメールなどの機能が利用可能となっている．これらを活用することによって，リアルタイムの情報共有が可能となり，組織内で標準化された手順や様式による業務実施が可能となったのである．また，何よりも組織内の相互理解を高め，ガバナンスを強くする効用があると考えられた．グループウェアの代表的な製品として，日本では，1990年代の前半に浸透し始めたロータス・ノーツと言う製品がある．ネットスケープやインターネット・エクスプローラーなどのブラウザソフトを情報交換・アクセス基盤として活用するため，情報を交換する相手のコンピュータ機種や利用アプリケーション，通信環境を意識する必要はないツールである．グループウェアは，組織におけるナレッジマネジメント実践の代表的なツールのひとつとして，依然として多くの組織で活用されている．

21世紀に入り，検索エンジンをコア技術としてSNS (Social Networking Service, ソーシャル・ネットワーキング・サービス）が登場し，新たな知識供給基盤として浸透し定着が始まっている．SNSでは，ブラウザを活用しインターネット上で人と人とを結びつける，コミュニティ型会員制サービスのことである．コミュニケーションを円滑にする場を提供し，趣味，居住地域，出身校などのカテゴリによって，新しい人間関係をつくることが可能である．この仕組みを組織経営に活かし，既に大手企業や自治体では，組織内の知識活用を目的として活用するようになってきた．また，社内コンプライアンスのツールとしても注目を集めており，アメリカでは既に社内のSOX法対策においての知識共有ツールとして活用されている．

4.3 CIOとナレッジマネジメント

ナレッジマネジメントと情報技術との関係においては，当初，一部システ

ムベンダーやコンサルティング会社の先導により，情報共有の仕組みを情報技術によって実現することが必要以上に強調されてしまい，ナレッジマネジメント本来の意義や手法よりも，情報システム導入が重視される誤認を広く招く現象が起こった．これは，1990年代初めに日本で普及しはじめ，またたくまに浸透した，BPR（Business Process Reengineering，ビジネスプロセスリエンジニアリング）とナレッジマネジメントについての理解が錯綜したために起こったものと考えられる．このため1990年中期には，組織において情報技術を活用したBPRの実行の担い手がCIOであるかのように取り上げられることもあった．BPRは，組織活動における目標に対して，達成のために業務内容や業務の流れ，それを実施する組織構造や人員について現状分析とベンチマークを行い，最適化を実施することである．BPRを行う場合，組織，事業，人員などの合理化が行われることが多く，情報技術を用いた情報システムをそのツールとして導入することが一般的である．しかしこれにより，それまで組織内で行われていた，非公式な情報伝達やノウハウの伝達・供与が寸断されてしまい，知識の伝達が思うように行えなくなった事例も数多くある．

　前掲のように日本企業では古くから組織内の公式・非公式の情報伝達を重要視してきており，欧米と比較して人員の流動性が高くないだけに，BPRがどこまで有効であるかは，未だ明らかではない．情報技術によって合理化などの手法を用いて組織業務の最適化を行うことと，情報技術を用いて組織の情報を集約・分析し知識化を行い業務を活すことは，異なる意であることを理解しなければならない．

4.4　ナレッジマネジメントの実践

　日本企業では，ブロードバンドの普及によって，情報を集約しそれを知識化して活用し，組織運営や人材育成，販売戦略などの経営に活かすことを目的とする真の知識経営がようやく浸透しはじめている．ナレッジマネジメントのコンテンツとなる知識は，個人や組織に帰属する知的資産（財産）であり，それらを適切に管理し，保護し，活用する仕組みを構築することによって，ツールとしての情報技術が大いに役立ってくると言えよう．しかしその仕組みの構築においては，情報技術を活用した情報システムというツールの

図2 SECIプロセス

	暗黙知	暗黙知	
暗黙知	共同化 Socialization	表出化 Externalization	形式的
暗黙知	内面化 Internalization	連結化 Combination	形式的
	形式的	形式的	

出所：野中・紺野 (1999).

構築だけに留まらず，ナレッジマネジメントが組織において実践されるように，情報の知識化，そして共有から，経営への活用プロセスを明確に示すことが重要ある．その基本的なプロセスは野中・紺野 (1999) が SECI プロセスとして，図2のように示している．

組織のメンバー個々が得た情報やデータなど，個々の主観的な知識（＝暗黙知）を組織のものに変える「共同化 (Socialization)」，組織のものとなった暗黙知に対し，文字化を試みることによって文書化，マニュアル化を図り客観的な知識（＝形式知）化を行う「表出化 (Externalization)」，個々の有する形式知と組織の形式知を組み合わせる「結合化 (Conbination)」，形式知から再び暗黙知を創造する「内面化 (Internalization)」の螺旋型の知識変換過程として説明されている．CIO は，組織において，これらのプロセスを理解し，個々の知を組織の知にし，活用できる仕組みを整備していく役割を担っていると言えよう．

5 CIO と知的財産マネジメント

5.1 情報の分類と管理

知的財産という表現を用いる場合，まず思い浮かべるのが，特許に代表される産業財産権化されたものである．これらは，定められた手続きを経て法的に保護される無形資産であり，組織の信用力や競争力を示すものとされて

いる．ところで，組織には権利化によって公開しなくても，営業秘密として組織内に管理をすることができる情報があり，それらも重要な資産となっている．これらの情報は，情報システムによって活用することが有益であると考えられるものだが，権利化を行っていないため，いったん流出すると瞬時に第三者に広がってしまう．そのため，組織内の情報システムのセキュリティを強化し管理する必要があるのだが，それらを管理運用する情報技術者や情報を活用する組織メンバーから不幸にも流出するケースが目立っている．

これらの情報の一例として，営業秘密や個人情報が挙げられる．営業秘密の場合，原則として自己の情報の利益損失が問題となるが[3]，個人情報は，流出による不利益が他者にも影響を及ぼすため，CIOは適切な情報管理体制を整備する必要がある．また，これを怠って情報の流出が起きた場合，当該情報を管理する組織（法人）や従業員が損害賠償[4]や罰金などで，責任を問われる場合がある（個人情報の保護に関する法律56-59条）．

非開示を前提とする情報を守ることによって，組織に対する信用が保たれ，営利組織の場合，市場における競争力を強化できる．これらの情報の流出を防ぐために，法的には，「営業秘密」に対しては不正競争防止法（以下，不競法），「個人情報」に対しては個人情報保護法が規定されている．CIOにとっては，物理的な情報流出を防ぐと同時に，関係する法律を理解しておくことが重要である．そこでここでは，組織が守るべき非開示情報について簡潔な解説を行う．

不正競争防止法では，営業秘密は「秘密として管理されている生産方法，販売方法その他の事業活動に有用な技術上又は営業上の情報であって，公然と知られていないもの」（不競法2条6項）と定義している．つまり，営業秘密と判断されるためには「秘密管理性」「有用性」「非公知性」の3つの要件が揃っていることが必須なのである．

A. 秘密管理性

次の3つが組織内で行われている場合，管理ができているとみなされる．

　a. 秘密情報であるとの記載
　b. 情報へのアクセス管理
　c. 従業員教育

B. 有用性

営業秘密が保護されるためには，情報自体が有用であることが必要である．その例として，設計図や顧客名簿，販売・在庫データ，接客マニュアルが挙げられる．また，ネガティブ・インフォメーション[5]と呼ばれるもの，情報も，有用性があると判断されている．つまり，実験期間の短縮を可能にして，投下する資本の無駄を省くことができるためである．

C. 非公知性

たとえ有用性があったとしても，その情報が誰でも知っている状態にあれば，あえて技術者に保護する指示を与える必要はない．したがって，営業秘密となるためには，情報について不特定の者が公然と知る状況にないことが求められる．また，共同開発や製品製造を別会社に委託する場合など，情報を外部と共有する必要がある場合には，守秘義務契約を締結することが必要になる．このような事態は組織において情報システムを構築する場合によく起こる．組織内の技術者だけではなく，外部技術者の協力を得ながら，もしくは，外部ベンダーに構築を委託して，情報システムの構築，拡張，保守等を行う場合，外部技術者も組織固有の情報やデータ，コンテンツについて知ることとなる．CIOはこの点に十分留意をして，プロジェクトマネジメントを行わなければならない．

5.2 情報の知的財産化

発明は特許権としてでも，営業秘密としてでも，保護することが可能である．CIOには組織において，権利化と営業秘密化のそれぞれの利点と欠点を把握し，適切な手法を選択することが求められる．

A. 権利化のメリット

　a. 排他権（絶対権，相対権）

特許権，実用新案権のような産業財産権は，権利化によって，絶対的独占排他権を有することになる．つまり，一度権利化してしまえば，後に誰かが独自開発しても同じ技術であれば排他することが可能となる[6]．一方，営業秘密による保護は相対的な権利であり，他者の独自開発した技術を禁止することはできない．

　b. 対外アピール

特許権等では，自社がいかに強い技術を保持しているか，何個の特許を保

有しているかを，アピールすることが可能となる．一方，営業秘密による保護では，どのような技術を保持しているかを，十分に提示することができない場合が多い．

B. 権利化のリスク

a. 公開

出願登録が必要な知的財産権は，出願や登録した内容を公開しなければならない．そのため，情報を秘匿化することは不可能である．一方，営業秘密は，公開する必要はなく，むしろ公開しないことにより，技術・ノウハウをブラックボックス化することが可能になる．

b. 保護期間の限定

特許権ではその保護期間は，出願から20年というように限定されている．保護期間を過ぎた特許技術は公有のものとなり，権利者であった者が独占することはできなくなる．しかし，営業秘密に保護期間の限定はない．そのため，長期間の保護が必要な情報は，営業秘密として保護することが効果的である[7]．

c. 保護される情報の種類

特許が「発明」を保護しているように，知的財産権は権利ごとに保護する情報の対象を限定している．一方，営業秘密であるならば，3つの要件を満たす限り，すべての情報が保護されることになる．顧客名簿は特許等で保護することは困難であるが[8]，営業秘密として保護することができる．

このように，情報保護の方法においては，知的財産権化と営業秘密化のそれぞれに長所・短所があることがわかる．情報システムにおけるセキュリティ実施と共に，情報の物理的な保護に際しては，それぞれの特性に合致した方法を選択する必要がある．情報の保護・管理の手法については，表1においてその特徴を比較している．

法律はあくまで情報流出が起きてしまった後に効果を発揮する．法律に求めることができるのは「ある情報を流出させれば損害賠償や罰金が求められる可能性があるという，漏洩者への牽制機能」と「情報流出の損害に対してある程度の塡補が求められる，損害を回復する機能」の2つである．今日，情報技術の進展によって，いったん流出した情報の拡大を止めることは，情報が貴重であればあるほど困難である．CIOは，情報流出の予防に最大限

表1 知的財産の保護・管理手法

種類	営業秘密	特許権	実用新案権	著作権
権利の強さ	相対権	絶対権	絶対権	相対権
公開	不可	必要	必要	選択可
保護期間	規定なし	20年	10年	50年
情報の種類	限定なし	発明	考案	著作物

(出典:筆者).

の努力を払い,いかに情報が流出しないよう管理体制を整える能力が求められる.また,万が一情報流出が起こったときに,流出量を最小限にくい留め,流出の事実を早く認識し,迅速に対応することが求められている.

注

1) 記述された正しく起動することは重要条件であるが,それの記述を易く,明瞭にし,機能を細分化して作成することによって,生産性を高め再利用が行えるようにしようとする考え.ハードウェアやプログラミング言語が革新を遂げるにともない,エドワード・ヨードンなどがそれぞれの構造化の考えを発表している.
2) 独立行政法人情報処理推進機構ホームページ参照:http://www.ipa.go.jp/jinzai/itss/download_V2_2006.html
3) 個人情報が営業秘密となる場合もある.例えば,顧客名簿は営業秘密であると共に,個人情報である.
4) 大阪地判 H18.5/19 では顧客情報漏洩に対して,顧客側から管理会社への損害賠償が認められている.
5) 失敗に関する知識・情報である.例えば,副作用が強すぎて製品化できなかった薬剤の成分内容が該当する.
6) 相手側が特許出願する以前から,当該技術を実施していれば,技術を実施することができる.ただし,あくまで自社実施に限定される.(特許法79条)また,他者出願前から実施していたことを証明する必要がある.そのため技術実施状況についての情報管理が求められる.
7) 一般に技術は陳腐化するため,あまり長期間独占化しても,その技術が持つ優位性を失ってしまうことがある.一方,コーラのレシピのような陳腐化し難い情報は,長期間独占する利益がある.
8) データベースの著作物として著作権法で保護することは可能である.ただし,情報内容や構成に創作性が必要となり,営業秘密による保護とは内容を異にする.

文献

浅井達雄 (2004),「不正競争防止法と個人情報との交錯」,『NBL』796号, 商事法務.
Broadbent, M. and E. Kitzis (2004), *The New CIO Leader: Setting the Agenda and*

Delivering Results, Harvard Business School Pr.
Crawford, M. (1994), Victims of Progress, pp. 6-8, Candian Productivity.
Davenport, T. H. (1992), Process Innovation Reengineering Work Through Information Technology, Harvard Business School Press.
Davenport, T. H. (2005), Thinking for a Living, How to Get Better Performances And Results from Knowledge Workers, Harvard Business School Press.
Denise, T. (2005), "Growth of Indigenous Entrepreneurial Software Firms in Cities," Technovation 25, pp. 1331-1336.
Earl, M. J. and Feeny, D. F. (1994), "Is Your CIO Adding Value," Sloan Management Review 35, pp. 11-20.
エドワード・ヨードン (2004),『プログラマー復権』新記元社.
Gorschalk, P. (1999), "Strategic Management of IS/IT Functions", The Role of the CIO is Norwegian, Organizations, International Journal of Information management 19, pp. 389-399.
日向俊二 (2004),『現代プログラミングの基礎知識』翔泳社.
鎌田薫 (1990),「財産的情報の保護と差し止め請求権 (1)」,『Law & Technology』7号, 民事法研究会.
Leonard, O., Swap, W. and D. Smarts (1995), Deep Smarts How to Cultivate and Transfer Enduring Business Wisdom, Harvard Business School Press.
黒沢利明 (2003),『プログラミング言語の仕組み』朝倉書店.
McDonough, A. M. (1963), Information Economics and Management Systems, McGraw-Hill.
Nonaka, I. and H. Takeuchi (1995), The Knowledge-Creating Company, How Japanese Companies Create the Dynamics of Innovation., Oxford University Press
野中郁次郎, 紺野登 (1999),『知識経営のすすめ——ナレッジマネジメントとその時代』筑摩書房.
小川英次 (1991),『技術革新のマネジメント』中央経済社.
小川英次 (1996),『新起業マネジメント』中央経済社.
O'Piordan, P. (1987), "The CIO MIS makes its Move into the Executive Suite", Journal of Systems Management, 4：3, pp. 54-56.
Pugh, D. S., Hickson, D. J. and C. R. Hinings (1985), Writers on Organizations, Sage Publications.
坂田淳一 (2005),「情報通信産業における新興ソフトウェア開発企業の保有する技術力が企業成長に及ぼす要因の分析研究」,『日本産業科学学会』第10号, pp. 35-42.
Sambamurth, V., Bharadwaj, A. and V. Grover (2003), "Shaping Agility through Digital Option", Reconceptulizing the Role of Information Technology in Contemporary Firms, MIS Quarterly 27 (2), pp. 237-263.
デマルコ, T. (1998),『デマルコ大いに語る——ソフトウェア 24 の閃きと冴え』日科技連出版社.

津幡笑 (2007),「営業秘密における秘密管理性要件」,『知的財産法政策研究』14号, p. 191, 北海道大学大学院法学研究科 21 世紀 COE プログラム『新世代知的財産法政策学の国際拠点形成』事務局.

山本英雄 (2004),「セラミックコンデンサー・判例批評」,『知財管理』54 巻 1 号, p. 69, 日本知的財産協会会誌広報委員会編/日本知的財産協会.

病院における情報管理

　わが国の医療の情報化は1970年代から本格的に進められてきたが、一部の先進的な一般病院を例外にして、おおむね大学病院、特に国立大学（法人）の附属病院がリードする形で進められてきた。その結果、情報化の程度は最近まで世界の最先端であったが、これは国の予算をベースに開発が進められてきた点が大きい。もっとも最近は、先進諸国は急速にキャッチアップしており、差はなくなってきている。

　大病院を例に示すと、病床数1,210、1日平均外来患者数3,100、年間手術数約10,000の特定機能病院で、3,500人のスタッフが運営にあたっている。1973年から情報化を進め、現在多数のUNIX系サーバ群と2,100台のクライアントPCを用い、24時間ノン・ストップでフルオーダエントリシステムを構築している。フルオーダエントリシステムとは指示や応答がすべて電子化されたシステムで、診療記録まですべて電子化された電子カルテシステムも開発はほぼ終了しており、順次導入を進めている。あるスタッフがひとりの患者を選択し、一連の処理を行って、その患者の選択を解除するまでを1アクセスとカウントすると、病院全体で1ヵ月に300万以上のアクセスが生じており、アクセス数は電子カルテ導入が進めばさらに増加すると考えられる。プライバシーに機微な情報が大量に蓄積され、また多彩で膨大なトランザクションが生じているという点ではかなりユニークということができる。

　ほぼすべての国立大学法人の附属病院には情報管理部門が存在し、専任教員が配置されている。大学によって差はあるが、情報管理部門が病院マネジメントの一部として機能しているところが多い。CIOとして明示的に呼んでいるかどうかは別にしてCIOとしての機能は実組織に比較的明確にマッピングされていることが多いと言える。しかし、これはあくまでも大学病院の場合であって、大学病院以外では独立した管理部門が存在しないか、存在しても、そこに配置される職員は多くは兼任であり、特に医療機関で指導的な立場に立つ医師等の有資格者に相当する職員が専任で配置されることは極めて希である。したがって情報マネジメントも集団的に行われ、責任体制が不明確な場合や、責任は病院長に集中しているが、情報処理の知識が不足している場合が少なくない。このような状況では情報マネジメントに一貫性を持たせることは難しく、CIO機能の構築が急がれる。大学病院モデルを一般化することは難しく、新たなモデルの構築を急がなければならないと考えられる。

東京大学　大学院情報学環　准教授・博士　山本隆一

9章 情報セキュリティ

辻井重男

1 まえがき――情報セキュリティ文化の共有

　情報セキュリティは，今や，企業・産業・経済活動はもとより，国民生活・国家社会の基盤であり，それぞれの立場に応じて，認識を深めるべき課題である．2002年に改訂された，OECDの情報セキュリティガイドラインでは，情報ネットワークへの全ての参加者（participants）が，「情報セキュリティ文化（culture of security）を共有すべし」と謳っている．文化の定義は文化人類学者の数だけあるとも言われるが，文化とは，「あるグループに固有の価値観，行動様式などの総体」を意味するものとすれば，これは誠に尤もな提言である．

　それでは，情報セキュリティ文化とは何か．それを，さまざまな立場から解明するのが，本章の目的のひとつであるが，筆者は情報セキュリティを貫く基本原理は，乗算法則であると考えている．100点満点の人がいても，0点の人がいれば，結果は0点となる．平均点50点というわけにはいかないのである．企業などの組織体では，よく「2割―6割―2割」の法則が成り立つといわれる．全社員の2割がよく働き，6割はまぁまぁ，2割は働かない，あるいは足を引っ張るという．優秀な人ばかり集めてもそうなってしまうのが組織という生き物の不思議な現象だとも言われている．しかし，情報セキュリティの乗算法則は，このような組織の有り様にも変革を迫っていることは，例えば情報漏洩問題を考えても推察されることであろう．経営者，業務管理者，CIO（Chief Information Officer, 最高情報統括責任者）等は，従業員の間に大きな忙閑格差を生じないように，また，できるだけ不平・不満層が少なくなるように人材の活用と適材適所化を図ることは，情報漏洩をはじめとする情報セキュリティ課題を解決することと表裏をなしていると言

える．

　セキュリティの乗算法則は，ネットワークの本質に由来するものであるから，OECD ガイドラインが言うように，全てのネットワーク利用者，即ち，現在では，国民のほとんどに当てはまるものである．筆者は，情報セキュリティの究極の目標は，人々や組織が，ICT (Information and Communication Technology, 情報通信技術) によって拡大した自由をできるだけ享受できることを保障することにあると考えており，

　「情報セキュリティとは，技術，経営管理手法，法制度，情報倫理・心理などを相互に深く連携させ，それらの相乗効果により，自由の拡大（利便性・効率性の向上），安全性の向上，プライバシーの保護という，互いに相反しがちな3つの価値を可能な限り同時に達成するための基盤的プロセスである．」

と定義している．ここで，「技術，経営・管理，法制度，情報倫理・心理などによる相乗効果」と述べたが，これらのひとつが欠けても，上記の目的は達成されないから，この意味でも乗算法則が働いていると言えるわけである．

　本章では，先ず，デジタル技術に基づく情報ネットワークが，社会の構造と機能をどのように変えているかを考察した上で，情報セキュリティを，一般的観点から論じ，次に，CIO を中心とする企業人の視点から考えることとしたい．そして最後に，情報セキュリティと精神構造の関連など，今後の諸課題について考察する．

2　デジタル化・ネットワーク化による社会構造・機能の変化

　デジタル技術は，情報を担うあらゆる信号を1か0に還元する離散的技術である．この離散的技術が，コンピュータとネットワークの基盤となって，社会構造と機能を連続化（アナログ化）するという逆説的現象を惹起している．このことは，例えば，通信と放送の例を挙げるまでもなく明らかであろう．インターネットが普及するまでは，放送と通信は別々の組織によって，異なる価値観や倫理観の下で運用されてきた．通信と放送では，著作権法が異なっているが，両者の接近・連携によって，その統一が課題となっている．もちろん，現在でも，電話による会話には，通信の秘密が保障されねばなら

ず，公共放送には，公序良俗が求められるから，両者が融合するわけではないが，その中間にブログやＳＮＳなどの個人放送局とも言える多様な形態が出現している．

また，インターネットが普及する前は，広告という機能と個人的体験談による紹介とは，別の機能であったが，現在では，アフィリエイト広告という名の体験談的紹介が，広告業界地図を塗り替えようとしている．さらに，サイト運用者が，アフィリエイト広告に加えて，値決めまでするというドロップシッピングと呼ばれる形態まで現れ，販売責任は，販売業者のみにあるのか，サイト運用者にもあるのか，という法制度的課題が監督官庁や法律専門家を悩ませている．

このように，ネットワーク化は，異なる価値観を持つ組織や機能が無関係に存在することを難しくしている．また，個人情報が流れ過ぎては困るというので，個人情報保護法が2005年に全面的に施行されたが，それもあって，これまで全国民的な関心事ではなかった個人情報漏洩が，企業の命取りになりかねない状況になっている．

これまで，離れて共存していた組織や機能の接近・連携により生じる，利害の対立や権限分界・責任分界などの課題を裁くため，新たな法律が定められる．しかし，情報は，有体物と異なり，占有性を持たず，法律によるコントロールが難しい対象である．そこで，ハンド・ローとも呼ばれる法律に加えて，より柔軟な運用を目的として，省令，条例，ガイドライン，業界標準などさまざまな，ソフト・ローが法律を補完している．しかし，一旦，文書に書き表した規定は，解釈の幅があるとは言え，社会的なデジタル的存在となる．例えば，公務員倫理規定で，ある会合にn名以上集まることを禁止するとすれば，それは，最早，人間の内面に宿る倫理の問題ではなくなってしまう．そして，ハード・ローにしろソフト・ローにしろ，細かく決めすぎると，柔軟性に欠け，効率を妨げることになる．

そこで，デジタル化できない倫理観，信念，暗黙知など，アナログ的な人の心が最後の拠り所となる．結局，デジタル技術に始まるネットワーク社会は，社会構造・機能をアナログ化し，そのことが，法制度というデジタル化を促し，最後はアナログ的な人の心の状態に依拠することになる．情報セキュリティの課題を解決する場合も，最後は人々の心理や倫理観に帰着される．

3 情報セキュリティの理念——総合・相乗・止揚

情報セキュリティは通常，CIA，即ち，機密性（Confidentiality），完全性（Integrity），可用性（Availability）という3要素を守ることと言われている．これについては，表1を参照して頂くとして，本節では，より広い立場から，情報セキュリティの本質に迫ってみたい．

情報ネットワークが，人々の活動範囲を拡大し，効率性・利便性を高めていることは，異論のないところであろう．哲学者ヘーゲルは「歴史とは自由拡大の歴史である」と言ったが，ネットワークを楽しく便利に使っている人にとって，これは実感である．しかし，その自由と表裏をなすように，安全への不安や権利やプライバシー侵害への怖れが我々を悩ましはじめた．先ほど述べたように，ネットワーク社会では，さまざまな価値観や利害の矛盾対立が必然的に激しくなる．特に，情報セキュリティに深く関連する自由，安全，プライバシーという3つの価値の相互関係について考えてみよう．

① 自由のみを追求すれば，安全性は低下し，プライバシー侵害の被害も大きくなることは言うまでもない．
② 安全性のみに力を入れれば，自由な活動は妨げられ，また，監視カメラ，監視ログなどによるプライバシー侵害が問題となる．
③ プライバシーのみに注意すれば，個人情報の利用が極度に抑えられて，人々の自由な活動は妨げられる．そして，過度の匿名性が社会の安全を脅かすことになる．

プライバシー・個人情報の保護が，人々の安全を守るのに有効である場合も多いので，安全とプライバシー保護は必ずしも相反するわけではないが，対立する場面も少なくない．この3者の矛盾相克する価値を，できる限り両立・三立させることが情報セキュリティの目的ではないかと筆者は考えている．それは，多くの場合，叶わぬ願いであるが，初めから，バランスの問題とするのではなく，技術，経営・管理，法制度，倫理・心理などを総動員して，それらの相乗効果（シナジー効果）を挙げるような総合的対策を立て，自由，安全，プライバシーを可能な限り高いレベルで均衡させること，いわゆる止揚させること，そして，それを定常的プロセスとして実行することが，情報セキュリティの理念ではないだろうか．言い換えれば，情報セキュリテ

3 情報セキュリティの理念　　　159

表1　情報セキュリティの定義

機密性（Confidentiality）	アクセスを許可された者だけが，情報にアクセスできることを確実にする．
完全性（Integrity）	情報及び処理方法が正確であること及び完全であること，及び本人確認を保証する．
可用性（Availability）	許可された利用者が，必要なときに，情報及び関連する資産を利用できることを確実にする．

図1　三止揚

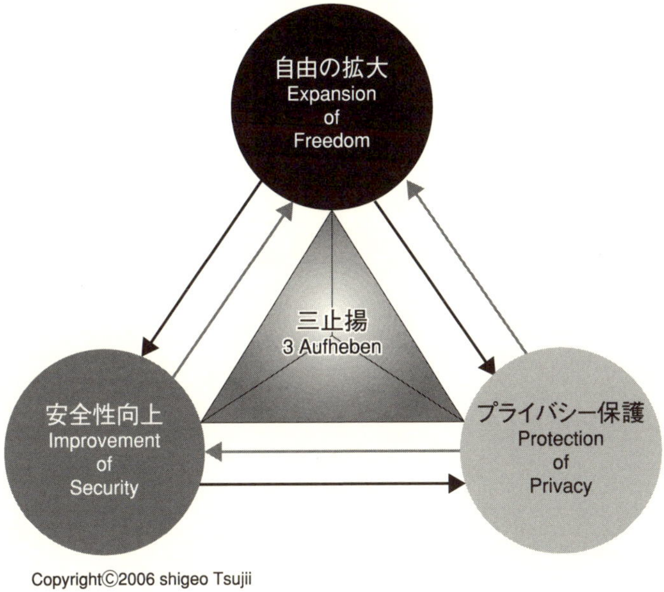

[図: 三止揚（3 Aufheben）を中心とし，自由の拡大（Expansion of Freedom），安全性向上（Improvement of Security），プライバシー保護（Protection of Privacy）の三者の関係図　Copyright©2006 shigeo Tsujii]

ィは，せっかく，ICTによって得られた自由をできる限り保障するための対策であると考えたい．

　企業等における内部統制について言えば，業務の効率化という攻めの目標とコンプライアンス・財務諸表の適正化という守りの目標との止揚を図ることを目指すのが情報セキュリティガバナンスの要諦であろう．情報セキュリティガバナンスとは，内部統制の仕組みを，情報セキュリティの観点から組織内に構築し，運用することである．

　IPA（独立行政法人　情報処理推進機構）では，小・中・高校生から情報

図2 情報セキュリティの理念

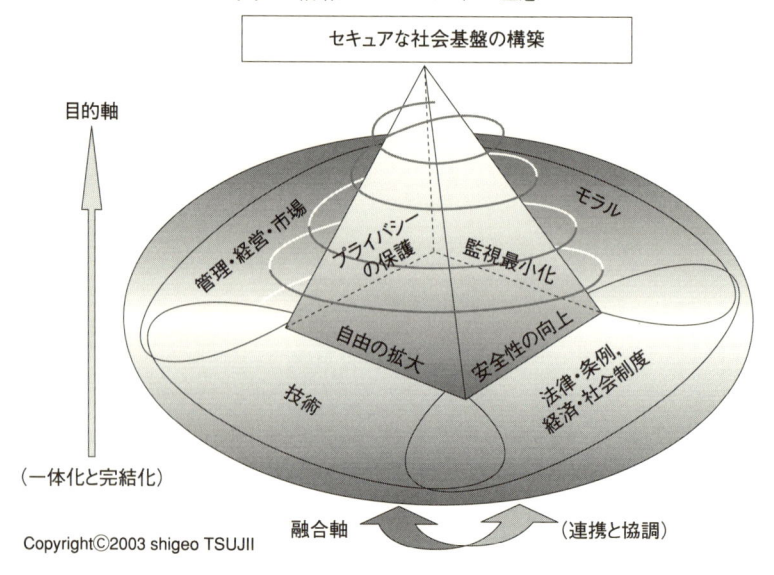

セキュアな社会基盤の構築

目的軸

モラル
管理・経営・市場
プライバシーの保護
監視最小化
自由の拡大
安全性の向上
技術
法律・条例・経済・社会制度

（一体化と完結化）

Copyright©2003 shigeo TSUJII

融合軸　（連携と協調）

セキュリティに対する標語を募集しており，筆者が選考委員長を務めている．2006年度は，約1000件の応募があったが，多くは「一寸待て，そのクリックが命取り」式のものが多い中で，ある女子高校生から「ネットで広がる無限の世界　明暗決めるはあなたの手」という応募があり，これをグランプリに選んだ．無限に広がるサイバー空間をできる限り活用し，楽しむための対策が情報セキュリティであり，これは，自己責任のみで全て実行できるわけでは勿論なく，組織経営者，CIO，システム開発者・管理者，利用者，技術や法制度などの研究者，政策決定者などがそれぞれの立場から，智慧を出し合うことが必要である．その具体例を表2に示しておく．

情報セキュリティにとっては，総合，相乗，止揚という概念が重要であると述べたが，止揚というのは，言うほど簡単ではないと言われるかもしれない．しかし，工夫してできることは多い．2, 3の例を挙げてみよう．

① 電子投票・アンケートシステムにおけるプライバシーと不正防止の両立

電子投票・アンケートシステムでは，プライバシーが守られねばならないと同時に，不正な投票を防ぐという意味で安全性が保障されなければな

3 情報セキュリティの理念

らない．ある事案に対して賛成を1，反対を0で投票するとしよう．これは，投票者本人のみの秘密である．しかし，それをよいことに，2と水増し投票しても受け付けてしまうシステムでは困る．このような場合，ゼロ知識相互証明 (ZKIP, Zero Knowledge Interactive Proof) と呼ばれる暗号技術などにより，秘密は守りつつ，不正時のみ，それを暴くことが可能である．また，ひとりひとりの投票は本人以外誰も知ることなく，集計を正確に行うことも，暗号技術により可能となる．

因みに，電子選挙には，第1段階から第3段階まで3段階がある．第1，第2段階は，投票所投票方式である．第3段階は，投票者が，任意の端末から，インターネットなどを介して投票する方式である．我々，暗号研究者は，1980年代から，プライバシー保護と不正防止の両立を主なテーマとして，第3段階を対象に研究を進めてきたが，現実には，政治的思惑やインターネットの信頼性などにより，第3段階の実現は視野に入っていない．第1段階と第2段階の相違は，前者は投票所同士をネットワーク化しないのに対して，後者は，ネットワーク化し，投票者がどの投票所からでも投票できるようにする点にある．

現在，わが国では，いくつかの自治体で第1段階の選挙を実施しているが，半数近くが失敗している．それは，主に管理・運営面での拙劣さに原因があった．電子投票システムに対しても，内部統制的視点から，リスク評価を行い，リスク・コントロール・マトリックスを作成し，情報セキュリティ監査を実施する体制を整えなければならない．電子投票においても，暗号やネットワークをはじめとする技術，管理・運営，法制度，投票に関するモラルなどの総合的対策が必須である．

第1，あるいは第2段階の場合，紙による投票に比較し，集計は速くなるが，筆者は，電子化のメリットをより活かすべく，次のような提案をしている．紙による投票方式の場合，自分の投票結果が集計に正しく反映されているか否か確かめようがない．電子化した場合，それを自分だけが確認できるようなシステムを，暗号技術を用いて構築することが可能となる．このようなシステムを情報セキュリティ監査なども含む総合的システムとして検討している．

以上は，国，あるいは自治体の選挙について述べたのであるが，電子投

表2 さまざまな立場からの情報セキュリティ対策 (1)

対策＼立場	個人（一般利用者，サイト運営者），国民	大学，小中高校，研究機関，国（立法，行政，司法），独法，NPO, etc.
リテラシー 情報社会の倫理・心理 良識	さまざまな価値対立状況の中で，簡単なQ&Aで満足しない． 皆の言うことは案外正しい？　インターネット民主主義の確立（多数決の誤り），匿名性の±面，個人情報に対する良識・注意と寛容さ，ヒューマンエラーの知識，情報収集，分析，評価，活用能力	新しい倫理の合意形成（真正の情報文明は倫理観の変遷を伴わざるべからず）61万株1円問題，賛否両論，ハーバマス討議倫理学 情報セキュリティ心理学の構築
技術 情報システム 設備	相手確認，ウィルス対策，ファイルバックアップ Winnyの動作，etc.を理解し，意図せざる不正行為に注意	もぐら叩き→セキュアーOSの開発
情報（セキュリティ）法制度	インターネット利用には多くの法律がからみ，有体物に対する法律のように線引きができない難問が多いことを認識する必要	Hard LawとSoft Lawの切り分け，Soft Lawの実効性担保方法 情報窃盗・漏洩に対する法制化，HLの公平・厳密性とSLの個別的弾力的運用の併用 デジタルフォレンジックに対する法制度的研究
経営・管理 内部統制	現場での討議などを通じ，セキュリティ・ポリシーの実施手順などの改善提案などを建設的に行うこと．	Global StandardとJapanese Standard（組織風土，国民性・民族性）の止揚 文書化・見える化とG.S. 情報セキュリティ会計学の構築
啓発・教育 人材育成	自治体，NPOによる実習，JPCERT/CC, IPA緊急対策情報	小学校から普遍的モデル教育，情報特性（例，小悪事→大惨事） 情報セキュリティは加算ではなく乗算（掛け算）である→責任感
理念 総合・相乗 止揚	自由，安心，安全，プライバシーのバランス感覚の高度化	情報セキュリティ総合科学の構築（暗号プロトコルなど要素技術の開発） 法制度と暗号技術による止揚，電子投票システムなど具体的システムを通じての総合化とデータベースの構築

票は，本格的な選挙に限らず，自治体における住民の意識調査や企業などさまざまな組織における匿名によるアンケート調査にも有用であり，その場合には，現在でも，第3段階のシステムが活用できよう．例えば，高校生の喫煙状況調査には，匿名性が保障されれば，正直な答えが得やすいで

3 情報セキュリティの理念

表2 さまざまな立場からの情報セキュリティ対策 (2)

対策＼立場	組織体（企業，自治体，etc.）			経営者, CIO, CISO
	一般従業者	情報システム開発者	情報システム管理者	
倫理　心理　良識	情報セキュリティの乗算原理の認識			系列企業，アルバイトを含む全社的意識高揚，CSR毅然方針 サボり vs. 監視→シンクライアント，人事
	責任感を持つこと．ミスを犯さない工夫を重ねること．	人間の倫理面・心理面の弱さ・脆さをカバーするようなシステム開発を心がける．	全社的視点を持つこと．	
技術　情報システム　設備		暗号技術やセキュアーOSなど，基盤技術の開発動向に関心を払い，適宜，導入を図ること．	組織内でのWinny使用に注意　電子署名（S/MIME, etc.）体制（耐スピア攻撃など）　FW，ネットワーク監視（ボット対策）等々	
情報（セキュリティ）法制度	法制度の動向に留意すること	法制度のシステム開発の整合性に留意すること	法制度の組織内での適合的細則化を図ること	
経営・管理　内部統制	職場でのグループ討議などを通じ，現場からの改善提案を積極的に行うこと．	発注者と受託者間でのセキュリティ要件定義，運用ルールの明確化（セキュリティリスクの明確化，受託条件明細書を交わす，役割分担明記，緊急トラブル対応のマニュアル化，既存リスクの明確化など）		業務の効率性・長期的利益とリスクマネジメント，コンプライアンス・財務諸表の適正性管理等との止揚，身の丈に合ったセキュリティポリシー策定・周知
			アウトソーシングする場合，機密性，責任体制・所在の明確化	
啓発・教育　人材育成	教育・訓練に緊迫感を持って参加すること．	それぞれの専門的知識に加え，総合的対策としての情報セキュリティに関心を深めること．	全社的教育・訓練を実施すること．	全社的視点を持った情報システム管理者の育成

理念 総合・相乗 止揚	情報セキュリティは組織の基盤であり、乗算法則が働くことを理解し、連帯的責任感を持つこと。	技術、管理・運営、法制度、モラル・心理の相乗効果による情報セキュリティ向上を予算を抑えつつ構築すること。	長期的利益・業務の効率性とリスクマネジメント、コンプライアンス、財務諸表の適正化等との止揚、情報セキュリティガバナンスとITガバナンスは表裏一体、認証やアクセス管理が整備されたIT基盤の活用→属性排除、迅速な処理

あろう．

② 個人情報漏洩と過剰反応への止揚的対策

　自治体や企業などにおいて，個人情報漏洩が深刻化する一方で，個人情報保護法に対する過剰反応による効率や安全性の低下が問題となっている．個人情報保護法を制定する過程で，暗号化された個人情報は個人情報か否かということが，関係官庁で議論され，暗号化されていても復号できるのだから，個人情報であると結論されたそうである．これは当然である．しかし，高度に安全な暗号方式で暗号化された個人情報が，ネットワークへ流出した場合，それを漏洩と看做すかどうかについては議論が必要である．高度に安全な暗号かどうかをどのようにして判断すればよいのだろうか．

　世の中に出回っている暗号の安全性は強弱さまざまある．暗号の安全度評価は，情報セキュリティの専門家でも判断できない程，専門的知識を必要とする．総務省と経済産業省は，今世紀初頭，NICT（独立行政法人情報通信研究機構），IPA（上述）を事務局とし，暗号研究者数十名の協力を得て，CRYPTRECという暗号評価委員会を設置して，3年間かけて，電子政府の利用に供し得る29種類の暗号方式をリストアップした．現在それらの暗号方式が危殆化する兆しはないか監視を続けている．

　このような暗号方式を用いて個人情報を暗号化し，暗号鍵などの管理を安全に行っていると言う保証が得られた場合，それが，記憶媒体やネットワークへ流出しても，解読されるおそれがないと判断して，漏洩と看做さないようにしてはどうか，と筆者は提言してきた．尚，米国では，24州で，強度の高い暗号で暗号化された個人情報は流出しても漏洩とは看做さないと決められているそうである．

　2007年3月に改訂された「個人情報の保護に関する法律についての経済産業の分野を対象とするガイドライン」では，このような方針が取りい

れられているようだが，全ての省庁や自治体が，足並みを揃え，単に「強度の高い暗号」ではなく，「CRYPTREC で定める暗号方式」と明記することが，個人情報をその有用性に配意しつつ保護すると言う個人情報保護法の精神に沿うことになろう．

その際，利用者が実施しやすい鍵管理のガイドラインの整備も急がねばならない．

③ 情報漏洩の際の情報公開の是非とタイミング

ある企業から顧客情報が漏れて，企業ブランドが失墜し，存亡の危機に直面するといった事件がおきている．その際の企業の対応として，いつ何が起きたのか，被害は広がるのか，責任の所在とその果たし方などに関する説明が誠意をもってなされるかどうかに，事件後の企業の業績回復がかかっている（文献，土井智明（情報セキュリティ大学院大学学生），「企業における個人情報漏えい事故発生時の事後対応のあり方について」，平成 19 年 5 月 2 日発表）．しかし，誠意ある対応も，事実関係の確認やタイミングを考えると簡単ではない．例えば，ウィニー経由で情報が漏洩した場合，それが記者発表で報道されると多くのユーザが当該ファイルをダウンロードすることになり，結果的には，漏洩情報が急激に拡散する（文献，武田圭之，「漏洩情報は誰のものか？」，『IT コンプライアンス．レビュー』Vol. 1, pp. 74-80, 2006. 11）．2005 年 6 月に起きた米国カードソリューションズ社からのクレジットカード情報流出事故では，当初，4000 万人分のカード情報が流出したと報じられ，大きな社会不安と混乱を招いた．その後の調査で，実際に漏れた可能性のあるのは，20 万件であることが判明した．事故の公表に当たっては，慎重な事実確認と適切なタイミングが必要ということになるが，情報漏洩をメディアに先に報じられては，その企業は不誠実の誇りを免れない．これは，深刻なジレンマである．このジレンマの解決は難しいが，軽減することは可能である．それは，上述したように，CRYPTREC にリストアップされているような強度の高い暗号方式で暗号化され，鍵が安全に管理された個人情報は，流出しても漏洩とは看做さないと定めることである．

④ 社員の志気と監視

企業などで，如何に多くの従業員が，仕事を怠けてパソコンで私用メー

ルに時間を費やし，ゲームソフトに興じているかがレポートされ，情報漏洩の土壌ともなっていると警戒される一方で，監視ログの実施が増えたことに対し，社員監視時代という批判も耳にするようになった．人間は弱く，そして勝手な者である．怠惰や出来心を防ぎ，かつ，いかに仕事中とは言え，四六時中監視されているという不快感・圧迫感を軽減するには，どうすればよいだろうか．ひとつの解決策は，シン・クライアントシステムの採用であろう．いずれにしても，モラル・心理という人間の内面，組織のルール，技術的・物理的システムの3者による総合的対策による相乗効果を挙げる工夫が必要である．

以上の4つの例に示したように，矛盾対立する難題も，技術，法制度，管理運営を適切に組み合わせることにより，解決，あるいは軽減される訳である．その際，人々のモラルが基本であることは言うまでもない．上の例では，暗号が活用される例を示したが，多様な電子社会システムを題材として，このような知見を蓄積していくことが望ましい．

それにしても，コンピュータなどの専門家も含めて社会全般の現代暗号に対する認識が浅いのは情報セキュリティの基盤確立上，大いに問題である．インテリジェンスで著名な評論家があるところで，「暗号は解けるが，符号は解けない」と述べているのを読んで，未だ暗号に関する知識はこの程度かと驚愕した．符号というのは，日露戦争から第1次大戦当時のコンピュータがない時代の，暗号に対する呼び名である．現代暗号は強固な数学的基盤の上に，安全性を可能な限り理論的に証明している．そのような評価を受けてない暗号も出回っているので注意が必要である．また，絶対的な安全性証明は，人間の理性の限界，いや神の摂理として不可能であり，さればこそCRYPTRECでは，一旦，選定した暗号方式の安全性評価を継続しているのである．ISO（国際標準化機構）では，14種類の暗号の標準方式を定めているが，この内，日本の方式が5つに上ることからも，わが国の暗号技術のレベルが高いことが分る．それを，情報セキュリティに活用するのが今後の課題である．

4 経営的視点から見た情報セキュリティの諸問題

　企業などの情報セキュリティ担当者から，「情報セキュリティに人的・金銭的コストをかけても，それによる経済的効果が見え難いので，経営者に予算請求するのが難しい」という話をよく耳にする．しかし，アクセス管理や電子認証などの情報セキュリティシステムと表裏一体となった IT 基盤を活用することにより，属人的暗黙知を組織共有型形式知に変え，誤りのない迅速な処理を実現して，贅肉を落とした筋肉質な企業体質を作ることは，企業の継続・発展に不可欠ではないだろうか．

　今，話題の内部統制との関係で言えば，米国企業では従業員はマニュアル通りやるというスタイルが多いのに対して，日本企業では中間層が比較的有能であり，「うまくやっておいてくれ」と言えば，暗黙知で仕事が進んでいくので，膨大な文書化，リスクコントロールマトリックスの作成などコストがかかるだけではないかという受け止め方もあるだろう．

　確かに，暗黙知による日本型統治にも良い点は多いし，残すべきところも少なくないと思われる．しかし，情報化とグローバル化の進展は，好むと好まざるとに拘わらず，社会の構造を内部規範型から契約社会型に変えていく．米国の SOX 法（企業改革法）も見直される中で，いわゆる日本版 SOX 法（J-SOX 法）の是非も議論されているが，行き過ぎは是正されるべきだとしても，見える化，形式知化への流れは必然と受け止めるべきであろう．

　情報セキュリティに対しては，事件が起きた時だけ「見える」のでは投資へのインセンティブも湧かないので，情報セキュリティ会計を学術的にも実務的にも進めねばならないが，経営者は，より広く高い立場から，IT と情報セキュリティを基盤とする統制環境を構築すべきであろう．「見える化」を，人材の活用・適材適所化（冒頭に述べた 2-6-2 という人事問題の解決）と，志気の向上，情報漏洩の軽減などに繋げ，体質強化を図るというときではないだろうか．

　本章では，情報セキュリティの各論について詳細に述べるゆとりはないので，経営的視点から，いくつかの要点に絞ってコメントすることとしたい．

4.1 PDCA サイクル

最近は，経営・業務に限らず，さまざまな場面で使用される言葉として定着した PDCA，即ち P（Plan），D（Do），C（Check），A（Act）は，情報セキュリティの基本的プロセスである．

Plan（計画）フェーズ；セキュリティポリシーの策定と手順書の整備

先ず，情報資産として，何を守るのか，それに対してどのような脅威とリスクがあるのかを明確にし，組織としてのセキュリティポリシーを定める．セキュリティポリシーは，広い意味では，基本方針，対策基準，実施手順という3層からなるが，通常は，基本方針と対策基準を合わせて，セキュリティポリシーと呼んでいる．基本方針は，その組織としてのセキュリティに対する目的と原則を定めるもので，憲法のようなものとも言われる．しかし，社会に公表するものであるから，ありきたりの文章ではなく，その組織の込められた思いが伝わるものであって欲しい．

対策基準は，どの情報資産をどのような脅威から，どう守るのかを具体的に定めた基準である．実施手順は立案した計画を実施するためのマニュアルであり，

　始めに設定する内容と手順，及び，定期的に実施する対策手順，
　インシデント発生時（事故が起きたとき，緊急時）の対策と手順

などを記述する．実施手順は，環境の変化に応じて，適宜変更する．

Do（導入と運用）フェーズ；

ウィルス対策ソフトやファイアウォール，侵入検知システムなどのセキュリティシステムを導入する．また，役職や部署に応じたアクセス制御のレベルを設定する．従業員にセキュリティポリシーやルールをよく理解させるための教育・訓練を行う．また，異動・退職者が使用していたアカウントの削除を確実に行う．退職者から，顧客リストが流出したケースも少なくない．

Check（評価・監査）フェーズ；

脆弱性検査，自己点検，情報セキュリティ監査などにより，計画と運用の妥当性を評価する段階である．情報セキュリティ監査については，後述する．

Act（見直しと改善）フェーズ；

Check フェーズで明らかになった評価結果や，事故発生により露呈された広義のセキュリティポリシー（対策基準や実施手順）の問題点に基づき，

セキュリティポリシーを改善する段階である．

以上でサイクルが一順し，次のサイクルに入る．このサイクルは，技術の進歩，業務の進展，法制度や社会環境，人心などの変化に対応して，組織が存続する限り，あるいは存続するために，回し続けなければならない．

次に，情報セキュリティを中心とするシステム監査，即ち情報セキュリティ鑑査について，簡単に説明しておこう．

4.2 情報セキュリティ監査

会計監査が，既往決算の正確性，信頼性を監査し，評価して保証するのに対し，システム監査，あるいは情報セキュリティ監査は，既往実績も評価するが，現状と今後の課題について監査しなければならないという悩ましい問題を抱えている．しかも，情報とそのシステムが，経営の基盤となってきたため，情報セキュリティ監査に課せられる責任も重い．保証型監査か，助言型監査かという問題がよく議論になるが，情報セキュリティ監査の場合，助言的要素が入らざるを得ないのではないだろうか．ここでは，大井正浩の定義（2005年，中央大学公開講座「情報セキュリティ確保のためのPDC」）

表3　ISO/IEC 27001の規定する情報セキュリティ・マネジメント

セキュリティ・ドメイン	内容
0. 序文	
1. 適用範囲	情報セキュリティ・マネジメントの適用範囲
2. 用語と定義	情報セキュリティ・マネジメントの用語と定義
3. セキュリティ基本方針	情報セキュリティ・マネジメントの方針
4. セキュリティ組織	情報セキュリティ推進に責任を持つ委員会の設置
5. 資産の分類と管理	資産項目の作成や資産分類
6. 人的資源管理	人的要因によるリスク軽減を目的とした，責任，採用条件
7. 物理的・環境的セキュリティ	入退室管理，施設や装置取り付けなど
8. 通信・運用管理	情報処理システムの運用管理のセキュリティ
9. アクセス制御	利用者のアクセス管理やネットワークアクセス制御
10. システムの開発・保守	健全な開発・運用のため，システムへのセキュリティ要件，アプリケーション・プログラムに対するセキュリティ要件，情報の秘匿・認証，暗号鍵の管理等
11. 事業継続管理	事故，災害からの復旧・予防管理，事業継続管理
12. 適合性（準拠性）	知的所有権，プライバシー保護などの法的措置への準拠（適合性）

に従って，「情報セキュリティ監査とは，経営の要請に基づいて，組織が目標とする各リスクのレベルに従って，セキュリティ対策を評価し，改善のための助言，勧告，提案を行うものである．」と定義しておく．評価の基準には，表3に項目を示すISO27001, JISなどが準拠あるいは参考にされる．

表3において，11.事業継続管理は，企業の存続に関わる項目であるので，具体的に述べておこう．

4.3 事業継続計画・管理（BCP・BCM　Business Continuity Plan・Management）

事業継続計画・管理（以下，BCMと言う）は，自然災害やシステム障害をはじめとするさまざまなリスクに備えて，有事の際の損害を最小化し，回復時間を短縮するための，計画・管理を指すが，ここでは，情報セキュリティの観点から，ウェブサイトを例にとって，BCMを考えてみよう（文献IPA白書）．ウェブサイトのセキュリティ対策が不十分であったため，顧客へ被害を与え，ブランドの低下を招いた企業が少なくない．そこで，下記のような対応が望まれる．

計画；
i 社内対応体制，社外機関との連携活動方針を定める．
ii 個人情報漏洩時に備えて，リスク・コミュニケーション方針やウェブサイト停止時の公表方法などを予め，決めておく．
iii 外部からセキュリティインシデントを指摘されたときの対応が迅速にできるよう，コールセンターと組織の各部署との連携方法を決めておく．
iv ウェブアプリケーション開発時に脆弱性が内在しないように注意する．
v 脆弱性を発見したとき，または指摘された場合の対策方法を，契約書にどのように記載するかを明確にしておく．それに伴う予算も考慮しておく．

運用；
vi 定期的なセキュリティ診断の実施，教育・訓練の実施．
vii インシデント発生時には，状況の正確な把握，緊急対応，復旧対応，信頼される企業としてのリスク・コミュニケーションの実施．

5 情報セキュリティの今後の課題

情報セキュリティに関する課題は山積しているが，筆者が特に重要と考えている課題の内のいくつかを挙げておく．

① セキュアーOSの開発・普及

悪性プログラムの横行は表4に示すように止まるところを知らず，巧妙化，複合化している上，一見して分り難いもの，スピア型（標的型）と言われる特定の企業などに目標を定めたものなどが増加している．これ等の悪質な攻撃に対して，もぐら叩きをしていても際限が無く，セキュリティは劣化する．この辺で，わが国も，強制アクセス制御と最小権限という機能を持つセキュアーOSを開発し，普及させるべきではないだろうか．セキュアーOSの導入により，表4に示す被害は半減するであろう．特に，Web.2.0時代と言われる今日，ウェブサーバからデータベースへのアクセスが増えることに伴って，急増しているSQLインジェクション攻撃に対しては，セキュアーOS化は顕著な効果を発揮すると期待される．

② デジタル署名を普及させるためのガイドラインの作成

フィッシング詐欺などの不正は，わが国の高い公開鍵暗号技術を活かして，相手確認や文書の改竄検知を確実に行うことで激減すると予想される．企業や個人が，容易にデジタル署名技術を使用できるよう，ガイドラインの整備を早急に進めるべきであろう．また，それに関連して，秘密鍵の杜撰な管理を改めるべきである．未だに，ICカードでなく，パソコンに直接，秘密鍵を収納しているケースが多いようである．カードリーダ内蔵のパソコンの普及が急がれる．

③ 情報セキュリティ会計学の研究

情報セキュリティにかけるコストを担当者が経営陣に説明するのに苦労するという話をよく耳にする．逆に，トップがセキュリティ対策を採らなかったときの損失を利益に組み込んで評価し，セキュリティ担当者のインセンティブを高めている企業もあるので，経営者の意識の問題でもあるのだが，いずれにしても，情報セキュリティの内部経済化が必要である．この分野の研究者が少なく，今後，研究者の増加と研究の活発化が望まれる．

④ 情報セキュリティ心理学の構築

表4　インターネットセキュリティ10大脅威*

順位	脅威	概要	管理者・開発者の対策	利用者の対策
1	漏洩,情報のWinnyによる止まらない流通	ダウンロードが同時に公衆送信となる機能,ダウンロードしたファイルを削除しても引き続き公衆通信となる機能などによって自動回覧ネットワークとなる.	開発者:利用者の意図に反したファイルの公衆送信が起きないよう設計する.管理者:組織内でのWinny使用は禁止することが望ましい.	「流出したファイルを入手する行為=他人に提供する行為」を認識.無作為中継の機能を搭載していないソフトを使用すること.キーワードによる自動ダウンロード機能を使用しないこと.
2	表面化しづらい標的型(スピア型)攻撃	特定の組織や個人を狙い十分調査した上で攻撃を仕掛ける.利用者を巧みに(不良品の写真添付など)誘導して添付ファイルを開かせ,パスワード等を盗む.話題になり難い.	S/MIME等の電子署名による相手確認体制を整える.添付ファイルの拡張子に関するルールを定める(実行プログラム形式のファイルをやり取りしないなど).拡張子の偽装に注意.	相手確認による偽メール排除.S/MIMEなどによる電子署名の利用.
3	悪質化・潜在化するボット	感染したコンピュータが,外部からの指令に従って一斉に攻撃を行う不正プログラム.指令サーバを冗長化するボット,自立分散型ボットなどへと進化.	ファイアウォールの活用組織内ネットワークの監視	CCCクリーナの活用(Cyber Clean Center)対策ソフトウェアの導入
4	深刻化するゼロディ攻撃	製品開発者による修正の前に行われる攻撃.	製品開発者,JPCERT/CC,IPA,ニュースサイト,セキュリティベンダのサイト等を定期的に確認.修正プログラムが公表されるまでの間,ファイアウォールの設定変更,脆弱性製品の使用中止.	製品開発者の情報の他,JPCERT/CCが公表する注意喚起,IPAが公表する緊急対策情報などを日頃から確認.
5	ますます多様化するフィッシング詐欺	ウェブサイトにクロスサイト・スクリプティングの脆弱性が存在すると本物サイトに偽情報が表示されて詐欺.	開発者:利用者がフィッシングに注意できるよう見せ方に配慮.ウェブアプリケーションにクロスサイト・スク	クレジットカード番号,パスワードなどメールで送信しない.緊急事態のメールは疑い,電話で確認.

5　情報セキュリティの今後の課題

		中間者攻撃	リプティングの脆弱性が存在しないようにする．	
6	増え続けるスパムメール	迷惑メール，世界の80-90% 掲示板投稿，ブログへのトラックバックやコメントでも．	ユーザのホワイトリストやレピュテーションの管理	プロバイダーによるサービスの利用． メールサーバとして動作するもの． メールクライアント機能の利用．
7	減らない情報漏洩	2006年JNSAの分析では，約8割が，盗難・紛失・誤動作など人為的原因． 決済情報・個人情報の増加．	① 従業員の意識・モラルの向上 ② ルールの整備（ヒューマンエラーも考慮） ③ 技術的・物理的システム整備（シンクライアントなど）の相乗効果を挙げるようにする．	組織が定めたルールの遵守． 組織情報の持ち出し，持ち込み，（管理外に放棄，廃棄，権限の貸与・譲渡，公言など）
8	狙われ続ける安易なパスワード	不正アクセス届出の内，ID，パスワードの不備によるものは34%． SSHの例；パスワード認証を使っている場合に狙われ，他への攻撃の踏み台にされる．	推測され難いパスワードの工夫． パスワード認証のみしか利用できないtelnetの利用を止め，公開鍵認証を利用したSSHへの移行．	公開鍵認証・デジタル署名の普及拡大 利用者ごとに異なる初期パスワード発行 利用者が最初にログインした時，利用者自身に初期パスワードを変更させる機能を組み込む．
9	攻撃が急増するSQLインジェクション	2006年に急増．ウェブアプリケーションに対する攻撃の約60%．攻撃ツールの普及・自動攻撃の増加．見えにくい攻撃． データベースのデータの漏洩，改竄．企業などの被害甚大．	開発段階から脆弱性を作り込まない．（IPA発行の「安全なウェッブサイトの作り方」を参考）	
10	不適切な設定のDNSサーバを狙う攻撃の発生	送信元を偽造したDNSクエリを送りつける． ボットの送信能力を，DNSキャッシュサーバを踏み台とすることで，拡大．サーバの停	サービスの提供範囲を適切に設定．ルータなどに対するIngressフィルターの導入．	

| | | 止やシステム障害によるビジネス機会の逸失. | |

＊『情報セキュリティ白書2007年版』（制作：情報セキュリティ検討会　事務局：独立行政法人 情報処理推進機構）を筆者が要約.

　情報セキュリティの人間的側面には，倫理や良識，及び心理等がある．例えば，企業における個人情報保護法への過剰反応は何故起きるのか．事故などで病院に緊急入院した人の家族が，個人情報保護法を盾に，死に目にも会えなかったというような，常識では考えられないことがなぜ起きるのか．ガイドラインの整備も必要だろうが，当事者達の心理面の研究も必要であろう．社会心理学，組織心理学，企業心理学，犯罪心理学などの知見を情報セキュリティに活かした情報セキュリティ心理学の構築を考えてはどうだろうか．
⑤　情報倫理の確立
　情報倫理には，大方のコンセンサスのとれている倫理と，判断に苦しむグレーゾーンの問題，あるいは人によって倫理観の異なるものがあるように思われる．2002年に改訂された，OECDの「情報システム及びネットワークのためのガイドライン」では，倫理原則を次のように謳っている．
　「情報システム及びネットワークが我々の社会に普及していることから，参加者は作為又は不作為が，他者に損害を与えるおそれがあることを認識する必要がある．それゆえ，倫理的な行動が極めて重要であり，（中略），セキュリティの必要性を認識し，他者の正当な利益を尊重する行動を促進することに努めるべきである．」
　これに異論のある人は，いないと思われるので，このことを，具体的な例と共に，小学校から，子供達に噛んで含めるように教え込むべきではないだろうか．
　情報セキュリティを含む情報倫理全般については，意見の分かれる場合も多い．例えば，2005年の暮れ，ある証券会社が，「1株を61万円で売る」と書くべきところを，誤って，「61万株を1円で売る」と誤記したのに対して，多くの人が，これ幸いと購入したと言う出来事があった．このとき，与謝野金融担当大臣（当時）は「美しい話ではない」とコメントしたのに対して，ある民間放送のコメンテータは「与謝野さん，そう言うけど，それは，市場原理で動いているのだから，買って良いのだ」と述べていた．筆者は，これ

について，多くの人にアンケートしてみた．その結果，「購入することは倫理的に好ましくない」が約7割，「倫理的に問題ない」が約3割であった．市場やICTに詳しい人は大方，「問題ない」派であった．インターネットの普及とグローバル化によって，資本主義は新たな様相を呈している．18世紀のアダム・スミスは，『国富論』に先立って，『道徳感情論』を著し，道徳哲学者として経済を論じたと言われる．それより38年早く生まれた石田梅岩は，武士の倫理観から商人が卑しめられるのに抗して，商業活動を正当化すると共に，商人の倫理を追究して，石門心学を打ち立てた．それから，約300年，資本主義は新たな段階を迎え，普遍的な倫理法則を追求すべき時なのだろうか．

哲学者ハーバマスは，討議倫理学を提唱している．カントのように，イデアの世界から普遍的立法の原理を持って来るのではなく，皆で議論して，普遍化しようというわけである．これと同じ方法がケースメソッドと呼ばれており，グレーゾーンの問題を関係者でケースメソッドで討議している企業もあると言う．その場合，企業のトップが，社会的責任の重さを長期的視点から毅然とした態度で社員に示して，CSRを尊重する企業風土と統制環境を築いた上で，議論を深めるべきであると思われる．

文献

情報処理推進機構 (2007)，『情報セキュリティ読本』実教出版．
情報処理推進機構 (2007)，『情報セキュリティ教本』実教出版．
情報セキュリティ検討会 (2007)，『情報セキュリティ白書2007年版』独立行政法人情報処理推進機構．
小林雅一 (2005)，『社員監視時代』光文社．
松田貴典 (2005)，『ビジネス情報の法とセキュリティ』白桃書房．
ニューメディア開発協会 (2007)，『平成18年度ニューメディアに関する調査研究事業「ISMSの維持管理における実態調査」調査報告書《概要版》』財団法人ニューメディア開発協会．
酒巻久 (2004)，『企業情報漏洩防止マニュアル』アスキー．
辻井重男 (2003)，「21世紀COEプログラム——中央大学「電子社会の信頼性向上と情報セキュリティ」」，『電子情報通信学会誌』，vol. 86, no. 11, pp. 900-905．
辻井重男 (2003)，「超学際総合科学としての情報セキュリティ」，『計画行政』，vol. 26, no. 4, pp. 3-13．
辻井重男 (2004)，「電子社会を推進する情報セキュリティ総合科学のパラダイム」，『電

子情報通信学会論文誌 A』，vol. J87-A, no. 6, pp. 710-720.

辻井重男 (2004)，「パラダイムを拡大する大学と情報セキュリティ総合科学」，『計画行政』，vol. 27, no. 3, pp. 47-50.

辻井重男 (2004)，「現代暗号の構図」，『情報処理』，vol. 45, no. 11, pp. 1105-1110.

辻井重男 (2005)，「映像と情報セキュリティ技術　緒論」，『映像情報メディア学会』，vol. 59, no. 1, pp. 33-38.

辻井重男 (2005)，「電子社会の信頼性向上と情報セキュリティ」，『情報処理』，vol. 46, no. 4, pp. 405-409.

辻井重男 (2005)，「「それでも日本は変われない」？」，『学術の動向』，vol. 10, no. 9, pp. 93-94.

辻井重男 (2006)，「情報セキュリティと人材育成」，『OHM　12月号』，vol. 93, no. 12, pp. 14-15.

辻井重男 (2007)，「IT 社会による社会構造の変容と情報倫理」，『電子情報通信学会』，vol. 90, no. 1, pp. 21-23.

辻井重男編著，竹内啓，鈴村興太郎，斉藤博，石黒一憲，加藤尚武，池上徹彦，遠藤隆也 (2002)，『電子社会のパラダイム』新世社.

安田浩，辻井重男，酒井善則，中村伊知哉，藤田欣裕，阪田史郎，曽根原登，笠原正雄，土井美和子 (2004)，『2010 年コンテンツ産業に必要な 8 つの要件 d-commerce 宣言』アスキー.

税所哲郎 (2006)，『情報セキュリティ・マネジメントの導入と展開』関東学院大学出版会.

10章 CIOのバリエーション

沢本吏永・上田啓史・古坂正人・武田みゆき

1 はじめに

CIO (Chief Information Officer, 最高情報統括責任者) は米国の民間企業において誕生した経緯を有するが，今や民間企業のみならず，行政，その他社会的分野においてさまざまなCIOのバリエーションを見ることができる．各分野のCIOの特徴を理解することは，CIOの現況を理解するとともに各分野CIOの今後の展開を考えるにあたって有益であろう．本章では，CIOを企業（企業CIO），行政（中央政府CIO・自治体CIO），その他社会的分野（新分野CIO）の別に以下のように概観してゆく．

まず，わが国の企業CIOは，企業規模や業種による設置率の違い，兼任CIO比率の高さといった特徴が見られ，また昨今は企業CIOに求められる機能が多様性・複雑性を増してきており，CIOの質・量を共に高め，企業の国際競争力を確保することが国家的課題となってきている．次に，行政分野におけるCIOを中央政府と地方自治体とに分けて見てゆくと，中央政府におけるCIOは，官房長などから任命されるCIOと外部のICT (Information and Communication Technology, 情報通信技術) 専門家から任命されるCIO補佐官との役割分担や，行政組織制度や公務員制度によってCIOの権限の及ぶ範囲が狭く活動が限定的であることが特徴的である．地方自治体におけるCIOは，庁内のICTに係わるあらゆる業務や部署に権限を有しており，いかにリーダーシップを発揮してITガバナンスを行うかが重要視

10章の分担執筆は以下の通り
1は沢本吏永・上田啓史・古坂正人・武田みゆきの共著．
2は沢本吏永が執筆．
3.1は上田啓史が執筆．
3.2は古坂正人が執筆．
4は武田みゆきが執筆．

されていると同時に，公正かつ効率的な IT 調達を行うための組織体制の構築と人材育成が急務となっている．最後に，新分野 CIO の中でも特に社会的重要性の高い分野として病院 CIO と大学 CIO について見てゆくと，いずれも CIO という役職として設置されているケースは現状では多くないが，少子高齢化をはじめとする環境変化により，ICT の戦略的利用とそれを統括する CIO の存在は不可欠であり，また，業務において扱う情報の特殊性や，病院組織，大学組織の複雑性が CIO の職務に影響を与えることが指摘される．

2 企業 CIO

2.1 企業 CIO の設置状況と組織的位置づけ

2.1.1 企業 CIO の設置状況

「平成 17 年情報処理実態調査[1]」（経済産業省，2005）によると，2004 年度の CIO 設置企業の割合は 36.9% である．そのうち，兼任の CIO 設置企業が 33.0%，専任の CIO 設置企業が 3.9% となっており，CIO の兼任比率が高いことが分かる（図1）．企業の資本金規模別では，企業規模が大きくなるにつれ，専任・兼任共に，CIO 設置率が高くなっている（図2）．

また，業種別に CIO の設置状況を見ると，金融・保険業が目立って設置率が高く，専任・兼任合わせて 71.0% の設置率である（図3）．これは，金融・保険業が一種の情報産業であり，情報戦略が経営に与える影響が大きいためである．2002 年，複数銀行合併時に起きたシステム障害事故を見ても，金融機関のシステム障害は当事者のみならず経済社会に大きな損害を与える

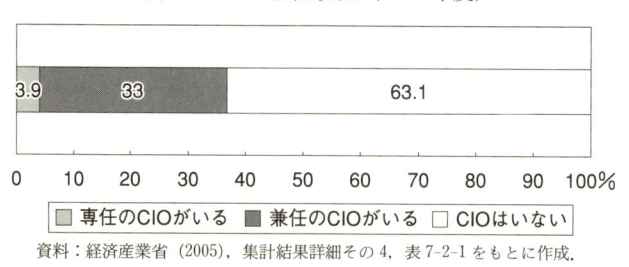

図1 CIO の設置状況（2004 年度）

専任のCIOがいる	兼任のCIOがいる	CIOはいない
3.9	33	63.1

資料：経済産業省（2005），集計結果詳細その 4，表 7-2-1 をもとに作成．

図2 資本金規模別に見た CIO の設置企業割合（2004 年度）

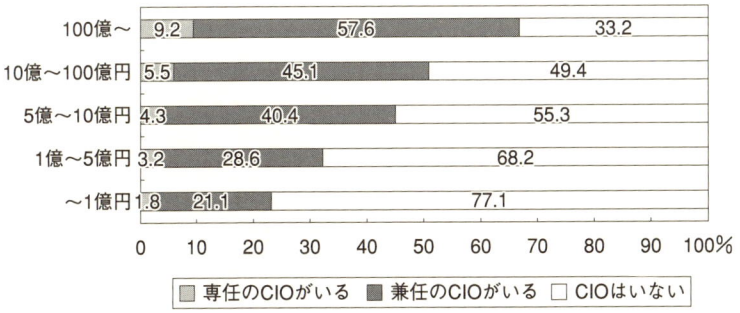

資本金	専任のCIOがいる	兼任のCIOがいる	CIOはいない
100億〜	9.2	57.6	33.2
10億〜100億円	5.5	45.1	49.4
5億〜10億円	4.3	40.4	55.3
1億〜5億円	3.2	28.6	68.2
〜1億円	1.8	21.1	77.1

資料：経済産業省 (2005)，集計結果詳細その 4，表 7-2-1 をもとに作成．

図3 業種別に見た CIO の設置企業割合（2004 年度）

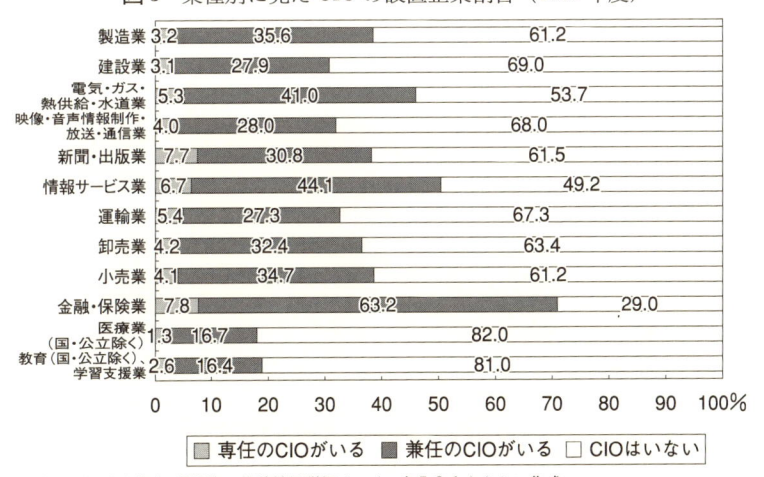

業種	専任のCIOがいる	兼任のCIOがいる	CIOはいない
製造業	3.2	35.6	61.2
建設業	3.1	27.9	69.0
電気・ガス・熱供給・水道業	5.3	41.0	53.7
映像・音声情報制作・放送・通信業	4.0	28.0	68.0
新聞・出版業	7.7	30.8	61.5
情報サービス業	6.7	44.1	49.2
運輸業	5.4	27.3	67.3
卸売業	4.2	32.4	63.4
小売業	4.1	34.7	61.2
金融・保険業	7.8	63.2	29.0
医療業（国・公立除く）	1.3	16.7	82.0
教育（国・公立除く）・学習支援業	2.6	16.4	81.0

資料：経済産業省 (2005)，集計結果詳細その 4，表 7-2-1 をもとに作成．

ため，金融機関 CIO の存在は不可欠と言える．続いて設置率が高いのは，情報サービス業であり，専任・兼任合わせて 50.8% の設置率である．一方，医療業（国・公立除く），教育（国・公立除く）・学習支援業は共に，専任・兼任合わせても設置率が 20% に達していない．ただ，両業種とも「CIO の設置を検討中である」と「必要性を感じているが，対応できていない」が合わせて 6 割近いため（同調査），将来的には設置率の増加が見込まれる．

2.1.2 企業 CIO の組織的位置づけ

わが国では，他の業務担当役員が CIO を兼任している場合がもっとも多

く，その他，情報システム部長や，とくに中小企業ではCEOがCIOを兼任している場合もある．

また，企業CIOは内部出身者が多く，外部から登用する場合は少ない．経歴としては，従来は情報システム部門出身者が圧倒的に多かったが，最近は経営現場に精通する経営企画部門，財務・経理部門，営業・マーケティング部門出身者の割合が増加しつつある．近年，ICTと経営の橋渡しとしての役割がCIOに求められていることの表れと見ることができよう．

2.2　企業CIOの機能

以下では，企業CIOの機能について概説する．

2.2.1　経営戦略に整合的な情報システム戦略の策定

CIOは，まず，経営戦略をよく理解した上で，その実現を可能にする情報システム戦略を策定し，経営陣に提示する．その際，情報システムに関する専門用語は経営陣にとっても理解しやすい形で表現しなければならない．情報システム部門に対しては，決定した情報システム戦略の内容をよく説明し，その目的と手段を正確に理解させた上で実行にあたらせる．

CIOには，経営部門と情報システム部門が同一目標のもとで協調して業務を遂行できるように，両部門間の情報の流れをスムーズにするコミュニケーション・調整能力が求められる．

ICTを活用した業務改革の推進

また，CIOは経営戦略に沿った形でICTを活用した業務改革を推進する役割がある．業務改革にはまず全社の業務状況を把握しなければならないが，その際，近年では，EA[2] (Enterprise Architecture, エンタープライズ・アーキテクチャー) の概念が多く利用されている．CIOは，EAによって可視化された全体像から現在の問題点を把握し，それらを解決しうるSCM (サプライチェーンマネジメント)，CRM (Customer Relationship Management) などのICTソリューションの導入を検討する．

新たなシステム導入の際には，インソース，アウトソースの選択，またアウトソースを活用する際には，依頼するベンダーの選択・評価などもCIOの重要な判断のひとつである．

2.2.2 IT投資戦略・評価

「情報通信白書平成18年版」(総務省, 2006a) によると, わが国の2004年の実質情報化投資は16.4兆円で, 民間企業設備投資額の21.5%をも占めている. 企業のIT投資戦略は, 企業経営および国家の経済成長に影響を及ぼす重要な要素のひとつと言える.

一方, わが国の企業では, IT投資を部門ごとに推進するがために, 重複投資など無駄が生じている場合も多い. 全社を俯瞰的に見渡し, 経営戦略に沿った形で適材適所のIT投資戦略を練ることがCIOに求められている.

また, CIOにはIT投資価値を事前・事後に評価し, 経営陣に対して説明する責任がある.

図4はCIOの設置状況別に見たIT投資評価の実施状況だが, CIOを設置している企業がCIOを設置していない企業より, 社内統一基準でIT投資評価を実施している割合が高い. とくに, 専任のCIOを設置している企業では, 17.6%と格段に高くなっており, CIOの存在が全社的なIT投資価値判断を促進していることが分かる.

情報リスク・マネジメント

企業経営にICTが不可欠になると同時に, ICTによるリスクも増大している. リスクの要因は, ウィルス, 不正アクセス, 改竄, 誤操作, 情報漏洩, 災害など多様化してきている. これらのリスクの恐ろしさは, ウィルスの伝達, 個人情報の漏洩, 金融システムの混乱などを通して, 被害が企業内部に留まらず, 企業外部にまで至ってしまうことである. 今や企業にとって情報

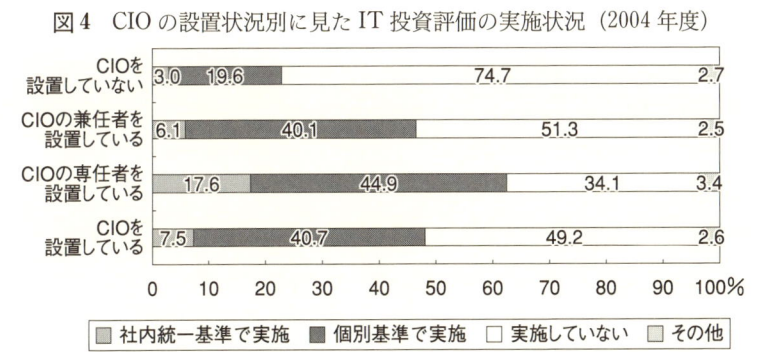

図4 CIOの設置状況別に見たIT投資評価の実施状況 (2004年度)

CIO設置状況	社内統一基準で実施	個別基準で実施	実施していない	その他
CIOを設置していない	3.0	19.6	74.7	2.7
CIOの兼任者を設置している	6.1	40.1	51.3	2.5
CIOの専任者を設置している	17.6	44.9	34.1	3.4
CIOを設置している	7.5	40.7	49.2	2.6

資料:経済産業省 (2005), 報告書 p.33.

リスクは経営リスクに等しいと言える．

CIO は，企業全体に潜在するリスクを把握・分析し，リスク対策の優先順位を定め，技術・組織両面からの対策を練らなければいけない．技術面では，コンピュータ・ユーザ認証，データベース・アクセス制限，ウィルス対策，ネットワーク制御，オフィスの入退室セキュリティなどに関して最新の技術動向を常に把握し，適切な技術の導入を検討・執行する．組織面では，セキュリティ・ポリシーの策定，社内教育，情報セキュリティ担当部署・担当者の設置などの対策が挙げられる．

また，わが国では，企業の情報セキュリティを向上させることを目的に2006 年 4 月から「情報基盤強化税制[3]」が施行され，企業の情報セキュリティを中心とした情報システム投資に減税措置が講じられるようになっている．

2.3 企業 CIO の機能の多様化

近年，個人情報保護法（2005 年 4 月施行），e 文書法[4]（2005 年 4 月施行），日本版 SOX 法（2008 年 4 月施行予定）などの新法制定や知的財産権保護意識の高まりにより，企業の情報管理能力がますます問われるようになってきた．日本版 SOX 法では，内部統制の基本的要素として，その基となった米国の SOX 法（サーベンス・オクスリー法）にはない「IT 統制」の項目が加えられ，企業の統制が有効に機能する環境を保証するための IT マネジメントが求められている．CIO は，ICT 活用の目的や指針を明確化し，既存システムの修正や新システム構築に取り組む必要がある．

このように CIO の業務が多様化する中で，CIO ひとりではすべての業務を網羅することが困難な場合もある．CIO は自らの経歴にとらわれず，該当部門との綿密なコミュニケーション・調整・協力をはかることで円滑に業務を遂行しなければいけない．また，CIO の業務を補佐する CIO チームを結成すれば，同時に次世代の CIO 育成が可能となり，企業の持続的な IT マネジメントが確保されるだろう．

2.4 企業 CIO 育成

わが国では，企業 CIO 育成のために，産官学でさまざまな取り組みが行

われている．

　経済産業省・独立行政法人情報処理推進機構（IPA）・特定非営利法人ITコーディネータ協会では，2004年度に「IT経営応援隊（中小企業の経営改革をITの活用で応援する委員会）」を設置し，「CIO育成研修会」の地域別の開催，IT経営教科書・CIO育成テキストの資料作成などを通して中小企業のCIO育成を促進している．2007年度には，「IT経営応援隊」の事務を含めた「CIO育成・活用型企業経営革新促進事業（中小企業等IT経営実践促進事業）」を行う予定である．また，経済産業省では，米国におけるCIOのコア・コンピタンス（必須能力）と学習項目を調査した上で，日本版CIOコア・コンピタンスと学習項目案を提示した「CIO育成のためのコア・コンピタンスと学習項目の調査研究」（2004年3月）を発表した．

　米国では，1996年のクリンガー・コーエン法制定を契機として，CIO大学が設立され，提携校[5)]でCIOに必要な知識・スキルを体系的に学べるコースが設けられた．コースを修了した学生には「連邦CIO資格証明」を授与しており，CIOの免許のような役割をしている．わが国でも，2004年に早稲田大学の大学院国際情報通信研究科にCIO・ITコースが開設され，大学におけるCIOや高度IT人材育成への取り組みに先陣を切った．また，国際CIO学会が，「CIOの資格化研究会」を設立し，わが国独自のCIO資格化に向けた調査・研究への取り組みが開始されている．

　わが国では，CIOも含めたIT上級人材[6)]が26万人不足していると言われている（総務省，2005）．今後とも産官学が連携して高度なIT人材の育成を推進することが，わが国の国際競争力を確保するために急務となっている．

3　行政CIO

3.1　中央府省CIO

3.1.1　府省CIOとCIO補佐官

　中央府省のCIO（情報化統括責任者）の特徴は，官房長などが任命されるCIOと，外部の専門家が委嘱されるCIO補佐官の協業体制である．CIOは，府省内の人事，法令，予算を掌握し，マネジメントの中核となる官房長[7)]が任命されている府省が多く，12府省のうち，8府省が官房長をCIOに

任命している．唯一，経済産業省は事務方のトップである事務次官をCIOとし，国土交通省は省内の政策調整を担当する総合政策局長を，防衛省は防衛参事官をCIOとしている．当初，官房長を当てていた法務省は官房審議官をCIOとしている．また警察庁は情報通信局長をCIOとし，当初，他府省の官房長に当たる総務企画局長をCIOとしていた金融庁は，現在は総務企画局総括審議官をCIOとしている．

　ICT分野を所掌する部門のトップがCIOとなっているのが，防衛省と警察庁である．防衛省は官房長・局長と同格の調達・ICT担当防衛参事官を，警察庁は情報通信局長をCIOにしている．両省庁とも，ICT担当部署を擁し，省庁内部にICT分野の技官を抱えているのが特徴である．特に，警察庁は技官トップのポストが情報通信局長であり，ICT分野専任の局長でもあるので，一般的なCIO概念にもっとも合致するCIOとなっている．他府省は，ICTの専門家ではない事務官をCIOとしている．CIOに欠けるICT専門知識を補佐するのが，CIO補佐官である．

　CIO補佐官（情報化統括責任者補佐官）は，「業務分析手法，情報システム技術及び情報セキュリティに関する専門的な知識・経験を有し，独立性・中立性を有する外部専門家」（電子政府構築計画）として，NTTや日本IBMなどのICT企業出身者やICTコンサルタントが国家公務員法に基づく非常勤の国家公務員として任命されている[8]．ただし，「高度な国家安全保障，治安に係る分野」（電子政府構築計画）として，防衛省と警察庁では，内部の人材をCIO補佐官としている．

3.1.2　府省CIOの活動と成果

　各府省情報化統括責任者（CIO）連絡会議[9]（以下，CIO連絡会議）は，2002年9月のIT戦略本部（高度情報通信ネットワーク社会推進戦略本部）決定を受けて設置された．2002年11月の第1回会合から直近までに，持ち回り開催[10]を含め計24回のCIO連絡会議が開催されている．

　CIO連絡会議では，2003年7月には「電子政府構築計画」が，2004年6月には「電子政府構築計画（改定）」が決定された．電子政府構築計画では，各府省の個別業務・システムの体系整理や業務・システムの最適化計画の策定，レガシー・システムの見直しや刷新可能性の検討が，改定版では行政ポータルサイトの整備・充実，e-Govによるワンストップサービスの推進など

が提言された.「府省共通業務・システムの見直し方針」として，行政情報の電子的提供及び電子申請等受付業務の業務・システムの見直し方針や公共事業支援システム（官庁営繕業務を含む）の業務・システム見直し方針，文書管理業務の業務・システム見直し方針など，14 の見直し方針を決定している．また，国家公務員における給与支給の全額振込の推進を進め，全額振込率の毎年の達成状況を公表している．その他に，2006 年 10 月下旬を「電子政府利用促進週間」として定め，効果的な広報，普及活動の推進や職員の意識改革のための研修，啓発などを実施した．

各府省情報化統括責任者（CIO）補佐官等連絡会議[11]（以下，CIO 補佐官等連絡会議）は，2003 年の「電子政府構築計画」に基づき，2003 年 12 月の CIO 連絡会議の決定を受け設置された．CIO 補佐官等連絡会議は，各府省の CIO 補佐官と，CIO 連絡会議に参加する有識者で構成される．2004 年 4 月の第 1 回会合から直近までに，1 回の持ち回りを含めて計 35 回の CIO 補佐官等会議が開催されている．CIO 補佐官等連絡会議には，2005 年に，(1)全体最適化，(2) IT ガバナンス，(3)最適化実施及び実施の評価，(4)情報セキュリティ，(5)情報技術の 5 つのワーキンググループが設置された．

毎回の会合では「CIO 補佐官等連絡会議からの助言」が出され，「総合無線局監理システムの刷新可能性調査の結果及び最適化計画に対する助言」や「文書管理業務の業務・システム最適化計画（案）に対する助言」などがなされている[12]．2005 年 12 月には，5 つのワーキンググループから報告書が出ている．

現在，府省 CIO と CIO 補佐官の活動は，個別業務・システムの体系整理や業務・システムの最適化などにとどまり，業務プロセス全体の革新や行政組織や人事の改革などには広がっていない．

3.1.3 府省 CIO の課題

府省 CIO には，行政組織制度と公務員制度の制約により，他分野の CIO には見られない 2 つの課題がある．第 1 は，地方自治体や企業組織などと比較して，中央府省の組織編成が法制度によって厳格に規定されていることに起因する，CIO のリーダーシップによる組織改革の限界である．ICT を用いたイノベーションによって，組織のフラット化やスリム化が期待される．しかし，府省や内部部局の設置や編成，所掌事務は，法令によって定められ

ている.それを行政組織の決定制度といい,行政機関の組織単位や職の種別は,国会で制定される国家行政組織法で,各府省の設置・編成・所掌事務は,各府省設置法で,官房・局と課は,内閣で決定される各府省組織令で,室は,各府省が決定する組織規則で定められている[13].また,府省の局の数は国家行政組織法で,府省の職員定員は,いわゆる総定員法に規定され,総務省による組織・定員統制と,組織の改廃や定員の増減には予算措置が必要となるので,財務省による予算統制を受けている.このため,府省の組織・定員の統制は「鉄格子効果」と呼ばれるほど厳しく,ICTを梃子とした組織改革を難しくしている.

第2に,公務員制度の制約による,CIOの処遇やICT知識を有する人材育成の難しさである.一般にCIOには,CxOのひとりとして組織幹部としての役割が期待される.前述の通り,府省CIOにはICTの専門家ではない人材を任命し,専門知識を持った外部の人材をCIO補佐官としている府省が大半であるが,将来的にはITリテラシーを持った内部の人材が府省CIOになることが期待される(田部,2006).しかし,現状では事務次官や官房長・局長の幹部職を占めるのは,法律,経済,行政の法文系三職,いわゆる事務官である.理系の公務員試験区分で入省した技官が局長まで昇進するのは,少数の府省である[14].また国家公務員人事システムでは,幹部候補を中途採用することもしていない.国家公務員人事システムは戦後,ほとんど変化していないことも特筆される.事務官優位と新卒採用中心の人事システムでは,技術の変化と人材の流動化が激しいIT人材市場から,高度なICT知識を持つ人材を採用,育成し,CIOとして府省幹部にするのは難しい.

行政組織制度,公務員制度とも安定的であり,改革には大きな政治的な決断を必要とする.この制約を克服することが,府省CIOのリーダーシップを強め,ICTを梃子とした行政改革を達成するための長期的な課題である.

3.2 地方自治体CIO
3.2.1 自治体CIOとCIO補佐官(ネットワーク管理者)

地方自治体では,現在電子自治体の構築や地域情報化の推進,ICTの利活用推進事業などに積極的に取り組んでいるなかで,CIOやCIO補佐官(またはネットワーク管理者)が設置されるようになってきている[15].

2006年4月現在，CIOの設置状況[16]は，都道府県レベルでみると，47都道府県のうち31都道府県（66.0%）であり，その任命状況は，副知事がもっとも多く15，次いで部局長級が8，知事が5，課長級が1，その他が2都道府県となっている（図5）．ネットワーク管理者の設置状況は，27都道府県（57.4%）であり，その任命状況は，課長級がもっとも多く19，次いで部局長級が7，その他が1都道府県となっている（図6）．

市町村レベルでみると，CIOの設置状況は，1,843市町村のうち1,225市町村（66.5%）となっており，その任命状況は，助役がもっとも多く961，

図5　都道府県CIOの任命状況

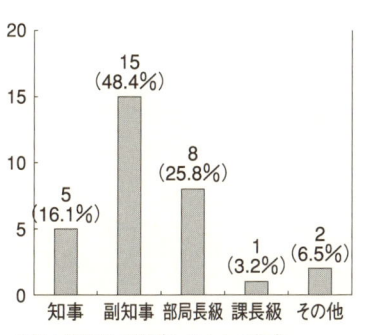

知事　5（16.1%）
副知事　15（48.4%）
部局長級　8（25.8%）
課長級　1（3.2%）
その他　2（6.5%）

資料：総務省（2006b）をもとに作成．

図6　都道府県ネットワーク管理者の任命状況

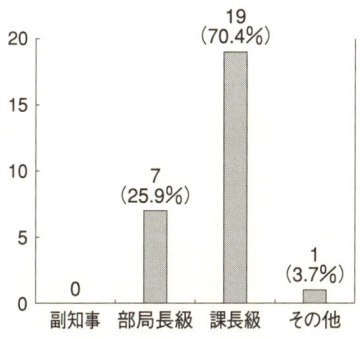

副知事　0
部局長級　7（25.9%）
課長級　19（70.4%）
その他　1（3.7%）

資料：総務省（2006b）をもとに作成．

図7　市町村CIOの任命状況

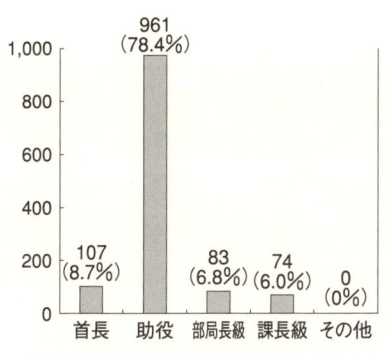

首長　107（8.7%）
助役　961（78.4%）
部局長級　83（6.8%）
課長級　74（6.0%）
その他　0（0%）

資料：総務省（2006b）をもとに作成．

図8　市町村ネットワーク管理者の任命状況

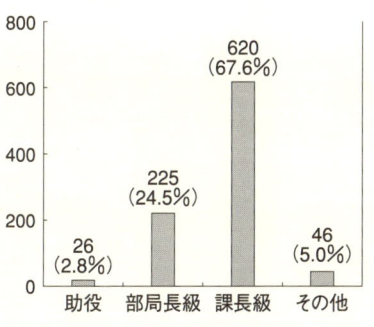

助役　26（2.8%）
部局長級　225（24.5%）
課長級　620（67.6%）
その他　46（5.0%）

資料：総務省（2006b）をもとに作成．

次いで首長が107，部局長級が83，課長級が74市町村となっている（図7）．ネットワーク管理者を任命しているのは，917市町村（49.8％）であり，その任命状況は，課長級がもっとも多く620，次いで部局長級が225，その他が46，助役が26市町村となっている（図8）．

このように，自治体CIOとネットワーク管理者の現状を概観すると，設置率は増加傾向にあり，CIOの任命状況は，都道府県と市町村ともに三役級がもっとも多く任命されており，ネットワーク管理者は，課長級がもっとも多く任命されていることが分かる．自治体CIOは，庁内のあらゆる業務や部署に権限を有する必要性があることから，都道府県では副知事を，市町村では助役をCIOに任命している現状にあると考えられる（後藤，2006）．

3.2.2 自治体CIOの活動と成果

本項では，自治体CIOの先進的な取り組みとして一例ではあるが，山梨県甲府市の事例を紹介したい．山梨県甲府市では，業務改革を推進するための組織として，2007年4月から「こうふPMO」（甲府市，2006a）を設置している（図9）．PMO（Project Management Office）[17]とは，組織の中における複数のプロジェクトの最適化を行うことで作業の効率化を図り，それらのマネジメント業務を横断的に調整し，支援する組織である．こうふPMOにおいては，次の5点，すなわち①CIOの補佐・支援，②ITプロジ

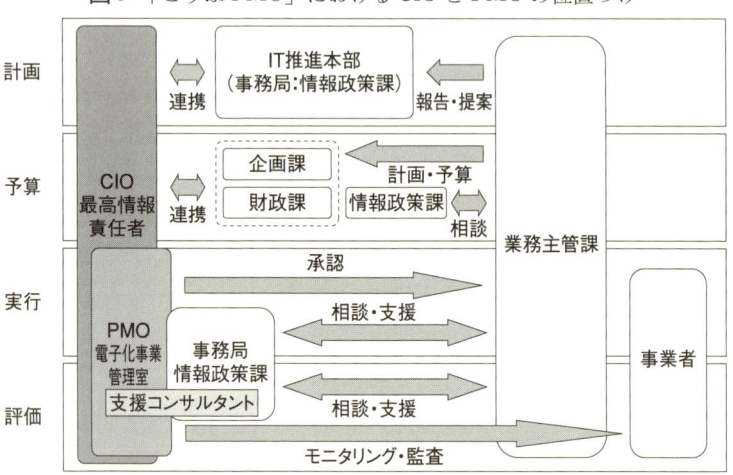

図9 「こうふPMO」におけるCIOとPMOの位置づけ

資料：甲府市（2006a）をもとに作成．

ェクトのマネジメント，③IT 調達における事業者選定，④IT プロジェクトのモニタリング・監査，⑤IT マネジメントのノウハウ整備・人材育成，を主な役割としている．

　市では，「こうふ PMO」をアウトソーシングなどの事業者を選定して情報システム構築のマネジメントをするだけの組織とは考えておらず，そのシステムが稼動してから適切に運用していくために必要な役割を果たす「CIO 補佐官」的な組織としてとらえている．そして，CIO 補佐官という職の持つ役割や機能を PMO というような「組織」として対応することで，継続性やさまざまな課題調整に当たってのバランスの確保など，実効性を担保できるとしている（本間・黒田，2006; 甲府市，2006b）．

3.2.3 自治体 CIO の課題

　自治体 CIO の課題のひとつとしては，ICT および行政経営に関する知識や経験を持ち，将来 CIO となりうる人材の不足が挙げられる．こうした状況に対応するため，総務省では，「IT 政策パッケージ-2005」に基づき，2005 年度よりレガシーシステムの改革や電子自治体の構築，情報システムの適切な調達，地域情報化等に総合的に対応できる人材の育成を目指して，地方自治体の職員を対象とした自治体 CIO 育成研修を実施している（田尻，2005）．

　また，自治体 CIO の業務の拡大への対応も課題として挙げられる．2003 年 8 月，都道府県 CIO フォーラムの会長に選任された佐々木浩岐阜県知事公室長は，「第 1 回都道府県 CIO フォーラム」のなかで，都道府県 CIO の業務が，システム開発部門からスタートして，情報政策（戦略）・施策の策定，IT 産業育成，組織内 BPR，そして市町村の調整や住民本位の電子自治体構築支援などに次第に拡充してきたと報告している（山田，2003）．

　自治体 CIO には，庁内におけるリーダーシップや予算・財源確保のための交渉・コミュニケーション能力，プロジェクト・マネージャーとしての役割も期待されはじめており，さらに首長・議会・事業者などのステークホルダーとの関係も重要性を増している．このような自治体 CIO の役割や機能の拡大への取り組みとしては，CIO 補佐官個人による CIO の支援に加え，CIO を支援するチームや組織として対応することが今後の方向性のひとつとして考えられるだろう．

4 新分野 CIO

4.1 新分野 CIO とは

　ICT を用いた情報関連資源の戦略的管理・活用の必要性は企業・行政に留まらず，少子高齢化をはじめとした社会環境の激しい変化によって公共的分野にも広がりを見せている．本節では，こうした新たに ICT を用いた経営改革が必要とされる分野における CIO を「新分野 CIO」と位置づけ，中でも特に重要な社会的意義を有する医療と研究・教育分野について取り上げ，概観する．

4.2 医療分野における CIO——病院 CIO

　日本における少子高齢化の進展は，国民医療費の増大による財政負担に対する深刻な懸念を招来しており，医療の効率化は喫緊かつ重大な課題となっている．こうした状況を背景として，政府は e-Japan 重点計画 2004 において，医療分野における ICT の戦略的利活用を特に重要な先導的分野のひとつと位置づけ，2003 年までに全病院の 2 割以上にオーダリングシステムの普及を，2006 年までに電子カルテを 400 床以上の病院及び全診療所の 6 割以上に普及するとの目標を掲げた[18]（IT 戦略本部，2004）．

　オーダリングシステムとは，検査や処方箋等，医療行為に係る情報を部門間で共有し伝達するためのシステムであり，従来紙媒体の伝票で行われていた処理を電子化することによって業務の省力化およびサービス提供に要する時間の短縮化を図る．電子カルテは，医師法で規定された診療録を電子化したもの[19]であり，電子化によって診療情報の蓄積・検索・共有・評価が容易となることから，その導入には，①カルテ管理・レセプト作成等の医療事務の効率化に資する，②患者に対する待ち時間短縮や情報提供，部門間での情報伝達ミス防止，診療行為の標準化等によって医療サービスの質の向上に資する，③導入を契機として業務の見直しと改善が図られる，④複数の医療機関での情報共有によるチーム医療・遠隔診療の促進に資するといったメリットが期待される．

　オーダリングシステム及び電子カルテは，それぞれの情報システムが独立に構築・運用されるのではなく，診療報酬請求に係る処理を電子化したレセ

プト電算システムを合わせ，包括的な医療情報管理システムとして運用されることによってより実用的かつ効果的なシステムとなる．また，経営分析，診療計画支援，遠隔医療支援，公衆衛生情報，研究支援，診断支援，コミュニケーションツール等のプログラムを加えることによって，単に医療プロセスの効率化を図るのみならず，医療行為の質の向上を図る診療支援環境を構築することが可能となる（吉原，2003）．

こうした医療機関におけるICTの戦略的管理・活用を実現するためには，経営的視点からICTを統括的に管理する責任者すなわちCIO（病院CIO）の存在が不可欠である．今後，電子カルテ等医療機関におけるICT利用の拡大とともにCIOの設置は増加してゆくものと予測される．

医療機関におけるCIOの特徴として，医療実務と経営という2つの視点を持ってICTの利用戦略を策定する必要があること，また，情報の共有によって医療の効率化および質の向上を図る必要がある一方，患者の診療情報という個人的かつデリケートな対象を扱うため，情報漏洩や不正アクセス等に対し，厳重なセキュリティ対策を講ずる必要が極めて高いという点が挙げられる．また，病院内の部門間の連携，他医療機関への診断情報提供や遠隔治療を行うための医療機関間の連携に加え，高齢化によってニーズが高まってゆく医療と介護・福祉という部門を超えた連携をも視野に入れることも必要となるであろう．

岐阜大学医学部付属病院（岐阜県）では，医療情報部を設置し，総合医療情報システムおよび病診連携システムの構築・管理・運用，電子カルテシステムの開発，各種医療統計の解析・管理による経営分析等を行っている．これにより同病院では診察時のペーパーレス化等による医療プロセスの効率化や，ICTを用いた診療受付システムの利便化といった患者サービスの向上，さらには診察プロセスに係るコスト分析等を行うと同時に，患者情報の漏洩や不正利用を防止するためのセキュリティ確保にも努めている（CIO Magazine編集部，2006）．また，黒部市民病院（富山県）では，「クリニカルパス」と呼ばれる，医療の効率性と正確性を期するために作成される診療スケジュール表に基づく医療ケアの手法を紙媒体によって運用していたが，これを電子カルテの導入を契機として電子化し，医療従事者間での情報共有を行うためのコミュニケーション機能を付与する等のシステムを，関節スポーツ

外科医長を中心に構築している（小尾，2006）．これらはいずれも医療機関におけるCIOが担うべき業務の先進的な事例として挙げることができるが，役職としてのCIOは存在せず，病院CIOはそのあり方が必ずしも明確にはなっていないということも指摘できる．

一般に日本の医療機関においては，医師をはじめとする医療従事者が経営に必要な知識を体系的に学ぶ機会は少なく，CIOに必要とされるICTとその経営的視点からの利用について知識を備えた人材は十分であるとは言えない状況にある．政府によりその導入が積極的に推進されているにもかかわらず，日本における電子カルテ普及率が低い水準に留まっていることはこうした状況を端的に示すものである[20]．

医療機関におけるIT人材不足への対策としては，医療実務と，ICTを含めた経営技術の双方に精通する人材の育成を目的とした教育プログラム（経済産業省，2006）や，日本医療情報学会による「医療情報技師」の資格化によるIT人材育成等の制度が整備されつつある．日本における病院CIOの設置は，端緒についたところであると言えよう．

4.3 教育分野におけるCIO——大学CIO

大学をはじめとした高等教育機関は，少子高齢化に伴う受験人口の減少による所謂「全入時代」の到来，教育および研究環境の国際化，国立大学の独立行政法人化といった，大きな環境変化の中にあり，先端的な研究活動，魅力的な教育プログラム提供，優秀な人材育成，経営の効率化といった取り組みを通じて，国内・国際的な競争力を高めることが強く要求されている．

こうした課題に対してICTの果たしうる役割は大きい．教育の側面では，ネットワークを利用した教材等の情報共有や議論の場の提供などによって講義の質を高め，また，eラーニングシステムの導入により時間的・地理的制約を軽減することでより柔軟な教育プログラムの提供を可能にする．さらに海外も含め他の機関との連携を容易にすることから，独自の魅力ある教育プログラムの構築を支援し，また，社会人・海外など多様な教育に対するニーズに応えうる環境を提供する．研究の側面では，図書館情報ネットワーク等，学術情報利用に関する基盤整備をはじめとした，研究活動に利用可能なネットワーク環境整備によって研究の支援を行うとともに，研究成果を広く社会

に発信することにより，産学連携等，新たな付加価値を産む研究活動を推進する．経営の側面では，事務処理システムや調達システムの効率化により，コスト面でのメリットとともに，学生に対するサービスの向上を期待することができる．

しかし，これら大学におけるICTの戦略的利活用を実現するためには，大学組織の特殊性を十分考慮に入れなければならない．大学組織には研究・教育・経営という3つの異なる部門が存在し，かつ，学部・研究科・研究室といった単位によっても分割されている．従来，これらの独立した単位ごとにICTに対する投資が行われてきている状況が多く，結果として重複投資や，複雑・非効率なシステムが構築・運用される事態が生じている．従って大学においてICTの戦略的利用による競争力強化を図るためには，全学的視点からICT基盤整備を行うリーダーシップと権限が必要となることから，CIOの必要性が指摘されている．

大学CIOの必要性は認識がなされはじめたばかりの状況であり，その役割は必ずしも明確になっていないが，2006年には三菱総合研究所とマイクロソフトによって「大学CIOフォーラム」が主催され，「大学革新のためのIT戦略」提言書として，大学CIOの重要性を確認するとともにその役割を明確化する試みがなされている．この提言において，大学CIOは①情報担当部門の長としてのミッション，②大学の経営幹部としてのミッションを担うとされるが，企業と異なり，教育・研究という社会的役割を担う大学においてはICTの価値評価が難しく，そのために大学CIOの果たすべきミッションや責任の範囲も明確な定義はなく，個別の事情を勘案しながら各大学において設定せざるを得ないという認識が示されている（大学CIOフォーラム，2006）．

東京大学では，教育環境の改善に取り組む全学的なプロジェクト「TREE (Todai Redesigning Educational Environment)」を2005年に設立した．このプロジェクトでは，従来学部・研究科単位によって行われてきた教育環境の改善を教育企画室という全学的な組織によって企画立案し，部局間の連帯と全学的な教育環境整備を行う．その具体的な内容の多くを講義の電子コンテンツ化，eラーニングソフト開発といったICT基盤整備に関する業務が占めており，これを教育分野に特化した大学CIO組織として位置づける

ことができる．また，成蹊学園では，1981年に設立された成蹊大学情報処理センターが2002年には小学校・中学校・高等学校および大学を含む成蹊学園全体の情報システムを統括する組織として改組され，情報教育，ICカード学習システム，受講者管理システムや学生向けポータルサイトの構築・運用，さらには図書館等他部署とも連携をし，情報環境整備の取り組みがなされている（小尾，2006）．

　米国における大学CIOの状況を見てみると，図10に示したとおり，最上位ICT管理者の職位名としては，CIOは増加の傾向にはあるものの，2005年時点において約26％に留まり，学部長がもっとも多い割合を占めている．米国においても高等教育機関におけるCIOは徐々に一般化しつつある段階にあり，その組織内の位置づけは未だ確定的なものではないことが読み取れる．

　大学CIOの存在は現状においては一般的とは言えないものの，厳しい環境変化に晒される大学の経営改革は今後ますます進展してゆくものであり，それを支援するCIOの設置もまた，必然的に増加してゆくものと考えられる．さらに教育機関におけるCIOの設置は，大学のみならず，小学校・中学校・高等学校へも広がってゆく動きを見せている．IT戦略本部が示した「重点計画-2006」では，教育現場におけるIT化のサポートを強化するため，学校における情報システム責任者の実態と学校CIOの在り方等について調査検討を行うとしている．教育分野におけるICTの利活用は，単に教育機

図10　米国高等教育機関[21]における最上位ICT管理者の職位名

年	副総長、副理事長	CIO	CTO	副学長	部長、学部長	副部長、副学部長	マネージャー、その他
2005	22.5	25.6	3.9	11.9	32.8	0.8	2.6
2004	21.0	24.8	4.0	11.1	34.6	1.1	3.3
2003	20.1	21.5	3.3	11.1	40.0	1.3	2.7
2002	19.8	19.6	2.7	14.0	40.6	0.6	2.6

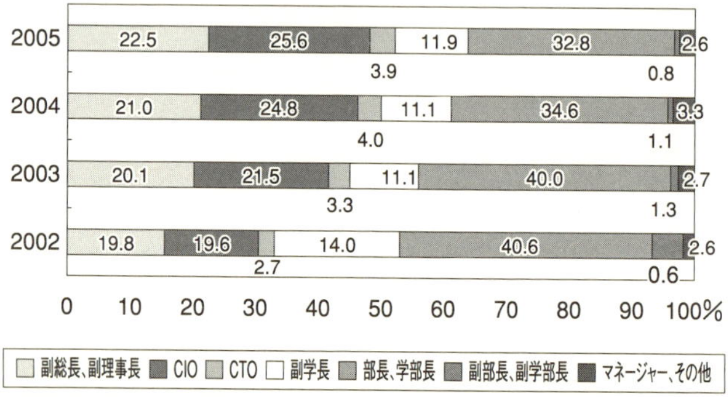

資料：Educause (2002) (2003) (2004) (2005) をもとに作成．

関の競争力を高めるためのみならず，広く教育水準の向上に寄与する．この点においても，教育分野におけるCIOを設置することの意義は大きいと言える．

注
1) 調査対象企業（コンピュータを利用している企業）9,500社について質問表を送付し，平成16年度（2004年度）の民間企業における情報処理の実態について調査を行ったもの．本調査への回答企業は4,641社，回収率48.9%で，このうちの有効回答企業の規模の平均は，資本金規模8,159.8百万円，年間事業収入規模74,752.9百万円，従業員規模1,006.7人である．
2) EAは，1987年にジョン・A・ザックマン（John A. Zachman）により提唱されたフレームワーク（ザックマン・フレームワーク）を基礎にした業務プロセス・システム改革の方法論であり，業務プロセスとシステムを可視化し全体像把握を可能にするため，企業や組織の全体最適化実現に効果的とされる．EAの導入事例としては1999年に米国連邦政府が策定したFEAF（Federal Enterprise Architecture Framework）が有名である．わが国の政府も電子政府構築計画を推進するため，各省庁が2005年度末までにEAに基づいた業務・システム最適化計画を策定したが，企業でもほぼ同時期に大企業を中心に導入されるようになった．
3) 2006年3月に「IT投資促進税制」の適用期間が終了したのを受け，継続して制定された．すべての企業・業種が対象であり，対象資産は2006年4月1日から2008年3月31日までの期間内に取得などを行う以下の投資であって，一定の金額以上のもの．①オペレーティングシステムおよびこれがインストールされたサーバ，②データベース管理ソフトウェアおよびこの機能を利用するアプリケーションソフトウェア，③ファイヤーウォール（①または②と同時に設置されたものに限る）．措置内容は，①基準取得価格（取得価格の70%）に対する10%の税額控除，②基準取得価格（取得価格の70%）に対する50%の特別償却，のいずれかから選択する．
4) 民間企業に紙による保存が義務づけられている文書の原則全ての電子保存を容認する法律（「民間事業者等が行う書面の保存等における情報通信の技術の利用に関する法律」と「同法施行に伴う関係法律の整備等に関する法律」）の総称．政府が発表した「e-Japan戦略II加速化パッケージ」の一環として制定された．
5) 提携校は，2007年4月現在，カーネギーメロン大学，ジョージ・メイソン大学，ジョージ・ワシントン大学，シラキュース大学，メリーランド大学，ラ・サール大学，ロヨラ大学の7校である．
6) 専門的な知識・技能を一通り備え，複雑なシステムなどの設計および運用が可能な人材．
7) 府省のマネジメントにおける官房長の役割に関しては，西尾（1993）の96頁，150-151頁や，新藤（2001）の63-67頁を参照．
8) 他府省に先駆けCIO補佐官を任命した経済産業省の報道発表．（http://www.meti．

go.jp/kohosys/press/0004084/index.html〉
9) 首相官邸〈http://www.kantei.go.jp/jp/singi/it2/cio/index.html〉
10) 「持ち回り開催」とは，構成員が一堂に集まらず，書類のみを構成員に回覧し，決裁を受ける形式の会議．24回中，14回が持ち回り開催となっている．
11) 首相官邸〈http://www.kantei.go.jp/jp/singi/it2/cio/hosakan/index.html〉
12) 例えば「文書管理業務の業務・システム最適化計画（案）に対する助言」は「各府省との連携・協力を密にし，業務の標準化に十分留意しつつ，利用者にとってのメリットが実感できるシステムを構築することが必要」というように，ほとんどの助言が抽象的，かつ簡潔な内容にとどまっている．〈http://www.kantei.go.jp/jp/singi/it2/cio/hosakan/dai35/35jogen.pdf〉
13) 行政組織の決定制度については西尾（1993），pp.92-96と新藤（2001），pp.35-43, 58-62，大森（1995），pp.1-38を参照．
14) 人事，特に採用試験と昇進については，片岡（1998），pp.23-25, 34-39を参照．
15) 総務省から地方自治体に対しては，「地方公共団体における情報セキュリティポリシーに関するガイドライン（2001年3月）」や「電子自治体推進指針（2003年8月）」などを通じて，CIOの設置やCIOを補佐するスタッフ機能の充実などの重要性が示されている．なお，地方自治体で早くからCIOを設置したのは東京都三鷹市であり，2002年4月に「情報政策コーディネーター」として前田隆正氏が就任している．
16) 総務省（2006b, pp.3-4）を参照．
17) 甲府市「こうふDO計画」における表記．
18) 同様の提言は，「保険医療分野の情報化に向けてのグランドデザイン最終提言」（厚生労働省，2001年）においても示されている．
19) 1999年に厚生省（当時）によって発表された診療録の電子媒体による保存を認める通達によって，診療録の電子媒体による保存すなわち電子カルテが利用可能となった．なお，電子カルテのガイドラインとして，①真正性，②見読性，③保存性の3つの条件が満たされることが同通達において求められている．
20) 日本における電子カルテの普及率は病院で10-15%，診療所で5-10%であるのに対し，米国では病院で20-30%，クリニックで15-40%，韓国では病院で10%，英国ではクリニックで58%，スウェーデンではクリニックで90%と，特に欧米諸国に比して低い水準にある（経済産業省，2006）．
21) 博士/研究大学機関，修士大学，学士/教養大学，短期大学，専門学校等が含まれる．

文献

CIO Magazine編集部（2006），「岐阜大学医学部附属病院——徹底的な情報分析でインテリジェントな病院を目指す」，『CIO Magazine』2006年10月号〈http://www.ciojp.com/contents/?id=00003487;t=22〉Accessed 2007, May 1.

大学CIOフォーラム（2006），「大学革新のためのIT戦略」報告書〈http://www.microsoft.com/japan/education/univ_cio/download.mspx〉Accessed 2007, May 1.

Educause (2002), Core Data Service Fiscal Year 2002 ⟨http://www.educause.edu/apps/coredata/reports/2002/⟩ Accessed 2007, May 1.

Educause (2003), Core Data Service Fiscal Year 2003 ⟨http://www.educause.edu/apps/coredata/reports/2003/⟩ Accessed 2007, May 1.

Educause (2004), Core Data Service Fiscal Year 2004 ⟨http://www.educause.edu/apps/coredata/reports/2004/⟩ Accessed 2007, May 1.

Educause (2005), Core Data Service Fiscal Year 2005 ⟨http://www.educause.edu/apps/coredata/reports/2005/⟩ Accessed 2007, May 1.

後藤勝 (2006),「地方公共団体における行政情報化の推進状況——平成17年度地方自治情報管理概要」,『行政&ADR』1月号, Vol.42, No.1, 行政情報システム研究所, pp.36-38.

本間康裕・黒田隆明 (2006),「特集1 どうする? 基幹系アウトソーシング」,『日経BPガバメントテクノロジー Autumn』日経BP社, pp.20-35.

IT経営応援隊 (2004),「IT経営教科書」⟨http://www.itouentai.jp/kyoukasyo/index.html⟩ Accessed 2007, April 16.

IT経営応援隊 (2005),「CIO育成テキスト」⟨http://www.itouentai.jp/cio/pdf/cio_text.pdf⟩ Accessed 2007, April 16.

IT戦略本部 (2004),「e-Japan重点計画2004」⟨http://www.kantei.go.jp/jp/singi/it2/kettei/060726honbun.pdf⟩ Accessed 2007, May 1.

IT戦略本部 (2006),「IT新改革戦略」⟨http://www.kantei.go.jp/jp/singi/it2 /kettei/060119honbun.pdf⟩ Accessed 2007, April 16.

片岡寛光 (1998),『職業としての公務員』早稲田大学出版部.

経済産業省 (2004),「CIO育成のためのコアコンピタンスと学習項目の調査研究」⟨http://www.meti.go.jp/policy/it_policy/ea/data/report/r5/r5.pdf⟩ Accessed 2007, April 16.

経済産業省 (2005),「平成17年情報処理実態調査」⟨http://www.meti.go.jp/policy/it_policy/statistics/jyojitsu.htm⟩ Accessed 2007, April 16.

経済産業省 (2006),「—サービス産業人材育成事業—医療経営人材育成テキスト」⟨http://www.meti.go.jp/report/data/g60828aj.html⟩ Accessed 2007, May 1.

甲府市 (2006a),『こうふDO(ダウンサイジング・アウトソーシング)計画基本計画書』pp.24-25. ⟨http://www.city.kofu.yamanashi.jp/contents/files/administration/denshijichitai/do-keikaku-kihonkeikakusyo.pdf⟩ Accessed 2007, May 2.

甲府市 (2006b),『PMO(プロジェクト・マネージメント・オフィス)の役割』, pp.1-5. ⟨http://www.city.kofu.yamanashi.jp/contents/files/administration/denshijichitai/jss/2-7.pdf⟩ Accessed 2007, May 2.

黒田隆明 (2006),「「AAA」自治体が取り組む全体最適に向けた次の一手」,『日経BPガバメントテクノロジー Winter』日経BP社, pp.32-37.

日経BPガバメントテクノロジー (2006),「専任CIOがいるのは7団体——都道府県のCIOの設置状況が明らかに」,『日経BPガバメントテクノロジー Autumn』日経

BP 社, p. 98.
西尾勝 (1993), 『行政学』有斐閣.
小尾敏夫監修 (2006), 『日本の情報システムリーダー 50 人』ソフトバンククリエイティブ.
大森彌 (1995), 「省庁の組織と定員」, 西尾勝・村松岐夫編『講座行政学 第 4 巻・政策と管理』有斐閣, pp. 1-38.
新藤宗幸 (2001), 『講義 現代日本の行政』東京大学出版会.
総務省 (2005), 「ICT 人材育成に向けた総務省の取組について」〈http:// www.soumu.go.jp/joho_tsusin/policyreports/chousa/jise_ip/pdf/050317_1_s1.pdf〉Accessed 2007, April 18.
総務省 (2006a), 「情報通信白書平成 18 年版」〈http://www.johotsusintokei.soumu.go.jp/whitepaper/ja/h18/pdf/index.html〉Accessed 2007, April 16.
総務省 (2006b), 「地方自治情報管理概要［地方公共団体における行政情報化の推進状況 調 査]」〈http://www.soumu.go.jp/s-news/2005/051006_1.html#gaiyou〉Accessed 2007, May 2.
田尻信行 (2005), 「行政 CIO の現状と未来 (2) 我が国における行政 CIO の現状」, 『行政 & ADR12 月号』Vol. 40, No. 12, 行政情報システム研究所, pp. 56-59.
田部秀樹 (2006), 「電子政府の推進」田中一昭編著『行政改革《新版》』ぎょうせい, pp. 275-309.
上田啓史 (2004), 「行政 CIO の研究――専門能力と機能, 組織上の地位――」, 『早稲田政治公法研究』第 77 号, pp. 55-93.
山田哲也 (2003), 「EVENT REPORT「第一回 都道府県 CIO フォーラム」より――自治体 CIO は何をすべきか 47 都道府県の情報政策責任者が討論」, 『日経 BP ガバメントテクノロジー』日経 BP 社, pp. 126-127.
吉原博幸 (2003), 「電子カルテの種類, それぞれの目的と効果」, 里村陽一編著『電子カルテが医療を変える 改訂版』日経 BP 社.

11章 CIO学の課題と今後の展望

池上徹彦

1 はじめに

　そもそも「CIO学」とは何か．経営学はあっても，これまで「社長学」は学問としてはなかった．そこで本章では，この問いを念頭において著者の考えを加えながら各章をとりまとめてみた．さらに，日本におけるCIO (Chief Information Officer, 最高情報統括責任者) の現状での課題と期待について述べ，「CIO学」と「CIO学会」の展望と「資格化」について考えてみる．ちなみに，私は社会科学者ではない．NTTの研究所で25年間光通信技術の研究開発を行い，NTT取締役，NTT—AT社社長を経て，コンピュータ理工学専門の会津大学に転じ学長を歴任したエンジニアである．また，米国のIEEE・LEOS学会会長等としての経験から欧米文明を体感したつもりでいる．

　各章で論じているように，1980年代から進められた情報のデジタル化と90年代中期より急速に日常化したインターネットによるネットワーク化により，企業はもとより公的機関の仕事全般のやり方はおおきく変貌してきた．通信コストとデジタル機器の低廉化により普及したネットワークに接続されたPCや携帯機器に代表される賢い情報機器を，一般の利用者が容易に操作できるようになり，利便さの向上とともにリスクも拡大してきた．デジタル化された株式市場で発生したエンロン社等の不正事件や，PCを介した個人情報の漏洩問題といったICT (Information and Communication Technology, 情報通信技術) に深く関連した事件はその例である．デジタル化した金融関連の市場の健全性を保つために，日本においても米国をモデルに商法の改正が進み，内部監査公開を含む日本版SOX法の制定・施行が行われることになった．日本版SOX法は金融分野に限定したものであるが，今後，

国の制度・規制全般が，ICT対応の比重をおおきくしていくことになり，CIOへの期待はさらに高まることになろう．

　電子化が当たり前となっている産業界においては，グローバル化と企業競争力強化のため，従来のICTを利用した社内システム構築・管理・運営よりもさらに上位の層にある企業経営にも広義のICTが密に組み入れられつつある．このような動向に対応するため，大半の企業はCIOを積極的に任命してきている．しかし多くの企業経営者はこれまでのICT投資効率には戸惑いをもっており，企業環境の急速な変化のなかで「情報通信技術を使ってなにを，どうやるか」を真剣に考えつつあり，CIOの活用に苦慮している．

　わが国の行政府と地方自治体も，CIOならびにCIO補佐官を任命しているが，現状では，行政組織内での職務権限規定が不明確であってその活躍は不十分といわれている．これは行政制度・組織そのものに起因するこれまでの「よくある話」である．しかし，行財政改革がICTを活用して進行することは確実であり，また，CIO補佐官たちは政策レベルと現場執行レベルの双方の経験を積むことにより，公的機関で必要とされる情報マネージメントのスキルと知識は着実に向上しており，その成果の積み重ねは政策実現の確かなEnabler（実現可能化手段）となろう．幸いなことに，CIO候補者育成に熱意をもつ専門教育機関は，これまでの実体と課題をもとにあらたな展開を図ろうとしており，いまやCIOの舞台は，「イベントの第一幕」から，「実行の第二幕」が始まろうとしている．

　CIOに期待される機能は，行政府（中央と地方），企業，民間機関，NPO等の間でおおきく異なると考えた方が良い．それらの共通点の抽出と個別領域固有のやり方の整理（見える化）がまずは必要である．倒産と裏腹にある企業の経営手法を横に置くと，手元にある具体的な検討可能な対象は，日本版SOX法と，米国のCIO関連のプログラムしかない．本章では後者に焦点をあて，とくにCIOあるいはCIO候補者育成のプログラム作成の点検が，「CIO学」，「国際CIO学会」のとりあえずの取り掛かりとして有効としている．そのためには，誰でも努力をすれば到達できるといういわば機会均等論を基本とする人材育成システムつくりで実績があり，かつ，投資的発想を常に考慮する米国流のやり方（第2,3章）を下絵にした議論を期待したい．

「スキルを核とした知識の体系化」の可視化，つまり，分かりやすいことを第一とし，構想と行動と表裏一体とする手法をとれれば，日本においても「CIO」の土着化は加速されるであろう．そのなかから，企業経営にも役立つCIO像も浮き上がるであろう．

そもそも日本が得意でないシステム，ソフトウエア，サービス分野に深く関連することになるCIOにとって，課題の明確化と具体的な解決方法の可視化が重要である．また，「CIO学」を発展させるためには，産学官の連携の場を活用した，「実学」としての「実践CIO学」の展開が必要であろう．

2　1章―10章からのメッセージ

1章では，CIOの誕生の経緯にふれ，ICTの定義，これまでの欧米の先行研究の紹介，国のIT戦略本部の「e-Japan戦略」，それを発展させた，いつでも，どこでも，誰とでもITの恩恵を実感できる社会の実現をめざす「IT新改革戦略（2006）」に触れ，その実現におけるCIOの機能と役割の重要性と人材育成の必要性を述べている．現状では同床異夢の段階にあるCIOのイメージを，学問的リソースと実証的ケース・スタディを融合してより明確にするために，2006年1月に「国際CIO学会」が設立された．理論体系の確立，産学官連携，望ましいICT社会環境の創出，新規ビジネスモデルの創出，ICTの資格化，さらに，政策提言（Position Paper），人材育成を特徴とする，いわば狭い分野のアカデミア集団ではなく，グローバル化を前提とした米国のProfessional Societyと同様な学会となることが期待されている．4つのI, Information, Intelligence, InnovationそしてInvestmentをあげ，それらのIntegration機能が次世代のCIOの役割とし，世界のトップレベルのCIO人材育成がわが国にとって必須としている．

2章では，CIO誕生の背景となった企業経営と行政府をめぐる環境のマクロな変遷を，先行する米国を参考にして論じている．

まず企業がCIOに注目するようになった理由として，1990年代のICTを活用した新興企業の台頭と，ICTの活用により既存企業における調達・生産・在庫・販売がSCM（サプライチェーンマネジメント）の例のように一

連の流れとして把握が可能となったことをあげている．

他方，行政府のCIO導入は別の歩みをとった．1996年に制定されたクリンガー・コーエン法は，米国政府の調達の効率化という動機があり，その担当者をCIOとし，実務でのパフォーマンス向上を配慮した人材育成の仕組みつくりまで考慮した米国流のやり方を採用した．各政府機関にEA (Enterprise Architecture, エンタープライズ・アーキテクチャー) の策定，つまり官僚制度に陥りやすい行政側に企業のモデルを参照することを義務づけ，また，CIOの役割を詳細に分析・分類してコア・コンピタンスとして提示し，実務現場で活用可能なマニュアルとCIO人材育成まで展開できる構造を作った．その流れに沿って会計検査院は，ＩＴ投資効率向上評価のために五段階成熟度まで示している．ワシントン周辺の米国の6大学は，その実施を支援するCIO人材育成のカリキュラムをつくり，その内容は企業経営の課題解決にも有用であるので行政組織以外でも注目されてきた．

さらに米国の不正会計がきっかけとなって生まれたSOX法（サーベンス・オクスリー法）と平成19年から導入された日本版SOX法にも触れている．

第2章で紹介された調達効率の向上という目的達成のために習熟度まで示すやり方は，米国空軍の要請でカーネギーメロン大学が作ったソフトウエア開発のための「能力成熟度モデル（CMM：Capability Maturity Model）」を思い出させる．CMMでは習熟度を5段階（Initial, Repeatable, Defined, Managed, Optimizing）とし，その対象としてソフトウエア開発からシステムエンジニアリング，さらには人材（People CMM）まで広げている．日本と異なり，アクションを前提とした米国のシステムでは目的と主語を明確とし，その実行に必要な要件と手順をわかりやすく，時にはしつこいと思われるくらい具体的に分析・提示されるのが常である．スキルと知識の融合が進んでいる米国の大学は，国の方針の受け皿を真剣に構築し実施する実績があり，CIOについても同様な対応が行われたと言えよう．

3章では，CIOの役割と機能についてさらに詳細に言及している．

情報を無形財産ととらえ，それを「見える化」する過程で生まれる課題の解決がスペシャリスト兼ゼネラリストであるCIOに期待される．企業，行

政等の環境の変化とICT技術の急速な変化に呼応してCIOへ期待する役割も変遷し，企業ではICT利活用による戦術性よりは，経営にかかわる戦略性が求められるようになってきている．

2章で触れた米国IT管理改革法（クリンガー・コーエン法）で構築されたCIOのコア・コンピタンス，つまりCIOに付与されるべき知識と能力の項目の優先順位の変遷から，期待されるCIO像の変遷を紹介している．技術面では，1999年版では情報保護，2004年版ではデータ管理が学習目標として追加され，2006年の最新版では情報セキュリティが強化されさらには電波管理，Web技術まで拡大されている．最新版では電子政府，プロジェクト・マネジメント関連の項目をとりあげ，また，純粋な「技術スキル」よりは普及したPCを使いこなすスキルが重要とされている．また，日本，米国，ASEAN政府のコア・コンピタンスの優先度比較も興味深い．

3章で述べているように，CIOの役割と機能の変遷はICT技術の急速な変化と普及を反映している．1980年代の机上の情報機器で仕事はこなせるとした「机上パラダイム（Desk-top Paradigm）」から，インターネットを先取りした「ネットワーク・パラダイム」へ移行し，最近ではWebと低廉なデジタル端末の普及により，空間的に分散している情報資源もあたかも自分のデータとしてどこからもアクセスできる「ユビキタス・コンピュータ・パラダイム」となってきている．それを反映して，CIOのコア・コンピタンスも，ハードウエアに近い情報処理技術からネットワーク技術，そしてデータベース管理へと移行している．アクセスの利便性向上は情報の改竄，ウイルス等の問題を呼び，情報セキュリティ対策も避けられない．ICT技術の変遷とその活用との接点にいるCIOへの期待の変遷を理解するためのガイドラインといえよう．

4章では，日本政府のICTの行動指針となっている電子行政と電子自治体構築について紹介し，著者はその企画担当者のひとりであり，その立場からCIOについて論じている．本書のなかで唯一の「実験報告」である．日本政府主導の電子化とCIOが現状で抱える課題が鮮明に示された貴重な内容といえる．

著者がとりまとめ責任をもつ報告書（2007）には，1）利用者視点に立っ

た「見える化」と成果主義，2) フロント・オフィス改革とバック・オフィス改革の連動強化，3) オンラインに係る共通基盤の整備・普及，府省内・府省間連携，国・地方連携，官民連携による全体最適の実現の3つの視点から，電子政府の推進課題と解決の方向性を提起している．

この「報告書」が，電子政府評価委員会のもとでの検討結果である点も興味深く，税金をつかった国の施策であるので「ＰＤＣＡ」，つまり，チェック（C）という「定量評価」の段階も形式的に含まれている．「世界一便利で効率的な電子行政」を掲げ，「2010年までにオンライン申請率50%を目標」という数値目標をもち，究極な目標のひとつとして「地域民主主義の発展」をあげている．

4章では，国民年金システム問題でも明らかになったように，オープンシステム（利用者が国民である）となる公的機関の大規模汎用電子システム構築は極めて難しいことを示している．国の施策には「最適化」，あるいは「厳密な評価」という言葉が安易に使われるが，最適化の成功はある瞬間にはあっても，継続を考えるとかなりむずかしい．行政の役割は現場の課題を制度・規則と予算で対応することにあるが，わが国の単年度に限る予算制度にはリスクに対する柔軟性とContingency（リスクに対する予備費）の発想が欠けている．そのような現状でも，著者が着手した「センサーネットワークを使った健康管理システム実証実験」が順調であるとの紹介があるが，目標を絞ったテーマの成功率は高いことを示している．いずれにしろ明確な仕様がなければ，いかに投資をしても使えるシステムは実現できない．かつてＮＴＴが民営化直後に汎用顧客システム構築を試み，失敗におわった経験があった．しかし，その経験はあとで活きており，その意味でも第4章は貴重な情報が満載されている．

5章では，企業経営の視点から，CIOとイノベーションの関連について米国企業を例にとって論じている．

ICTに基づくイノベーションによる最近の成功例の多くは，従来の技術を駆使した実務型の「技術革新」イノベーションよりは企業戦略型の「経営革新」イノベーションによるものである．それをビジネスイノベーションとして次のように定義している．

①従来にない仕組みを見出し，②それらをゴールとプランに設定し，③具体的な形で実現し，④価値の創造が行われること．

①と②は，イノベーションの Driver（駆動，動機），③と④は，Enabler（実現可能化手段）であり，また，その検討対象，すなわち企業活動領域か，機能か，プロセスか等を明確に定義する必要があるとしている．

ICT の従来の役割は Enabler としてのゴール達成のツールのひとつと位置づけられてきたが，最近では，ICT はゴール設定にもかかわるようになり，Driver としての役割との融合も期待されるようになってきている．

2005 年に行われた米国での調査によると，8 割の企業の CIO がイノベーションのアイデアは CIO や情報システム部門から最も多く出されたと答えている．したがって CIO はイノベーションのリーダーとなるべきとし，CIO 自身はビジネスセンスと現場等とのコミュニケーション能力が必要としている．

5 章で指摘された企業において ICT が Enabler から Driver に昇格しつつあるという視点は的確な指摘ではあるが，それがゆえに日本では CIO 像が発散してしまったともいえる．昨今のイノベーション論同様に，企業利益の向上といった漠然とした願望だけではイノベーション症候群同様な CIO 症候群にとどまることになろう．

6 章では，CIO と企業の内部統制と CSR（Corporate Social Responsibility，企業の社会的責任）について，日米の関連する法規比較により論じている．

米国での内部統制は，2000 年代初頭の株価の高値誘導のための不正な会計処理が行われたエンロン事件等がきっかけとなり，SOX 法制定として実現された．世界最大の債務国でもある米国は，国力維持のために資本市場の健全化策を即決したといえる．同法では，経営幹部の責任追及を強化するとともに，財務報告書とともに内部統制報告書を義務づけている．しかし，結果として企業は平均 436 万ドルの費用出費（2004）が必要になったことから米国企業の国際競争力の低下を危惧するようになり，中小企業については制度運用の一部緩和を検討中という．

4 年おくれで金融関連の大企業を対象とした「日本版 SOX 法」が制定さ

れたが，日米では基本となる背景と考え方にかなりの違いがある．日本版では，経営幹部の刑事責任を求める米国とは異なり，財務報告者に内部統制報告書と監査結果を公表することにとどまっている．他方米国では，国の産業競争力の低下を避けるという命題とのバランスは常に考慮されているので，日本と比べ，規制も現実的かつ柔軟である．

　米国の制度は，ICT対応についても具体的なマニュアル化あるいはツール化が基本である．内部統制の概念と実践基準は，COSO (Committee of Sponsoring Organization of the Tradeway Commission) がCOSOフレームワークとして勧告しており，ICTの発展に呼応して2003年には通称ERM (Enterprise Risk Management-Integrated Framework) が提案された．さらにそれを基に「IT分野の統制目標」，いわゆるCOBIT (Control Objectives for Information and related Technology) が事実上の標準として活用されている．日本版SOX法の「実施基準」もそれらを参考に作成されているが，用語の定義の明確化，「見える化，わかりやすさ化」が企業人にとっては必要である．

　後半では，内部統制について，特に日本固有の実証例をとりあげ，密度の濃い議論を展開しており，企業人にとっても参考になろう．

　6章で指摘されているように，米国のこれら法制化の根源にある動機は，単に不正事件防止のための規制ではなく，経済のグローバル化とICTの急速な普及による資本市場と経営者をとりまくチャンスとリスクが飛躍的に増大したところにもある．他方，日本では，国力強化というよりは，金融というミクロなドメインの規制になりがちであるのが，今後の課題であろう．

　7章では，日本の企業におけるIT投資，企業業績とCIO関連について，大胆な分析を行っている．

　2006年にIT担当役員を対象に行った調査によれば，もっとも関心をもっているテーマは，「IT投資の客観的評価手法」であった．そこで，客観的評価指標として，IT関連支出を売上高で除した値を「IT支出強度」と定義し，経済産業省が発表した2004年度情報処理実態調査データを基に，「IT支出強度」と「売上高経常利益率」の関連を分析している．製造業分野の例では，両指数の間には統計的な有意差は得られなかった．その理由として製造業分

野内の業種のおおきなばらつきをあげている．

　CIOの設置と「IT支出強度」の関連では，専任CIOを設置している企業の「IT支出強度」は高い値を示した．また，「IT支出強度」が3％以下の企業（85％に相当）を対象とした分析を行ったところ，CIOの設置は，「売上高経常利益率」の向上に貢献しているとの興味ある結果を得ている．

　8章では，組織のCIOの視点から，無形資産管理について論じている．
　情報技術の変遷を，「ソフトウエア技術」と「ハードウエア技術」に分類した時代から，「情報処理技術」と「通信技術」に分類する時代への変遷ととらえ，また情報技術の革新は，技術者が経験で得られたノウハウ，すなわち知識よりは技能が原動力となって起こったとしている．また，ICTの改革は，ハードウエア技術の進展に加え，ソフトウエアのプログラミングの構造と記述方法の変化からも理解できるとしている．ソフトウエアがブラックボックス化された要素部品（モジュール）化されるなかで，中味を理解できる人材がいなくなっていることも警告している．また，情報技術者の育成方法として情報処理推進機構（IPA）が実施してきたソフトウエア技術者の「ITスキル標準」を紹介し，不可視のソフトウエア技術力の「可視化」に有効であるとしている．
　次にナレッジマネジメントについて可視化できない知識を組織の資産化するための経営手法と定義し，その変遷について紹介している．組織業務の合理化・最適化だけでは，ノウハウ伝達をふくむ非公式な情報伝達路を遮断する恐れがあることをCIOは理解すべきとしている．
　さらに情報を，法令等で開示が必要である有価証券報告書，特許権等の情報と，営業秘密，個人情報等のように流出することにより組織が損失をこうむる情報に分類でき，CIOにとっては後者の非公開を前提とする情報の管理が大切である．

　9章では，情報セキュリティ全般についての理念を論じ，後半で経営の視点にたった最近の諸問題の指摘とセキュリティ対策について具体的な対策例について技術的な視点を含め紹介している．OECDのガイドラインでは「情報セキュリティ文化の共有」を提言しており，著者はその基本原理は

「乗算法則」にあるとし，0点がひとつでもあれば全体が0点になるのがセキュリティの基本と主張している．また，情報セキュリティの究極の目標は，ICTにより拡大した自由をできるだけ享受できることを保障することにあり，相反する3つの価値，すなわち，自由の拡大，安全性の向上，プライバシーの保護を可能な限り同時に達成するための基礎的プロセスとしている．

デジタル化の結果発生しているセキュリティを含めた諸問題の解決は，アナログ的な人の心（倫理観，信念，暗黙知）に帰着するとし，具体例で統合，相乗，止揚の概念を説明している．また，セキュリティに関する諸問題を，PDCAサイクル，監査，事業継続計画・管理を例として経営的視点からコメントしている．

最後に著者が考える今後の課題として，セキュアーOS，デジタル署名，情報セキュリティ会計学，情報セキュリティ心理学，情報倫理を論じている．

10章では，CIOのバリエーションとして，日本の企業，行政府として中央省庁と地方自治体，さらに医療，教育をふくむ新分野における現状を紹介している．CIO関連のこれまでの経済産業省の活動をふくむ資料もあげられており参考になろう．中央省庁のCIO／CIO補佐官の課題も指摘されており，自治体については財政危機のなかでCIOへの期待はおおきいが，人材不足が課題として指摘されている．これらは，4章の現状を理解する助けとなろう．

3　日本におけるCIOの課題と期待

大半の日本の企業はCIOを任命しており（8章），CIOは企業競争力の強化に有効であると回答している．しかし，その業務内容については同一業種内でも多様であり，情報・通信システムの構築・維持管理担当といういわばハードウエア段階ではその役割の理解は共有されていても，経営段階に関与，いわば施設基盤段階でのCIO像の理解は共有されていても，上位の経営段階への関与となると多様であり，その役割の中味におおきな違いが出てくる．これは，企業の組織の伝統とビジネスモデル，さらにイノベーションへの取り組み（5章）に依存していることによる．

モノづくりについては，20世紀後半に起こった輸送手段と通信の発展・普及で加速された市場のグローバル化により，先端技術を先行して導入した日本の企業は世界の頂点に立つことができた．さらに企業経営についても，デジタル化による情報処理と通信が一体となったICTの発展により，市場の反応にも即応可能なソフトウエア的手法を導入したビジネス革新が起こり，上流工程から下流工程までの流れに注目したSCMへの理解が深まることにより，ICTは「実現を可能とする技術」，つまりEnablerとしてさらに骨太となった．さらにICTは金融，コンテンツを含むサービス業の発展を促し，バブルとも言われたIT産業はその勢いを継続している．

このような状況のなかで，日本の企業におけるCIOの現実の課題は，Cの扱いである．「最高情報統括責任者」とし，ICTシステムの構築・維持・管理の統括責任者までは了解されるが，業務に企業全体の情報管理まで含まれるとなると，他のCxOとの業務分担が難しくなる．ラインかスタッフか，権限の範囲，専任か兼任か等を一般論で論ずることは困難であり，現実はといえば，CEO（Chief Executive Officer，最高経営責任者）の決定次第となっている．事実，Google社はCIOを置いていないといわれる．となると，「CIO学」をもっとも学ばなければいけないのはCEOとなる．事実，業績の高い日本の中企業の社長はCIOをよく理解しているといわれている．他方，組織が硬い大企業では，CIO設置が有効であるとの公式な説明はあっても，その地位の実態は象徴的である．

行政府におけるCIOについては，日本と米国で導入の動機はおおきく異なる．2章で論じているように，CIOの最初の定義は1981年に遡るが（1章），注目されるようになったのは1990年代にはいってからの米国政府の動きにある．米国では行政府の調達の適正化という明確な動機によりCIOを導入したのに対し，日本では行政改革のための委員会のひとつとして導入されたため，「よくある話」にとどまっているといえる．

日本の企業，行政府での現実の課題は，その権限規定が不明確であるといわれる．しかし，この事情も分野によりおおきく異なる．組織で動く国防，公安分野あるいは医療などの本来業務が臨戦対応を含む分野では，権限の明確化は当然のことであり，また，最近注目されている情報のセキュリティ管理についても，権限が付与されたCIO像は明確である．組織自身が求める

ゴールが明確であれば，その実施担当者であるCIOの権限・機能は明確となる．次の問題として，仮に権限規定が明確であっても，技術と環境の急速な変化のなかで，CIOが必要とするスキルと知識をどのように習得させるかが起きる．日本では，その機会が無いために，基本スキルと知識を習得していないいわば象徴的地位としてのCxOが多く，組織のマネージメント責任をCxOに求める欧米先進国では考えられない事例が少なくない．組織経営責任者は，CIOの基本スキルと体系化された知識の付与を行う人材育成を期待しており，それに応えるとなれば「CIO学」の将来は明るい．

　日本的な組織運営を前提とし，CIOの役割を企業，行政府について吟味してみる．ハードウエアに基本をおくICTシステム構築・管理・運営のプロフェッショナルとしてのCIO像はすでに雛形はあるので分かりやすい．セキュリティ管理等のダイナミックな対処療法についてもCIOの役割として理解は容易である．しかし多くの著者が指摘しているように，企業においては，電子政府・電子自治体の構築（4章）への対応はもとより，それ以上の業務がCIOに期待されつつある．ICTがEnabling技術からDriverとしての役割も担うようになり，CIOに企業経営への直接の貢献も期待されるようになってきたのがその動機である（5章）．ここでは米国のコア・コンピタンスに拠った企業経営論については言及しないこととし，それ以外のCIOの効用をあげてみたい．

　縦割りといわれる日本の組織内で考えられる役割として，他のCxOへの情報のタイムリーな提供があろう．しかし，CxOが担当するラインからあがってくる情報以上にCxOにとって価値のある情報の提供は容易ではない．となると，ラインからは上がりにくい情報，あるいは，CxOを串刺しするような情報や意見の提供ができればCIOの存在価値はあがろう．トップであるCEOにとってもその類の情報は個人ルートで集めているのが常であるが，身内というのではなく（秘書役あるいは「茶坊主」としてではなく），CIOが組織内でそのような役割をもつと公式に認知・宣言するところに意味がある．つまり，組織群を一段上の層から眺め，リスクをCEOならびにCxOに報告する義務をあえてCIOへ与えるのである．これらは第8章の「非公開情報」の管理も含まれる．

　さらに，トップの暴走のチェック機能役として，監査役よりは広範囲な視

点でCEOに進言する組織内で認知された役割をCIOに任せることも有効であろう．また，組織内の内部統制を従業員へ徹底する役割の一部をCIOに任せることも，Report-Toの発想に欠けた日本の組織では有効となろう．いずれも，日本版SOX法等や電子政府への対応を越えて，組織全体の競争力強化のためのコンプライアンス，ガバナンス強化のために，フレンドリーな検察役も含むいわばソフト・パワーで貢献するのである．これらは役員会本来の使命であるが，どの企業でも不十分であり，その補完役ともいえよう．最近の企業で発生している不祥事対策への積極的な取組もCIOに分担させることは，日本の企業にとって効果は大きいと思われる．

　行政府については，そもそもCIO，CIO補佐官の導入の動機が曖昧であり，現在も，ICTシステム導入，維持・管理の段階に留まっている．システム自体も，年金問題からもわかるとおり，国民へのサービスを対象とするとその規模は膨大なものとなる．しかも，ハードウエアを含めICT技術の進歩の速さのなかで，無謬性を求めるとなると容易なことではない．また，政策づくりまでは時の内閣の力は及ぶものの，実行となると各省庁が責任を持つことになり，結果として関連省庁間の整合性を欠いた投資効率の低い縦割り行政となりやすいとの批判がある．これは，現状の単年を基本とした予算制度と執行のルールである財務制度に問題があり，さらには，国民，地方自治体等の既得権益確保の要求が壁となっている．ルールと要求に問題があるとなれば，各省庁の行政官に責めを負わせて済む問題ではなく，このようなおおきな問題解決を，CIO任命の動機にすることはそもそも無理といえる．

　その解決の処理に取り掛かるには総論ではなく，具体的な実現目標を明らかにすることが第一であり，2章等で紹介されている米国の例が参考となる．米国政府の動機は，下部組織に分散させた調達を効率よく実施するためにICTを活用することにあった．つまり，国のもっとも基本機能である調達の投資効率向上を動機とし，その担当者であるCIOの育成システムをつくりあげ，具体的なプログラムを開発してきた．EAの導入は，公的機関への導入であるがゆえに意味があるのであり，企業人にとってはいわば常識内の話である．

　かれらはCIOが必要とするスキルを定義・標準化し，そのコア・コンピ

タンス向上のための人材育成のプログラムをつくった．その実施はワシントン周辺の6大学で開始され，その内容と変遷については3章で紹介されている．このような「実学」のモデルは，残念ながら現在の日本の主要大学では存在しない．米国では，同様なモデルがソフトウエア人材育成，情報セキュリティ人材育成でも実施されている．ソフトウエアを例にあげれば，具体的な人材像の分類を必要とされるスキルで表現し（スキル・標準），さらにスキルのレベルを複数の成熟度段階で示している．日本でも情報処理推進機構（IPA：www.ipa.go.jp 参照）が日本版を管理・運営してきており，また，それら体系を基本とした情報処理技術試験を実施している．これらは，CIO／CIO候補者育成モデルとしても参考となろう．プロフェッショナルとしてのCIOのつくりという発想はまさに米国流であり，スキルと知識をセットとした育成システムを実学として支援・協力している大学は米国ならではといえる．また，その授業受講の認定をうければ，あらたな職場あるいはより高度なポストが約束されるという受講者にとっての動機も準備されている．つまり，行政府でCIOをうまく活用するには，まずはその目的を限定し，組織と個人の動機づけを行うことが必要である．

　財政危機状態にある日本の地方自治体では，調達の公平さよりも調達の効率向上を期待しており，CIOの活躍は国レベルよりは可視化しやすいともいえよう．いずれにしろ，総論と「つまみぐい」的な発想よりも米国の実体とその内容を真摯に点検し，日本で導入可能なものから着手することが大切である．津波の被害をうけたアジア諸国が望んでいる防災・危機管理，あるいは地球環境問題はその好例といえよう．もちろん，行政府の縦割りからくる国の投資効率低下があるとすれば，プライマリ・バランスも危うい日本にとってそれを改善することを目的としたCIO導入は急がれる．

4 「CIO学」と「CIO学会」の将来展望

　「CIO学」とは何か．とりあえずはCIOに係る多くの課題を，経営学の手法で分析・総合・体系化するとしておきたい．7章はその例である．むしろ急がれるのは，「情報交換の場」としての「CIO学会」の具体化である．英米流でいけば「CIO Professional Society」となり，好奇心を動機とする研

究者，CIO とそれを目指す候補者，CIO を活用したい組織経営者等が参画し，新鮮な知識とスキルの創出・交換を行う場となる．参加者は同時に学会の顧客でもあり，企画者は顧客満足を常に配慮することになる．高等教育機関の参画により，人材育成のためのカリキュラムづくりが「CIO 学」の可視化を促進し，ＭＢＡ同等の資格付与は社会貢献の魅力ある出口となる．ICT が基盤から応用まで浸透している社会にとってタイムリーであり，アウトリーチ活動により産業界あるいは公的機関も巻き込む可能性は高い．

ちなみに，日本でも普及してきた MBA, MOT について私見を述べたい．MBA については，株価操作事件の発生による株価で企業価値を評価することへの反省，また，企業の盛衰が激しくなり成功企業をベスト・プラクティスとして特定困難等により，その魅力は薄らいできている．すでに述べてきたように，ICT の発展によりかつては 30 年といわれた企業の寿命も怪しくなってきている．Google が Yahoo を越えつつあることはその実例である．

2004 年に，H. ミンツバーグは，『Managers Not MBAs』(2004)，(2006, 邦訳『MBAが会社を滅ぼす』日経BP社) のなかで，今日の「マネージメント教育」の問題点はそれが「ビジネス教育」化しており，マネージメントのイメージを歪めているとしている．彼は，マネージメントとは本来,「クラフト（経験）」,「アート（直感）」と「サイエンス（分析）」の３つを適度にブレンドしたものでなければならず,「計算型」,「ヒーロー型」を結果として育成している現状のＭＢＡ教育を批判している．めざすべきは，現役のマネージャーが自分自身の経験から学ぶことを助ける「関与型」の教育であり，クラフトとアートを取り戻すことが必要だとしている．ちなみに日本では，マネージメントを「経営」と訳し，企業では日常的に使われているが，国の規則・制度の中では経営という言葉はこれまで存在しない．彼は機械工学の学位をもつ技術者出身ではあるが，社会科学者の得意とする科学技術の手法を使った「分析至上主義の横行」に疑問をもつ姿勢は，電子工学出身でかつ企業経営と大学学長の経験もある著者も共感するところが多い．C. クリステンセンと M. レイナーも『The Innovator's Solution』(2003, 邦訳『イノベーションへの解』Harvard Business School Press) で，従来の経済学は，属性を選択し，それらの相関を統計的手法でもとめ，原因と結果の因果律を明確にする従来の経済学の限界について述べている．いずれもこれま

でアカデミアで確立した手法が現実の課題解明には限界があることを指摘しており，米国における産業構造の変化のなかで使えるより確かな手法を求めている．

しかし著者の経験によれば，米国大学の一流の教授あるいは企業内の優れた研究者・技術者は，その資格は受けてはいないにもかかわらずMBA，MOTの考えを共有していることに驚いたことがある．かれらにとって，みずからイノベーションの実行者として起業も抵抗なしに考える風土は，産学官連携が踊り場にはいりつつある日本の現状の打破にも参考となろう．

「CIO学」について言えば，上記の反省を是非参考としたい．第1章で述べられた「理論CIO学」と「実践CIO学」の連携・融合が，ミンツバーグがいう「関与型」モデルへ近づくことになろう．「国際CIO学会」については，MIT産業生産性センター（IPC）のR. レスターとM. ピオリー「Innovation――The Missing Dimension――」(2004)，(2006, 邦訳『イノベーション――曖昧さとの対話による企業革新――』生産性出版)，が主張する「分析的取り組み」と「解釈的取り組み」の「対話」を支援する制度的共存場つくりの実現となることを期待したい．

5　CIOの資格化への考察

産業界が業態を変えるために新分野の人材を採用する際には，資格は有効な目安となる．スキルが核となっている医療分野，基本知識が必須である土木・建築分野では，国家が認定する資格制度が運用されている．国民の生命・安心・安全に係る業種では国の資格が必要であるが，CIOはそれにはなじまない．

しかし，CIO候補者を対象とした能力認定は現実性がある．教育機関では，修了認定というかたちでの認定は可能である．その場合，コア・コンピタンスとして大項目と中項目（米の例では13項目と83項目）に分類してシステム化した米国モデルが雛形にできる（第2章）．

エンジニア教育については，Accreditation制度が国際的に普及しており（日本ではJABEE），参考になろう．なお，ソフトウエア分野では，特定企業が自社システム運用技術向上を目的とした資格認定を行っている．目的と

対象を絞ることができれば，NPO である「国際 CIO 学会」による CIO の資格認定，能力認定についても検討の余地はある．

　欧米のシステムの導入にあたり，日本の大学の講義の現場でしばしば起こるむずかしさは，英単語を適切に表現できる日本語が見つからないことである．欧州では，あたらしい内容を表すためにギリシャ語，ラテン語の語源を活用する手法がしばしば使われる．漢字でもイノベーションを「創新」と訳した中国語の方が分かりやすい．スキルと知識の融合が必要である学部教育では，シラバス上の学科名は欧米並みで立派であっても，授業内容は意味不明の例が多い．その解は，教員が教授技術をスキルとして真摯に学ぶことにあるが，路は遠い．

米国高等教育機関における CIO の戦略的重要性

　米国の高等教育機関における最上位 IT 担当者が「CIO」の肩書きを持つ割合は 30% 程度だが，その担う職責が企業 CIO とほぼ同等で CIO と見なすことのできる役職が設置されている大学の割合は今や 80% を超える．大学 CIO が企業 CIO と異なる点としては，研究・教育に係る教育機関特有の職責を担う点，学生や教職員といった扱う対象の広範さと複雑さ，大学のガバナンス構造，財源の乏しさなどが挙げられる．こうした中で大学 CIO が効果的に機能するためには，戦略的目標を達成するために組織を変えることが重要となる．

　George Mason 大学はそうした成功例のひとつである．1996 年に学長に就任した Alan Merten は，就任の翌年には大学に最初の CIO を設置し，大学の ICT 環境のみならず，図書館やメディア環境の整備に関しても全面的な権限を与えるとともに，CIO を大学の運営や予算に関する重要な会議のメンバーに任命し，大学運営における戦略の策定とその展開に参加させた．その結果，大学は 10 年後，学生の数，教職員および研究の質，さらにはノーベル賞受賞者の数において飛躍的な成長を見た．その成功を支えたのは CIO を中心とした Information Technology Unit (ITU) である．ITU は大学の ICT 環境を整備し，学生がそれを利用するためのカリキュラムを用意するとともに，他大学とも協力して，新たな科目・学位の設置などを行った．さらには研究情報，学生情報の開発・利用において教職員を支援し，また，エンタープライズシステムによる生産性とサービスの向上を図る．CIO は，単に新たな技術を利用するのみならず，大学の戦略的目標を達成するために ITU を創設し，その中にひとつの文化を確立したのである．

　Merten 学長はこの 10 年を振り返り，以下のように述べる．「全ての大学は CIO を必要としているが，重要なのは，CIO が大学の役員チームに参加して組織における優先順位の決定を助け，もっとも重要な目標を実現するための戦略の展開に集中することである．Mason の成功にはいくつもの要因があるが，その中には確実に，大学の目標に対する CIO と ITU との戦略的関係が含まれている．」

　　　George Mason University　CIO 兼 Vice President　Joy Hughes

索 引

ア 行

ISO（国際標準化機構） 166
ISO 27001 170
ICT ガバナンス 2
ICT 投資 181
ITIL 16
IT ガバナンス 95
IT 新改革戦略 7
IT 全般統制 107
IT 戦略本部 184
IT 投資 117
　――ポートフォリオ 124
IT 統制 32, 103
IT パラドクス 118
IPA（情報処理推進機構） 159
Act（見直しと改善） 168
アフィリエイト広告 157
アプリケーション統制 107
暗号の安全度評価 164
ERM 104
ERP パッケージ（統合業務パッケージ） 110
e-Japan 戦略 7
イノベーション 3, 75, 204
　――プランナー 86
　――マネジメント 80
e ラーニング 192
インターナル・コントロール（内部統制） 21, 95, 159, 205, 210
Winny 172
Web. 2.0 7
営業秘密 148
SNS 145
SOA（Service Oriented Architecture） 67
SQL インジェクション 171, 173
Enabler 81
MOT 13
EA（Enterprise Architecture, エンタープライズ・アーキテクチャー） 9, 27, 57, 111
エンロン事件 38
OECD 155
オーダリングシステム 190
オープン・イノベーション 55

カ 行

会計監査 169
学校 CIO 194
可用性（Availability） 159
culture of security 155
関係づけマネジメント（Relationship Management） 71
監視ログ 166
完全性（Integrity） 159
官房長 183
技官 184
企業 CIO 178
企業心理学 174
技能 138
機密性（Confidentiality） 159
キャリア職 62
9.11 同時多発テロ事件 38
行政 CIO 55
共同アウトソーシング 58
業務改革 180
業務・システムの最適化計画 56
業務処理統制 110
金融期間 CIO 179
金融商品取引法 31
クライアント・サーバ 144
CRYPTREC 164
クリンガー・コーエン法 27, 61, 202
グループウェア 145
グローバル化 21
グローバル・スタンダード 3
経営成果 117
ケースメソッド 175

コア・コンピタンス　39, 202, 203, 214
工学的技術　138
こうふ PMO　188, 189
公務員倫理規定　157
国際 CIO 学会　3
個人情報の保護　158
COSO 内部統制フレームワーク　104
COSO レポート　31
COBIT（Control Objectives for Information and related Technology, IT 分野の統制目標）　16, 105
コーポレート・ガバナンス（企業統治）　23, 95
コンピュータアーキテクチャー　144
コンプライアンス（法令遵守）　40, 95, 145, 159

サ 行

財務諸表　159
サービスサイエンス　67
産業財産権　147
CIA［機密性（Confidentiality），可用性（Availability），完全性（Integrity）］　158
CINO　90
CIO Executive Council　77
CIO 学　2, 199, 212
CIO 学会　199, 212
CIO.com　83
CIO 資格化　18, 214
CIO 補佐官　9, 62, 183, 186, 200, 211
CIO コア・コンピタンス　29
CRO　36
CEO へのキャリアパス　91
GAO（Government Accountability Office，政府説明責任局）　62
CSR（Corporate Social Responsibility, 企業の社会的責任）　6, 24, 95
CSO　37
CFO　37
事業継続計画（BCP）　16, 49, 170
CKO　36

システム監査　169
自治体 CIO　186, 188, 189
CTO　36, 77
GPMO（Government Program Management Office）　57
資本市場のグローバル化　101
社会心理学　174
乗算法則　155
情報化　21
情報システム戦略　180
情報処理実態調査　119
情報セキュリティ　155, 207
　────ガイドライン　155
　────監査　161, 169
　────心理学　174
　────文化　155
情報マネジメント　21
情報リスク・マネジメント　181
情報漏洩　165, 173
助言型監査　169
シン・クライアントシステム　166
人材育成　202, 211, 213
新分野 CIO　190
スパムメール　173
政治任命職　62
政府業績結果法（GPRA）　27
セキュア-OS　171
説明責任者　86
ゼロ知識相互証明　161
ゼロディ攻撃　172
1995 年の連邦調達改革法　27
センサーネットワーク　68
全社的リスク管理（ERM）　104
全社統制　110
戦略的マネジメント　70
SOX 法（サーベンス・オクスリー法，企業改革法）　24, 96, 167, 205
組織 IQ　129
組織心理学　174
組織の境界　112
組織マネジメント　21
ソフト・ロー　157

索引

タ 行
大学 CIO　192
大学 CIO フォーラム　193
ダイレクトモデル　76
Tacit Skill　139
Tacit Technology　139
Check（評価・監査）　168
チェンジマネジメント　86
知識創造企業　143
中立の視点　85
DNS サーバ　173
TFP（全要素生産性）　118
ディジタル組織　120
デジタル署名　171
デジタル・デバイド　7
Deputy CIO　62, 90
電子カルテ　190
電子自治体　55
電子商取引　6
電子政府　55
電子政府構築計画　184
電子選挙　161
討議倫理学　175
Do（導入と運用）　168
匿名性　158
Driver　81
Transformational leader　77
ドロップシッピング　157

ナ 行
内部統制の限界　113
ナレッジマネジメント　26, 143
日本版 SOX 法　16, 38, 46, 98
ニューエコノミー　22
ネットワーク管理者　188

ハ 行
ハード・ロー　157
ハーバーマス　175
犯罪心理学　174
BRP（Business Resource Planning）　50
PMO（Program Management Office）　9, 57
PMO（Project Management Office）　110
ビジネスイノベーション　78
Business Strategist　77
PDCA　168
　　――サイクル　60
BPR（Business Process Reengineering，ビジネスプロセスリエンジニアリング）　146
病院 CIO　190
標準化　52
標的型（スピア型）攻撃　172
非連続型イノベーション　79
Function head　77
フィッシング詐欺　172
俯瞰の視点　85
副（Deputy）CIO　62, 90
プライバシー侵害　158
ブラックボックス化　111
Plan（計画）　168
プロジェクトマネジメント　27
ブロードバンド　143
米国 IT 管理改革法（クリンガー・コーエン法）　38
ヘーゲル　158
ベンダーマネジメント　112
防災 CIO　36
保証型監査　169
ボット　172
ボトムアップのイノベーション　91

マ 行
見える化（可視化）　35, 111
無形資産　119
モジュール化　140
問題発見者　85

ヤ 行
予防医療　68

ラ　行

離散的技術　156
リスク・コミュニケーション　170
リスク・コントロール・マトリックス　161
リスクの棚卸し　111
リスク・マネジメント　49

リーダーシップ　47
倫理原則　174
連続型イノベーション　79

ワ　行

Y2K 2000年問題　38

執筆者一覧 (*は編者／所属は 2007 年 11 月現在)

*小尾敏夫（おび　としお）　早稲田大学大学院国際情報通信研究科教授　1 章
*工藤裕子（くどう　ひろこ）　中央大学法学部教授　2 章
　岩崎尚子（いわさき　なおこ）　早稲田大学電子政府・自治体研究所次長　3 章
*須藤修（すどう　おさむ）　東京大学大学院情報学環教授　4 章
　神岡太郎（かみおか　たろう）　一橋大学大学院商学研究科教授　5 章
*後藤玲子（ごとう　れいこ）　茨城大学人文学部社会科学科准教授　6 章
　飯島淳一（いいじま　じゅんいち）　東京工業大学大学院社会理工学研究科教授　7 章
　坂田淳一（さかた　じゅんいち）　東京工業大学産学連携本部准教授　8 章
　辻井重男（つじい　しげお）　情報セキュリティ大学院大学学長　9 章
　沢本吏永（さわもと　りえ）　東京大学大学院人文社会系研究科博士課程　10 章
　上田啓史（うえだ　ひろふみ）　早稲田大学大学院政治学研究科博士後期課程
　古坂正人（こさか　まさひと）　東京大学大学院人文社会系研究科博士課程
　武田みゆき（たけだ　みゆき）　東京大学大学院人文社会系研究科博士課程
　池上徹彦（いけがみ　てつひこ）　産業技術研究所特別顧問／文部科学省宙開発委員会常勤委員　11 章

CIO 学——IT 経営戦略の未来

2007 年 11 月 20 日　初　版

［検印廃止］

編　者　須藤修・小尾敏夫・工藤裕子・後藤玲子

発行所　財団法人　東京大学出版会

代表者　岡本和夫

113-8654　東京都文京区本郷 7-3-1　東大構内
電話 03-3811-8814　Fax 03-3812-6958
振替 00160-6-59964

印刷所　株式会社三秀舎
製本所　矢嶋製本株式会社

© 2007 Osamu Sudoh *et al.*
ISBN 978-4-13-040236-1　Printed in Japan

R〈日本複写権センター委託出版物〉
本書の全部または一部を無断で複写複製（コピー）することは，著作権法上での例外を除き，禁じられています．本書からの複写を希望される場合は，日本複写権センター（03-3401-2382）にご連絡ください．

| 犬塚　先 | 情報社会の構造 | A5 | 3800円 |

| 吉川弘之
内藤　耕 | 「産業科学技術」の哲学 | 4/6 | 2400円 |

| 野城智也
札野　順
坂倉周一郎
大場恭子 | 実践のための技術倫理
――責任あるコーポレート・ガバナンスのために | A5 | 2400円 |

| 丹羽　清 | 技術経営論 | A5 | 3800円 |

| 坂村　健編 | ユビキタスでつくる
情報社会基盤 | A5 | 2800円 |

| 吉見俊哉
花田達朗編 | 社会情報学ハンドブック | A5 | 2600円 |

ここに表示された価格は本体価格です．御購入の際には消費税が加算されますので御了承ください．